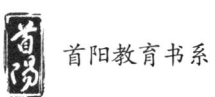
首阳教育书系

中学思政课
教师专业成长研究

胡邦霞　著

陕西师范大学出版总社　西安

图书代号　ZZ24N2355

图书在版编目（CIP）数据

中学思政课教师专业成长研究 / 胡邦霞著．-- 西安：
陕西师范大学出版总社有限公司，2024.12. -- ISBN
978-7-5695-4907-2

Ⅰ．G633.202

中国国家版本馆 CIP 数据核字第 2024F8P942 号

中学思政课教师专业成长研究
ZHONGXUE SIZHENGKE JIAOSHI ZHUANYE CHENGZHANG YANJIU

胡邦霞　著

特约编辑	吕妮娜
责任编辑	刘金茹
责任校对	邱水鱼
封面设计	鼎新设计
出版发行	陕西师范大学出版总社
	（西安市长安南路 199 号　邮编 710062）
网　　址	http://www.snupg.com
经　　销	新华书店
印　　刷	西安雁展印务有限公司
开　　本	720 mm×1020 mm　1/16
印　　张	18.25
字　　数	290 千
版　　次	2024 年 12 月第 1 版
印　　次	2024 年 12 月第 1 次印刷
书　　号	ISBN 978-7-5695-4907-2
定　　价	59.00 元

读者购书、书店添货或发现印刷装订问题，请与本社高等教育出版中心联系。
电　话：(029) 85307864　85303622（传真）

新时代中学思政课教师
如何实现专业发展

（代序）

  教师专业发展是指教师作为专业人员，在专业思想、专业知识、专业能力等方面不断发展和完善的过程，即从专业新手到专家型教师的过程。在笔者看来，"教师专业发展"与"教师专业化发展""教师专业成长"是同义词。

  党的十八大以来，中国特色社会主义进入新时代。党面临的主要任务是，实现第一个百年奋斗目标，开启实现第二个百年奋斗目标新征程，朝着实现中华民族伟大复兴的宏伟目标继续前进。党的二十大吹响了全面建设社会主义现代化国家、全面推进中华民族伟大复兴的冲锋号。《关于深化新时代学校思想政治理论课改革创新的若干意见》《普通高中思想政治课程标准（2017 年版 2020 年修订）》《义务教育道德与法治课程标准（2022 年版）》等一系列政策文件的出台，使中学思政课的"教—学—评"被赋予了更多、更新、更强的功能。

  2019 年 3 月 18 日，习近平总书记在学校思想政治理论课教师座谈会上发表重要讲话时指出："在大中小学循序渐进、螺旋上升地开设思想政治理论课非常必要，是培养一代又一代社会主义建设者和接班人的重要保障。"思政课要以马克思列宁主义、毛泽东思想、邓小平理论、"三个代表"重要思想、科学发展观、习近平新时代中国特色社会主义思想为指导，引导学生理解用马克思列宁主义的立场、观点、方法观察时代、把握时代、引领时代的意义，形成正确的世界观、人生观和价值观，践行和弘扬社会主义核心价值观，坚定理想信念，厚植爱国主义情怀，增进对伟大祖国、中华民族、中华文化、中国共产党、中国特色社会主义的高度认同，把爱国情、强国志、报国行自觉融入坚持和发展中国特色社会主义事业、建设社会主义现代化强国、实现中华民族伟大复兴的奋斗之中。

2020年9月1日出版的第17期《求是》杂志发表中共中央总书记、国家主席、中央军委主席习近平的重要文章《思政课是落实立德树人根本任务的关键课程》。文章强调："思政课是落实立德树人根本任务的关键课程，思政课作用不可替代，思政课教师队伍责任重大。"同时，文章还提出"六个要"和"八个相统一"。可见，习近平总书记十分重视思政课教师的素养问题。上好思政课，关键在教师。教师要不断提高自己的理论水平和专业素养，按照政治强、情怀深、思维新、视野广、自律严、人格正的要求，推动思政课改革创新，做到政治性和学理性相统一、价值性和知识性相统一、建设性和批判性相统一、理论性和实践性相统一、统一性和多样性相统一、主导性和主体性相统一、灌输性和启发性相统一、显性教育和隐性教育相统一，增强思政课的思想性、理论性和亲和力、针对性。

那么，中学思政课教师如何贯彻习近平总书记的指示精神，落实立德树人根本任务，实现教师专业发展呢？具体来说有以下四条路径可供选择。

一、读书

习近平总书记说："讲好思政课不容易，因为这个课要求高。……思政课教学涉及马克思主义哲学、政治经济学、科学社会主义，涉及经济、政治、文化、社会、生态文明和党的建设，涉及改革发展稳定、内政外交国防、治党治国治军，涉及党史、国史、改革开放史、社会主义发史，涉及世界史、国际共运史，涉及世情、国情、党情、民情，等等。这样的特殊性对教师综合素质要求很高。"书是人类进步的阶梯，读书是教师专业成长的捷径。读得越多，我们对思政教育就理解得越深刻；读得越多，我们的思政教育理论功底就越深厚；读得越多，我们的知识结构就越完善；读得越多，我们的精神境界就越开阔。思政课教师只有深入学习、广泛阅读，先行掌握相关知识、培养思维能力、坚定理想信念，对所讲内容高度认同，做学习和实践马克思主义的典范，才能讲得有底气，讲深讲透，才能有效引导学生真学、真懂、真信、真用。对马克思主义的信仰，对社会主义和共产主义的信念，只有首先在思政课教师心中扎下根，才能在学生心中开花结果。

写作对于教师的成长同样有着不可估量的作用，要想成为一名优秀的思政课教师，读与写必须同时进行。读书仅仅是别人经验的输入，写作才是自己思想和智慧的输出。我们要通过不断地写，去提升自己的思维能力，去解决自己的教育困惑，去真诚地检视那些值得记录的教育事实，去捡拾和采撷那些闪闪发光的教育智慧。阅读与写作，最终都是为了安顿我们的心灵，让我们的心灵在教育这个宁静的港湾里找到人生价值的依归。只要像本书主编胡邦霞老师那样笔耕不辍，努力写好每一节教学设计、每一篇教研论文、每一次发言、每一次科研课题申报、每一本学术专著……最终定会铸就我们教书育人生涯的辉煌。

二、研究

习近平总书记说："思政课教师的历史视野中，要有5000多年中华文明史，要有500多年世界社会主义史，要有中国人民近代以来170多年斗争史，要有中国共产党近100年的奋斗史，要有中华人民共和国70年的发展史，要有改革开放40多年的实践史，要有新时代中国特色社会主义取得的历史性成就、发生的历史性变革，通过生动、深入、具体的纵横比较，把一些道理讲明白、讲清楚。"精诚所至，金石为开。思政课教师要多动脑筋、勤于思考，要善于从政治上看问题，自觉用习近平新时代中国特色社会主义思想武装头脑，在大是大非面前保持政治清醒。教师是释疑解惑的，自己都疑惑重重，讲出来的肯定不会是充分坚定、富有感染力的。思政课教师要认真做好教学研究，要基于整体设计开展教研活动，聚焦关键问题开展主题教研，采用多样化教研方式尤其是校本教研，解决真问题，不断改进教学实践。

当代教育家李吉林先生说："做老师是要动脑筋的，要多思、善思，还要反思。"思政课教师只有通过不断反思，才能看到自己的缺点和不足，避免在错误的道路上越走越远；只有通过不断反思，才能看到自己的优点和长处，找到属于自己的专业成长赛道；只有通过不断反思，才能持续优化和改进自己的教学技巧，形成自己独特的教育思想和教学风格。

三、实践

习近平总书记说："要高度重视思政课的实践性，把思政小课堂同社会大课堂结合起来，在理论和实践的结合中，教育引导学生把人生抱负落实到脚踏实地的实际行动中来，把学习奋斗的具体目标同民族复兴的伟大目标结合起来，立鸿鹄志，做奋斗者。"思政课教师要实现专业发展，光靠读书和研究是不够的，有了心得体会、思路方法，必须见之于行动，通过教育教学实践检验、反复打磨，才能得以提高、完善，在培养学生发展的同时不断丰富和发展自己，实现教学相长。

实践出真知，实践决定认识，实践促进认识的发展，实践是检验认识正确与否的唯一标准。优秀的思政课教师一定善于在反思中实践，在实践中反思，在反思中成长。于是边反思，边实践，边成长，形成了一个良性的完美闭环，在这个闭环中，教师从普通走向优秀，从平庸走向卓越。只有行到水穷处，方得坐看云起时。

四、交流

习近平总书记说："思政课的本质是讲道理，要注重方式方法，把道理讲深、讲透、讲活，老师要用心教，学生要用心悟，达到沟通心灵、启智润心、激扬斗志。青少年思想政治教育是一个接续的过程，要针对青少年成长的不同阶段，有针对性地开展思想政治教育。"课堂是生命相遇、心灵相约的场域，是质疑问难的场所，是通过对话探寻真理的地方。思政课教学和研究都离不开真诚的交流，教师要善于与学生、与同事、与家长、与教育教学专家等不同群体深度互动，分享经验，共享成果，促进持续的专业发展。正所谓，"交相利"，"独行快，众行远"。

"读书—研究—实践—交流"既可以是单向的发展链条，也可以是同时兼备的要素，甚至是逆向倒推的程序。思政课教师的专业发展路径不是别人指出来或自己想出来、编出来的，而是靠我们自己实实在在干出来、悟出来的。成功的道路可能有千万条，其中最重要的一条是坚持。荀子说："骐骥一跃，不能十步；驽马十驾，功在不舍。锲而舍之，朽木不折；锲而不舍，金石可镂。"不怕慢，就怕站。认清形势，找准方向，长期坚持，久久为功，必有所成。

最后，也是最想强调的是，新时代中学思政课教师要实现专业成长，必须弘扬教育家精神。一要有理想信念，做到心有大我、至诚报国；二要有道德情操，做到言为士则、行为世范；三要有育人智慧，做到启智润心、因材施教；四要有躬耕态度，做到勤学笃行、求是创新；五要有仁爱之心，做到乐教爱生、甘于奉献；六要有弘道精神，做到胸怀天下、以文化人。

杨伟东

2024 年 3 月 30 日

目　录

理论基础篇

思政课教师专业成长的
重要性及可行性

德国哲学家康德曾说："没有目标而生活，恰如没有罗盘而航行。"人生如此，作为教师，我们的专业成长亦如此。

一、思政课教师专业成长的重要性

（一）理解专业成长的内涵

教师专业成长指教师个体不断发展的历程，是教师不断接受新知识、增长专业能力（或根据教师专业标准提高教师专业素质）的过程。主要包括教师的专业认知和专业情意两大方面。

专业认知包括专业知识和专业能力。专业知识一般包括学科知识、教育理论知识、教学实践知识。专业能力包括：一般能力，如语言表达能力、教学能力（教学设计、教学实施、作业检查评价等）、组织管理能力、交往能力；发展能力，如学习、反思、合作、写作、研究的能力及运用信息技术的能力等；创新能力，如发现新问题、形成新观点、创造性解决问题的能力；实践能力，如处理教育教学实践中各种问题的能力、课程资源开发与实施能力等。

专业知识与专业能力，是教师站稳讲台的基本。随着社会的发展，专业知识不断更新，教师应不断学习成长，将专业知识、专业理论内化，如新课程理念、学生成长规律、学生新问题的对策、教学改革方向跟进等。不断提升自身专业技能，提高驾驭课堂的能力。

专业情意包括专业理念和专业态度。专业理念包括：科教兴国——对教育价值的认同；以学生发展为本——对教育目的的认同，是当代教育的价值取向，旨在促进学生发展（全体学生的发展及学生的全面发展、终身发展、个性发展、活泼主动的发展）；教书育人——对教师角色、教师职责、教师专业工作价值的认同（教师是学生的促进者、引导者）；民主平等，交往互动、教学相长——对教学本质、教师生活的认同；终身学习、开拓创新——对教师职业生活方式的认同。专业态度包括专业信念与自我效能感、专业自豪感与责任感、工作动机、工作满意度、职业生涯发展意识与期望等。

专业理念与态度，也可称为专业精神与情操。教师应在教育教学实践中不断提升职业责任感、事业心，将职业做成事业，将事业做成志业。

总之，对教师而言，持续的专业发展带来的是能力增强、成绩提高、收入增多、自由度拓展、生活体面、心情愉悦，能有效提升职业的成就感、归属感和幸福感。

（二）领悟专业成长的价值

中学阶段的德育教育对于学生核心素养的培养至关重要，而思政课是德育教育的主要渠道。抓好思政教育，可以提高学生的思想觉悟，端正学生的学习态度，帮助学生树立正确的世界观、人生观和价值观。思政课承担着思想育人的重要任务，虽然思政课课时不多，但是能够为学生树立坚定的理想信念、形成正确的政治认同奠定基础。习近平总书记在学校思想政治理论课教师座谈会上强调，"思政课是落实立德树人根本任务的关键课程""办好思想政治理论课关键在教师"。因此，新时代中学思政课教师应立足教师的发展需求，结合当前教育教学改革与发展的要求，努力寻找更加有效的路径，不断促进自身专业成长。

"师者，所以传道受业解惑也。"新时代的教学向教师的教学能力、专业技能提出了新的发展要求，教师要在新课标的指导下贯彻现代教育理念，以科学思想、教育技术、多种资源组织授课，以过硬的能力参与到课程教学活动中。从具体情况来看，新时代中学思政课教师专业成长主要具有以下几个方面的价值。

（1）有助于发挥教师为人师表的引领作用。教师是学生的引路人，在学生成长的过程中起到了模范作用。因此，在新时代的中学思政教育中，教师的专业成长能够带动教学水平提高、专业能力提升，在引导学生的过程中做好表率，为学生树立"终身学习""精研勤学"的形象，促进学生的进步与发展，充分发挥教师为人师表的作用。

（2）有助于提升教师自身职业幸福感。教师做好职业生涯规划，持续成长，可以减少自我发展的盲目性，防止在自我发展的征途上走弯路，提高自我发展的效能感、成就感和幸福感，缓解职业倦怠。当前，部分教师在发展到一定阶段时，可能会出现"职业倦怠"，具体表现为对工作丧失热情，工作态度变得消极，开始打算跳槽甚至转行，对前途感到无望，经常迟到早退，情绪烦躁易怒，等等。究其原因，可能是教师内心存在恐惧感和不安全感，面对谴责和抱怨经常感到绝望无助。还有就是家庭与工作失衡，不被理解，容易爆发冲突和分歧，也会导致个人停滞不前。破解之道无疑就是教师的自主专业成长。从这个意义上说，思政课教师自身专业成长不仅事关中小学教师的专业化发展、职业成就，也关系着他们的职业幸福和人生幸福。

（3）有助于推动学生核心素养的培育工作。思政课是立德树人的关键课程，要想达到预期的课程育人目标，教师的专业能力水平尤为关键。教师只有不断学习提升，准确把握新课标理念，揣摩学科核心素养的深刻内涵，大胆探索核心素养培育路径，提高课堂教学水平，才能推动课程育人价值的实现。

（4）有助于推动中学思政课的教学改革。中学思政课能否取得较好的教学效果，关键在于教师是否能够按照学生的学习需求引导学生。目前，部分教师的课堂仍是一讲到底的"讲师型"教学，全是枯燥的理论和抽象的表述，远离学生兴趣点，多见"总是独自一个人讲课到铃响""把所有问题都自己讲""教学总是简单，交流太难"等现象。因此，促进中学思政课教师的专业成长，能够让教师在教育教学中的引导作用得到更有效的发挥，同时也能够让教师在成长的过程中掌握更多的专业知识，并逐渐将这些知识和能力运用于教育教学中，提高中学思政课的教学效率。

（5）有助于实现教师为教育事业做贡献的情怀。教师担负着传播思想、培育人才的重要职责。在新时代教育发展形势下，关注专业成长，能够促使教师在教学中更新观念、改变方法，并运用各种资源有效引导学生提升综合能力。同时，也可以让教师关注教学改革，在教育教学中响应时代的发展，积极采取措施促使教育回归本质，促使教师为教育事业的发展做出应有的贡献。

二、思政课教师专业成长的可行性

思政课毫无疑问是所有学科中的方向性学科，关乎"为谁培养人"的重要问题。无论是从国家育人目标上，还是从时代发展的需要及教师职业发展趋势上来看，思政课教师的专业成长都有着强有力的国家力量支持。国家高度重视思政课的建设，时代发展亟需思政课人才，这为思政课教师专业成长提供了平台与机遇，同时也迎来更高要求的挑战。

（一）国家育人之要

2012 年 9 月，为构建教师专业标准体系，建设高素质专业化教师队伍，教育部研究制定了《幼儿园教师专业标准（试行）》《小学教师专业标准（试行）》和《中学教师专业标准（试行）》。

2019 年，习近平总书记在学校思想政治理论课教师座谈会上指出"办好思想政治理论课关键在教师"，并提出"六个要""八个相统一"要求。习近平总书记强调："办好思想政治理论课，最根本的是要全面贯彻党的教育方针，解决好培养什么人、怎样培养人、为谁培养人这个根本问题。""青少年是祖国的未来、民族的希望。""我们党立志于中华民族千秋伟业，必须培养一代又一代拥护中国共产党领导和我国社会主义制度、立志为中国特色社会主义事业奋斗终身的有用人才。在这个根本问题上，必须旗帜鲜明、毫不含糊。""思想政治理论课是落实立德树人根本任务的关键课程。青少年阶段是人生的'拔节孕穗期'，最需要精心引导和栽培。我们办中国特色社会主义教育，就是要理直气壮开好思政课，用新时代中国特色社会主义思想铸魂育人，引导学生增强中国特色社会主义道路自信、理论自信、制度自信、文化自信，厚植爱国主义情怀，把爱国情、强国志、报国行自觉融入坚持和发展中国特色社会主义事业、建设社会主义现代化强国、实现中华民族伟大复兴的奋斗之中。思政课作用不可替代，思政课教师队伍责任重大。"

2021年"双减"政策实施；2022年，教育部印发义务教育课程方案和课程标准（2022年版），落实国家教育教学改革政策和新课标理念，倒逼教师要进行自主专业成长。

（二）时代发展之需

时代在不断发展变化，为将来国家发展培育人才的教师职业应该勇站潮头，紧跟时代发展。

首先，我国综合国力不断提升，迎来百年未有之大变局。在实现中国梦的新征程上，我们需要更多的有用之才，这就需要我们思政课教师致力于为实现中华民族伟大复兴培育人才。其次，随着科技飞速发展，人工智能、信息技术、线上教学等层出不穷，科技不断进步，我们不能停滞不前。作为思政课教师，我们要提升对新事物的敏锐度，通过不断学习，增强利用现代信息技术进行教学的能力。最后，教育理念不断变革。政治、经济、文化等领域发展变化，势必引发教育理念的变革；知识不断迭代更新，也需要教师进行终身学习。

（三）职业发展趋势

教师的职业发展促使教师要进行自主专业成长。国家改革教师入职制度，本科师范生不再发放教师资格证，教师资格证考试上升为国考，面向社会公开。教师职业资格打破终身制，实行一定周期内的年检制，职称等级不同，年检的周期也不同，年检项目为笔试、现场讲课和教科研审核等。

除了教师准入门槛的提高，思政学科的专业发展也十分迅速。同时，教材更新快、课程覆盖面广、课程资源的开放性等也是教师专业发展所面临的困境。思政课教师应该与学科发展同频共振，在创新中发展。

（四）明晰专业成长历程

教师要实现专业发展，就要有持续的专业成长动能。所谓教师专业成长是指教师在教学生涯中能持续、主动、热忱地参与教育专业知识、教学技术、教育态度与伦理等方面的精进活动，让个人不断增能，在教育领域实现自我价值。教师专业成长是教师在其一生教育事业中不断遇到问题，并不断解决问题的过程，是一个终身学习提高，不断创新、升华的过程。这就要求教师有内在发展动能，主动求新、求变。

步入教育行业，许多新教师（或职初教师）不禁会思索"教育之路在何方"，感到"山重水复疑无路"。随着在教育之路上越走越远，而有经验的骨干教师、名师则会感慨教育之路"路漫漫其修远兮"，到成长为领域专家后，依然"上下而求索"。三类教师的专业发展也存在明显差异，如图1所示。

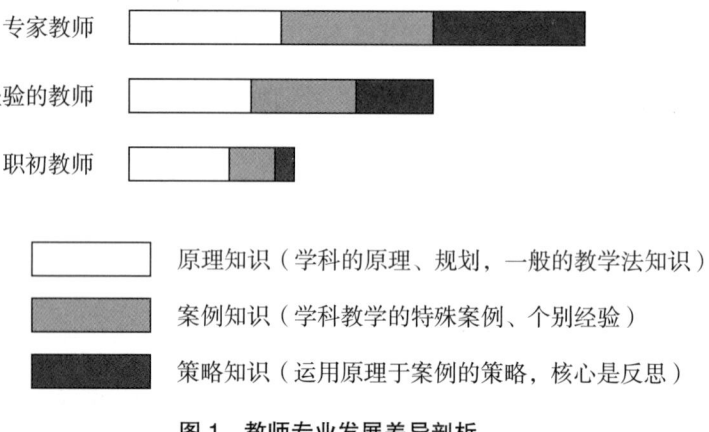

图1 教师专业发展差异剖析

在漫长的教育之路上，教师的专业成长之路任重道远。要想实现从新手到专家的转变，就要深入理解教育职业生涯规划的内在价值，明晰教育职业生涯规划，有清楚的目标，不断促进专业成长，不可茫茫然不知所措，止步不前。

对于教师职业生涯规划，国内外学者给出了大致相同的定义，即它是一项经过深思熟虑的计划，是教师个人为了解和控制自身的职业生涯而实施的一项行动，包括个人评估和自身优劣势分析、选择和确定自身职业目标、为实现目标而进行的系列准备工作。

1985年，美国约翰斯·霍普金斯大学的学者费斯勒提出了一套包含八个阶段的教师生涯循环理论：职前教育阶段、引导阶段、能力建立阶段、热心和成长阶段、生涯挫折阶段、稳定和停滞阶段、生涯低落阶段、生涯退出阶段。斯德菲在借鉴费斯勒等人的研究基础之上，于1989年建立了教师生涯阶段模式：预备生涯阶段、专家生涯阶段、退缩生涯阶段、更新生涯阶段、退出生涯阶段，这一模式体现了人文发展的理念。一般情况下，职业生涯共分为三个阶段：蜜月期（第一阶段，第1~3年）、调整期（第二阶段，第4~7年）、倦怠期（第三阶段，第8~15年）。

综上所述，结合自身教育实践经历及成长历程，笔者认为教师专业成长共分五个阶段：第一阶段——适应与过渡时期；第二阶段——分化与定型时期；第三阶段——突破与退守时期；第四阶段——成熟与维持时期；第五阶段——创造智慧时期。第一阶段，一般是上班头三年，就像谈了场恋爱，怀揣梦想走进校园，对工作充满各种浪漫的想法，只要足够努力，就能被认可！在教学方法上处于摸索阶段，上学时老师怎么教，自己就怎么教；大学老师告诉我们怎么教，自己就怎么教；周围同事怎么教，自己就怎么教；自己教学工作中哪些教学行为实际效果好，自己就怎么教。第二阶段，处于相对低位，缺乏职业安全感，一部分人出现初期职业倦怠，另一部分人通过学习克服职业倦怠。第三阶段，职业安全感增加，习惯于用自己的经验和技术来处理问题，思维容易趋于定式和固化；进入一个漫长的以量变为特征的高原期，满足于现状或者向上突破不能就退而求其次，更注重生活；工作进入维持状态，或者通过专业培训或读书学习再次战胜职业倦怠和迷茫，顺利进入下一阶段。第四阶段，成为当地教育领域的领军人物、学习型教师，以科学项目或科研课题为载体，加强原始创新、集成和引进消化，创建一套在实践中有效的操作体系，或者在理论的某一方面建言立论，构建自己的教育理论体系。第五阶段，教师的个人教育理论发展找到一个更加合理的逻辑起点，建立在一个更高的思想层面上，从单一经验转移到系统科学研究，实现集大成，成为大智慧，建立自己的教育哲学体系和教育信仰，关注生命、崇尚智慧，实现教育无痕。

教师的专业成长，有其阶段性与持久性，不同阶段面临的成长环境与任务不同。因此，做好职业规划对于教师走好教育之路至关重要。坐而论道不如躬身笃行，世界上最远的距离是"知道"到"做到"。许多道理大家都懂，但真正做到的寥寥无几，所以成功的道路并不拥挤，因为很多人坚持不下去。作为教师，作为一名有追求的教师，在漫漫教育之路上，要做到"上下求索"，着力践行自己的职业生涯规划。

没有规划的人生叫拼图，有规划的人生叫蓝图；没有目标的人生叫流浪，有目标的人生叫航行。教育是一条没有终点的路，只要我们心怀热望，规划自己的工作蓝图，锁定目标，就犹如葵花向阳开，百草欣向荣。每天进步一点点，只寻求那成长中快乐的心情，一定会走得更远。

中学思政课教师的专业素养要求

强国必先强教，强教必先强师。思政课的关键是什么？思政课的关键在教师。只有围绕教师专业标准，从修养品行、转变观念、更新结构、提高技能等方面加强自修与自悟，不断提升教师综合素养，才能进一步讲好思政课，提升思政课育人质量。

一、国家层面对中学思政课教师专业素养的要求

2012 年 9 月，教育部颁发的《中学教师专业标准（试行）》中对中学教师专业标准做了明确要求，具体见表 1。而针对思政课教师的修养问题，习近平总书记在学校思想政治理论课教师座谈会上强调了六个方面：第一，政治要强，要让有信仰的人讲信仰。第二，情怀要深，要有家国情怀，心里装着国家和民族。第三，思维要新，要创新课堂教学，给学生深刻的学习体验，引导学生树立正确的理想信念、学会正确的思维方法。第四，视野要广，要有知识视野、国际视野、历史视野，能通过生动、深入、具体的纵横比较，把一些道理讲明白、讲清楚。第五，自律要严，要做到课上课下一致、网上网下一致，自觉弘扬主旋律，积极传递正能量。第六，人格要正。有人格，才有吸引力。2023 年，习近平总书记在致全国优秀教师代表的信中说："教师群体中涌现出一批教育家和优秀教师，他们具有心有大我、至诚报国的理想信念，言为士则、行为世范的道德情操，启智润心、因材施教的育人智慧，勤学笃行、求是创新的躬耕态度，乐教爱生、甘于奉献的仁爱之心，胸怀天下、以文化人的弘道追求，展现了中国特有的教育家精神。"这为新时代加强教师队伍建设提供了根本遵循。在强国建设、民族复兴的新征程中，广大教师要深刻领会教育家精神核心内涵，大力弘扬教育家精神，自信自强，踔厉奋发，以教师之强夯实

教育强国之基。

表 1 《中学教师专业标准（试行）》的基本内容

维度	领域	基本要求
专业理念与师德	（一）职业理解与认识	1. 贯彻党和国家教育方针政策，遵守教育法律法规。 2. 理解中学教育工作的意义，热爱中学教育事业，具有职业理想和敬业精神。 3. 认同中学教师的专业性和独特性，注重自身专业发展。 4. 具有良好职业道德修养，为人师表。 5. 具有团队合作精神，积极开展协作与交流
	（二）对学生的态度与行为	6. 关爱中学生，重视中学生身心健康发展，保护中学生生命安全。 7. 尊重中学生独立人格，维护中学生合法权益，平等对待每一位中学生。不讽刺、挖苦、歧视中学生，不体罚或变相体罚中学生。 8. 尊重个体差异，主动了解和满足中学生的不同需要。 9. 信任中学生，积极创造条件，促进中学生的自主发展
	（三）教育教学的态度与行为	10. 树立育人为本、德育为先的理念，将中学生的知识学习、能力发展与品德养成相结合，重视中学生的全面发展。 11. 尊重教育规律和中学生身心发展规律，为每一位中学生提供适合的教育。 12. 激发中学生的求知欲和好奇心，培养中学生学习兴趣和爱好，营造自由探索、勇于创新的氛围。 13. 引导中学生自主学习、自强自立，培养良好的思维习惯和适应社会的能力。 14. 尊重和发挥好共青团、少先队组织的教育引导作用
	（四）个人修养与行为	15. 富有爱心、责任心、耐心和细心。 16. 乐观向上、热情开朗、有亲和力。 17. 善于自我调节情绪，保持平和心态。 18. 勤于学习，不断进取。 19. 衣着整洁得体，语言规范健康，举止文明礼貌

维度	领域	基本要求
专业知识	（五）教育知识	20. 掌握中学教育的基本原理和主要方法。 21. 掌握班级、共青团、少先队建设与管理的原则与方法。 22. 掌握教育心理学的基本原理和方法，了解中学生身心发展的一般规律与特点。 23. 了解中学生世界观、人生观、价值观形成的过程及其教育方法。 24. 了解中学生思维能力、创新能力和实践能力发展的过程与特点。 25. 了解中学生群体文化特点与行为方式
	（六）学科知识	26. 理解所教学科的知识体系、基本思想与方法。 27. 掌握所教学科内容的基本知识、基本原理与技能。 28. 了解所教学科与其他学科的联系。 29. 了解所教学科与社会实践及共青团、少先队活动的联系
	（七）学科教学知识	30. 掌握所教学科课程标准。 31. 掌握所教学科课程资源开发与校本课程开发的主要方法与策略。 32. 了解中学生在学习具体学科内容时的认知特点。 33. 掌握针对具体学科内容进行教学和研究性学习的方法与策略
	（八）通识性知识	34. 具有相应的自然科学和人文社会科学知识。 35. 了解中国教育基本情况。 36. 具有相应的艺术欣赏与表现知识。 37. 具有适应教育内容、教学手段和方法现代化的信息技术知识
专业能力	（九）教学设计	38. 科学设计教学目标和教学计划。 39. 合理利用教学资源和方法设计教学过程。 40. 引导和帮助中学生设计个性化的学习计划

维度	领域	基本要求
专业能力	（十）教学实施	41. 营造良好的学习环境与氛围，激发与保护中学生的学习兴趣。 42. 通过启发式、探究式、讨论式、参与式等多种方式，有效实施教学。 43. 有效调控教学过程，合理处理课堂偶发事件。 44. 引发中学生独立思考和主动探究，发展学生创新能力。 45. 发挥好共青团、少先队组织生活、集体活动、信息传播等教育功能。 46. 将现代教育技术手段整合应用到教学中
	（十一）班级管理与教育活动	47. 建立良好的师生关系，帮助中学生建立良好的同伴关系。 48. 注重结合学科教学进行育人活动。 49. 根据中学生世界观、人生观、价值观形成的特点，有针对性地组织开展德育活动。 50. 针对中学生青春期生理和心理发展特点，有针对性地组织开展有益身心健康发展的教育活动。 51. 指导学生理想、心理、学业等多方面发展。 52. 有效管理和开展班级、共青团、少先队活动。 53. 妥善应对突发事件
	（十二）教育教学评价	54. 利用评价工具，掌握多元评价方法，多视角、全过程评价学生发展。 55. 引导学生进行自我评价。 56. 自我评价教育教学效果，及时调整和改进教育教学工作
	（十三）沟通与合作	57. 了解中学生，平等地与中学生进行沟通交流。 58. 与同事合作交流，分享经验和资源，共同发展。 59. 与家长进行有效沟通合作，共同促进中学生发展。 60. 协助中学与社区建立合作互助的良好关系
	（十四）反思与发展	61. 主动收集分析相关信息，不断进行反思，改进教育教学工作。 62. 针对教育教学工作中的现实需要与问题，进行探索和研究。 63. 制定专业发展规划，积极参加专业培训，不断提高自身专业素质

二、中学思政课教师专业素养发展之我见

基于新时代发展要求及习近平总书记的重要指示，笔者认为中学思政课教师专业素养发展要符合以下四个方面：

第一，要有鲜明的政治立场。教师要保持坚定的政治立场和政治敏锐性与自觉性，紧紧围绕"为谁培养人"这一问题，以马克思主义理论和习近平新时代中国特色社会主义思想开展实践教学，落实立德树人课程育人目标，培养中学生的政治认同这一核心素养。

第二，要有深厚的人文底蕴。实践性知识是专业发展的基础，在教育信息化发展环境下，中学生所接受的知识呈现多元化、复杂化特征，尤其是在自媒体环境下，中学生能够通过多种渠道接触不同的知识。为了实现立德树人根本目标，让学生形成学科核心素养，思政课教师需要学习各种知识，形成深厚的人文底蕴。

第三，要有明辨的理性精神。思想政治教学目标的实现是在人追求理性精神过程中完成的。中学生在学习过程中会受到各种诱惑，需要教师加以引导、约束。所以思政课教师需要具有明辨的理性精神，能够灵活运用马克思辩证唯物主义，通过概念分析、对比区分等方式洞察人性，结合学生差异性特点将社会主义核心价值观融入教学中，彰显思政课教师的时代价值。

第四，要具备高超的教育艺术，恪守教育初心。思政课教学主要是对学生的主观世界进行改造。中学生主观世界复杂易变，需要思政课教师在教学中展现独特的教学艺术魅力，恪守教育初心。思政课教师要不断淬炼教育理念，树立以学生为中心的教学观念，尊重学生、关注学生生命价值，形成高尚的师德师风。

"纸上得来终觉浅，绝知此事要躬行。"教师职业所应具备的专业素养都应在教学实践中去培养形成，通过教学、学习、教科研三大方面的实践去提升自身专业素养，逐步实现专业成长，如图2所示。在新时代背景下，中学思政课教师要恪守初心使命，做好教书育人工作。随着教育改革的不断推进，中学思政课教师要加强学习，提升思政教学技能，在琐碎中

反思，找准成长优势；在反思后成长，展开教学研思；在成长中卓越，自成教育体系。沿着"教——思——学——研——写——传"的路径，逐渐实现专业成长。

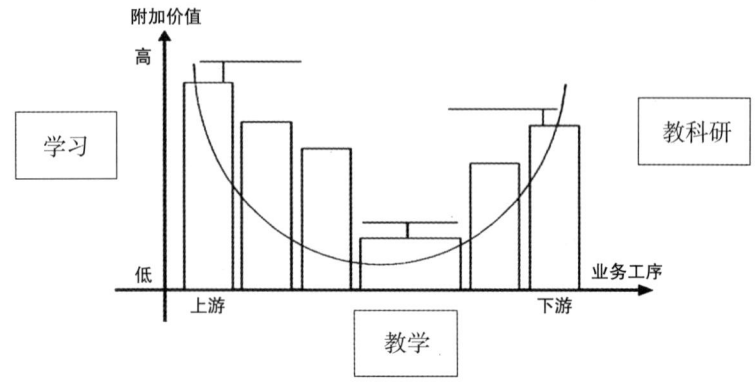

图 2　教师成长"微笑曲线"

心在哪里，哪里就有时间；志在哪里，哪里就有力量。不要为自己寻借口，成是由心来设计的，功是由志来建造的；让我们做一个有情怀的、快乐奔跑的教育人。教育是一条没有终点的路，只有明晰自己的职业生涯规划，才能看见路在何方；只有着力践行职业生涯规划，才能促成专业成长。但无论何时，都要永远铭记"只要出发，路就在脚下"。行走在教育之路上，我们要有"上下求索"之精神，有不畏坎坷之勇气，宁做奋斗登山者，不做闲逸享乐人！愿做登高望远者，不做坐井观天人！

实践路径篇

深耕教学　持续成长

"独坐幽篁里，弹琴复长啸。深林人不知，明月来相照。"除了公开课，大多数课堂教学仅仅是师生的参与，就像师生的一场约会，没有太多的观众，恰似王维诗中的"深林人不知"。如何把常态课上得有意思、有意义、有意蕴，如何不负师生共聚一堂，相互奔赴的生命时光？

作为教师，当我们对脚下的三尺讲台爱得深沉，方寸之间便生广阔天地；对眼前的学生满怀希望，即便荒草也能绿野千里；对日常的教学深入研究，无人观赏也自有明月相照。

一、提高站位，反思教学现状

2021年7月，"双减"政策开始实施；2022年，新课标修订，这对思政课教师提出了更高的要求。如何提高课堂教学效果，减轻学生学业负担，同时逐步提升学生学科关键能力及必备品格，成为一线教师亟需思考并探索解决的问题。

课堂是落实新课标理念的主战场，是教师与学生相互沟通的主窗口，是滋养教师与学生生命的土壤。如何让这片土壤更加肥沃，培育出更多鲜艳美丽的花朵，提高课堂教学质量尤为关键。

但目前，仍有部分教师不重视课堂教学质量的提升。不重视深度备课，或者在上课之前随意在网上下载相关课件，不加整理就去上课；或者照本宣科，带领学生在课本上画画重难点，不注重讲解，让学生死记硬背等现象依然存在。要提升思政课教育教学质量，培育国家发展需要的时代新人，就必须意识到这些问题的严重性，要改变类似现象，就必须在课堂这片土地上深耕细作，俯下身子下一番苦功夫，向课堂40分钟要质量。

二、扎根课堂，提升专业素养

对于一线教师来讲，站稳讲台、扎根课堂是成长的根基，只有深耕课堂教学，才能促进自身专业发展。在日常教学中，要精准备课，有的放矢，创新优质教学设计；用心上课，提升自身专业能力，培养学生核心素养；还要对学生严格要求，提高课堂把控力，促进学生学习习惯养成。

（一）精准备课，有的放矢

1. 知晓备课缘由

成功的课堂教学离不开好的教学设计，而充分备课是创作优质教学设计、上好课的前提。备课虽然不呈现在课堂教学中，但是课堂教学内容的大部分都要经过前期精心准备，才能得以实施。扎实备课，我们在上课时才能有的放矢，从容不迫。

备课对课堂教学意义重大，充分备课有利于我们确立教学计划，便于统揽全局，熟悉教学对象，明确教学目标；能够指导我们设计教学过程，保障有效教学；还能使我们有效克服紧张心理，增强教学信心。

但当前部分教师在备课时存在以下误区：有的是对现成教案的"拷贝"；有的是为了应付检查，搞"形式主义"；有的则借助"集体备课"，制作"同构教案"；有的则把教案写成了网上搜索到的资源的"拼盘资料"。

2. 树立正确的备课观

苏霍姆林斯基在《给教师的建议》一书中说："对每一节课，我都是用终生的时间来备课的。不过，对于这个课题的直接准备，或者说现场准备，只用了大约15分钟。"这就要求教师要树立"终身备课"的备课观，进行终身学习。

当前，还有部分教师混淆备课与教学设计，认为备课就是写教学设计。其实，备课是对教学内容、学生基础、资源环境等进行分析，教师要在此基础上进行教学设计，还要在教学设计实施后根据实施的情况进行反思性总结，以进一步对其进行优化。而教学设计则是围绕教学内容、学生基础、资源环境等进行分析，并以教案的形式来体现。由此，不难看出备课≠教学设计（二者关系如图3所示），备课贯穿"课前备课＋教学设计＋教学实施＋课后反思"。因此，教师要树立"全过程备课"的备课观。

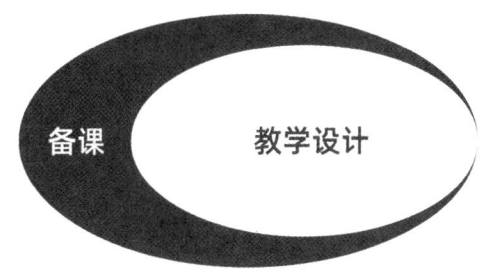

图3　备课与教学设计的关系

3.明晰备课内容

明白了备课的重要性，那在备课过程中，我们要在哪些方面着重备呢？

（1）备课标。本书所述课标版本为《义务教育道德与法治课程标准（2022年版）》。备课时要将课标与教材进行具体对接，以新课标五大教育主题与教材（2018版）的对接为例，具体见表2。

表2　新课标中五大教育主题与教材的对接

教育主题	内容要求（关键词）	对应教材
生命安全与健康教育	1. 了解变化、预防侵害	七年级下册：1.1.1 悄悄变化的我，1.1.2 成长的不仅仅是身体，1.2.1 男生女生，1.2.2 青春萌动
	2. 自我认同、和谐关系	七年级上册：1.1.3 发现自己，2.4 友谊与成长同行，2.5 交友的智慧； 七年级下册：3.6 "我"和"我们"，3.7 共奏和谐乐章，3.8 美好集体有我在； 八年级上册：1.1 丰富的社会生活
	3. 正视挫折、自强不息	七年级上册：4.9.2 增强生命的韧性； 七年级下册：2.4 揭开情绪的面纱

续表

教育主题	内容要求（关键词）	对应教材
生命安全与健康教育	4. 追问生命、规划人生	七年级上册：4.8 探问生命，4.9.1 守护生命，4.10 绽放生命之花； 九年级下册：3.5.2 少年当自强，3.6 我的毕业季，3.7.2 走向未来
	5. 公序良俗、责任担当	八年级上册：2.3 社会生活离不开规则，2.4.2 以礼待人，2.4.3 诚实守信
法治教育	1. 习近平法治思想	八年级下册：1.1.1 党的主张和人民意志的统一； 九年级上册：2.4 建设法治中国
	2. 宪法意识	八年级下册：1.1 维护宪法权威，1.2 保障宪法实施
	3. 权利和义务	八年级下册：2.3 公民权利，2.4 公民义务
	4. 依法治国	七年级下册：4.9 法律在我们身边； 九年级上册：2.4 建设法治中国
	5. 维护国家统一	九年级上册：4.7.2 维护祖国统一
	6. 根本政治制度	八年级下册：3.5.1 根本政治制度； 九年级上册：2.3 追求民主价值
	7. 多党合作、政治协商	八年级下册：3.5.2 基本政治制度
	8. 区域自治、基本制度	八年级下册：3.5.2 基本政治制度； 九年级上册：4.7.1 促进民族团结
	9. 基层民主、基本制度	八年级下册：3.5.2 基本政治制度
	10. 国家机构	八年级下册：3.6 我国国家机构
	11. 民法典、人身权、财产权	八年级下册：2.3 公民权利
	12. 认识危害、远离犯罪	八年级上册：2.5 做守法的公民
	13. 合理利用、网络保护	八年级上册：1.2 网络生活新空间
	14. 遵守环保法律、建设美丽中国	九年级上册：3.6 建设美丽中国

续表

教育主题	内容要求（关键词）	对应教材
法治教育	15. 国家利益至上、维护国家安全	八年级上册：第四单元"维护国家利益"
	16. 合作共赢、人类命运共同	九年级下册：1.1 同住地球村，1.2 构建人类命运共同体
中华优秀传统文化教育	1. 弘扬中华优秀传统文化的核心理念	七年级上册：3.6.1 走近老师； 七年级下册：1.3 青春的证明； 八年级上册：2.4.3 诚实守信； 八年级上册：4.8 维护公平正义
	2. 荣辱观念、社会风尚	七年级上册：3.6 师生之间，3.7 亲情之爱
	3. 自强不息、厚德载物	七年级下册：1.3.1 青春飞扬； 九年级下册：3.5.2 少年当自强，3.6 我的毕业季
	4. 修齐治平的理想追求；锤炼高尚人格	九年级上册：3.5.1 延续文化血脉
	5. 家国情怀	八年级上册：4.10 建设美好祖国
革命传统教育	1. 伟大建党精神	八年级下册：1.1 党的主张和人民意志的统一； 九年级上册：1.1.1 坚持改革开放
	2. 新民主主义革命的伟大胜利	九年级上册：2.3 追求民主价值，3.5.2 凝聚价值追求，4.8.1 我们的梦想
	3. 社会主义革命和建设的伟大成就	九年级上册：1.1.1 坚持改革开放，4.8.2 共圆中国梦
	4. 改革开放和社会主义现代化建设的伟大成就	九年级上册：1.1 踏上强国之路，4.8.2 共圆中国梦
	5. 新时代中国特色社会主义的伟大成就	九年级上册：1.2 创新驱动发展，4.8.2 共圆中国梦
国情教育	1. 中国发展的历史方位	九年级上册：1.1.2 走向共同富裕
	2. 百年未有之大变局；全人类共同价值；构建人类命运共同体	九年级下册：1.2 构建人类命运共同体

教育主题	内容要求（关键词）	对应教材
国情教育	3.高质量发展、"五位一体"总体布局	九年级下册：2.3 与世界紧相连，2.4 与世界共发展
	4.劳动教育、理想信念教育	八年级上册：4.10.2 天下兴亡 匹夫有责；九年级下册：3.6.2 多彩的职业，3.7 从这里出发

（2）备教材。教材是备课时的重要抓手，教师在备课时应立足课标，以教材为主，但不拘泥于教材，要超越教材。那备课时应如何具体使用教材呢？

备教材可从宏观、中观、微观三个角度展开。

宏观角度，主要把握教材的理念及其与课标的对接，考虑如何在教材中落实课标，如何达成关键能力、价值观念等素养目标。在此以黄梦溢老师"增强生命的韧性"一课的单元教学设计说明为例（此教学设计获第三届全国初中道德与法治教学设计大赛一等奖）。

依据课程标准及学科课堂教学基本要求，单元教学设计说明如下：

近年来，一些青少年抗挫折能力差、生命意义缺失，亟需对其开展生命教育。《义务教育道德与法治课程标准（2022 年版）》指出，"生命安全与健康教育"是义务教育阶段道德与法治课的五大学习主题之一。七年级上册四个单元内容均属于"生命安全与健康教育"这一学习主题。

依据课程标准，从大单元教学视角进行分析，本单元是专门进行生命教育的单元。学生的生命关系主要包括与自身，与他人，与国家、社会、人类文明，分别对应教材的前三个单元，"与国家、社会、人类文明"贯穿思政课教育始终。前三个单元指导学生学会处理生命关系中的某一方面，第四单元是前三单元的价值升华，在整册教材体系中居核心地位。

本单元在落实健全人格、责任意识等核心素养方面具有重要作用，旨在引领学生树立正确的生命观，珍爱生命，追求生命的意义。在明确单元主题后，聚焦素养目标，创设真实情境，设置学习任务，引导学生从低阶思维、浅层学习走向高阶思维、深度学习。为实现"教—学—评"一致性，发挥评价的促进作用，在依据建构主义理论、课程标准、教材内容和基本学情设计单元学习目标和评价任务后，逆向设计本单元学习活动和课时计划，统筹规划单元学习。

中观角度，主要挖掘教材本身的内容、地位，考虑教材单元本身的教学目标、整体架构、课时安排等。以教材七年级上册第四单元"生命的思考"为例，其单元结构图如图4所示。

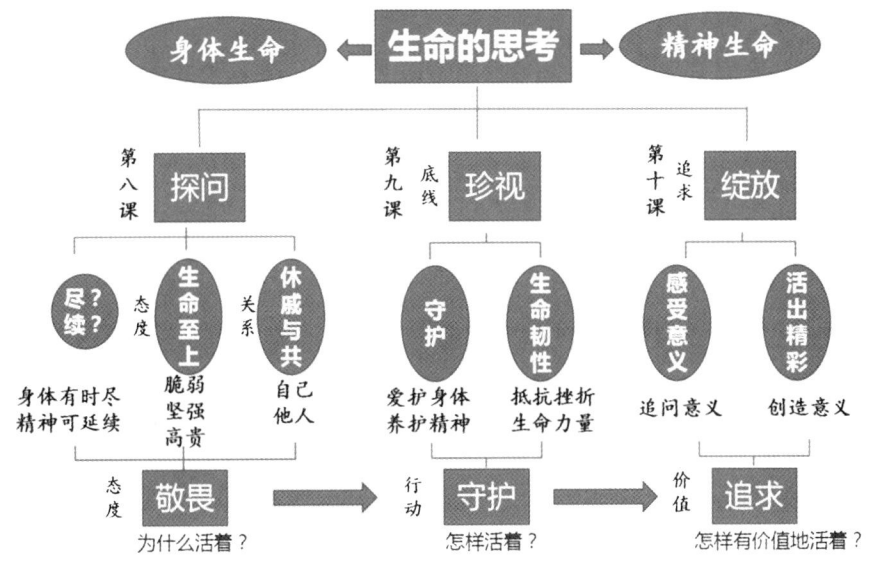

图4 "生命的思考"单元结构图

微观角度，主要梳理教材的知识点，考虑本课时的核心知识、小栏目的处理等。例如，七年级上册第四单元第九课第二框"增强生命的韧性"的课时内容如下：

本课时是七年级上册第四单元第九课第二框的内容。大单元教学主导下的课时主题为：第4课时"勇抗挫折 增强韧性"。本课时在单元教学中承上启下，在学生学习第八课"探问生命"后明白生命的短暂与宝贵，应敬畏生命的基础上，引领学生珍视生命，也为第十课"绽放生命之花"追求生命的意义做铺垫。

第一目"生活难免有挫折"的核心问题是"辩证理解挫折的作用"，引导学生了解挫折的含义；知道不同的挫折认知会产生不同反应；理解挫折是把双刃剑，正确对待挫折。第二目"发掘生命的力量"引导学生分析挫折原因；掌握战胜挫折的方法，发掘生命的力量。本框旨在引领学生树立积极乐观的人生态度，培养其乐观开朗、坚韧弘毅的心理素质，不怕挫折、坚韧不拔的意志品质，培育其健全人格。

2016 年秋，统编版初中教材《道德与法治》（七年级）开始投入使用，教材最大的特色是设置了《探究与分享》等六个小栏目。其中《探究与分享》栏目数量最多，占比最大，是教材的主体栏目，用以辅助学生理解教材正文，是教材的有机组成部分。小栏目与正文结合，正是学生生活逻辑与学科逻辑的融合，可以帮助学生理解教材核心观点。小栏目的设置是教材中的一大特色亮点，也是中考出题的必选项，近年考情分析见表3。

表 3　小栏目考情分析

时间	题号	内容
2023 年	18	取自教材八年级上册第 23 页《探究与分享》栏目
2023 年	20	取自教材九年级上册第 110 页《相关链接》栏目
2022 年	8	取自教材九年级下册第 9 页《运用你的经验》栏目
2021 年	1	取自教材七年级上册第 11 页《探究与分享》栏目
2021 年	15	取自教材九年级上册第 14 页《运用你的经验》栏目

其中，《探究与分享》小栏目可以分为经验感受类、观点思辨类、行动导向类、综合类等。在课堂教学中，要结合学生具体情况、教学内容及中考方向，进行有针对性的处理。对教材小栏目的挖掘可参阅笔者于 2021 年出版的《初中道德与法治学习指南》一书。

（3）备学生。课堂教学开始之前，对学生情况有充分的了解，可以使教学有的放矢，事半功倍。那么具体如何备学生呢？一般包括分析学生与本课时学习相关的学习经验、知识储备、学科能力水平、学生兴趣与发展需求、发展路径等，具体来说包括以下几个方面。

首先，分析学生的年龄特点。包括：所在年龄阶段的学生长于形象思维还是抽象思维，乐于发言还是羞涩保守，喜欢与老师合作还是抵触老师。不同年龄学生注意的深度、广度和持久性也不同，这些特点可以通过学习一些发展心理学的简单知识来分析，也可以凭借经验和观察来灵活把握。还有不同年龄学生感兴趣的话题不同，教师一方面要尽量结合学生兴趣开展教学，又要适当引导，不能一味屈尊或者迁就学生的不良兴趣。

其次，分析学生已有的知识、经验。分析针对本节课或本单元的教学内容，确定学生需要掌握哪些知识、具备哪些生活经验，然后分析学生是否具备这些知识和经验。可以通过单元测验、摸底考查、调查问卷等较为正式的方式，也可以采取抽查或提问等非正式的方式。如果发现学生知识经验不足，一方面可以采取必要的补救措施，另一方面可以适当调整教学难度和教学方法。

再次，分析学生的学习能力和学习风格。分析不同班级学生理解掌握新知识的能力、学习新的操作技能的能力，据此设计教学任务的深度、难度和广度。经验丰富、能力较强的教师还可以进一步分析本班学生中学习能力突出的尖子生和学习能力较弱的学困生，因材施教，采取变通灵活的教学策略。

最后，分析学生的学习风格。一个班级的孩子在一起时间长了会形成"班级性格"，有些班级思维活跃、反应迅速，但往往思维深度不够、准确性稍微欠缺；有些班级则较为沉闷，但可能具有一定的思维深度。不同的学生个体也是如此，教师应该结合教学经验和课堂观察，敏锐捕捉相关信息，通过提出具有挑战性的问题、合作等方式尽量取学生之长、补其之短。

例如，黄梦溢老师"坚定文化自信　弘扬民族精神"一课（本课参与河南省思政课教师基本功大赛展评）的学情分析如下：

已有知识经验：九年级学生对中华优秀传统文化在情感与知识经验上都有所认知，有些学生可能还掌握了一定的传统文化技艺，比如，接触过民族乐器、书法、国画、剪纸，会背诵传统经典，知晓或者参观过国内著名文化景点，了解部分中国历史名人的事迹，等等。

身心发展特点：九年级学生在思维、心理等方面相较七、八年级有所发展，对中华文化，特别是中华优秀传统文化及社会热点关注度高、理解力强。

预设问题及解决方案：学生虽然对中华文化有一定程度的了解，但对其认识仅停留在一般的知识和操作层面，对其深层次的文化价值和意义思考不多。因此，要着重对学生进行价值理念的引领，增强其内心深处的文化自信及传承保护意识。

（4）备自身。教师的教学基本功和专业特长，往往是影响教学效果与教学能力发挥的主要因素。其中教学基本功包括基础知识（学科专业知识、教学理论知识）和基本技能（板书、语言、信息技术等）。备课中教师需要进行自我分析，注意扬长避短（专业发展需要取长补短），培养自己的教学风格。

（5）备资源。新课标指出："课程资源是提高教学质量和增强教学效果的重要支撑，包括图书、音像资料、数字化资源，以及现实生活中鲜活的案例。"教师应坚持目标导向，精选优质课程资源；调动多元主体，丰富课程资源。课程资源的重要性可见一斑。但具体到某一节课，要选取与运用哪些资源，这就需要我们结合具体教学内容及学情，进行甄别，选择合适的教学资源来支撑、充实课堂，以期达到育人效果。教学资源一般包括教学辅助设备与资料，如：课外拓展学习资料卡、书籍、网站、文章、实物等。基于信息技术的教学资源，如：PPT、视频、图片等。在资源选取上要遵循指向核心素养、符合教学主题、来源学生生活、紧密联系热点、无政治性错误、发挥正面导向作用等原则。

例如，黄梦溢老师的"坚定文化自信 弘扬民族精神"一课，在资源选取上充分挖掘本土资源，运用视频、图片、资料卡等方式，将三门峡文物资料（庙底沟彩陶文物等）、历史资料（仰韶文化资料、三门峡黄河大坝建设资料）、文献资料（《道德经》）、神话传说、国内外时政资料（"苏丹撤侨"事件视频）等资源融进教学内容呈现给学生，有力支撑教学内容，丰富教学资源。

综上所述，我们应把握以下几点有效备课的原则和基础：重视对课标的科学分析；加强对教材的深入挖掘；做好对学情的客观分析；认识自我的长处与不足；对教学资源的有效准备。

通过以上分析，我们知道了备课备什么，那么如何备课才能设计出一节好课呢?

3.学会备课

课堂教学环环相扣,任何一个环节出现问题,都会影响整个教学的开展,最终影响教学效果的达成。因此,必须重视每一个教学环节的精心准备,以下简要介绍针对教学环节的基本备课建议。

(1)教学目标的制定。教学目标犹如灯塔,指引教学行程,教师在教学中要重点关注目标的预设和达成情况。教学目标要有整体性、层次性和有效性。整体性,指根据课程标准对学生学习的要求,注意从核心素养总目标及学段目标整体把握,要突出伴随学习过程与学习内容相应的能力培养、思维方法和情感教育等方面的要求。层次性,指根据学习内容的特点和学生的基础制定不同层次的目标。有效性,指针对不同教学内容及具体要求,结合具体的单元结构和学习内容制定目标;针对不同学生实际,从学生的知识基础和认知规律着眼;针对不同课型和方式要求制定目标。

目标的设置应遵循"核心素养目标(课程总目标)——学段目标——单元目标——课时目标"思维逻辑顺序考虑所设目标有没有育人价值,有什么育人价值。此外,还要区别教学目标和学习目标,两者关系见表4。教学目标内容为让学生能够干什么,指向教学结果。学习目标内容为学生通过干什么、怎么干、干到什么程度、学会什么,指向学习结果,具有指导性、可操作性及过程性。

表4　教学目标与学习目标的关系

目标	主体	特点	关系
教学目标	教师	陈述方式高度概括	本质是统一的,都是教学活动中所期待的学习结果,只是视角不同
学习目标	学生	通俗易懂,一目了然,具体可操作	

教学目标的叙写格式一般为"基于……情境,通过……活动,引导学生完成……任务,解决……问题,使学生能够(感悟/理解/懂得)……",定位于落实学科核心素养。学习目标的叙写格式为"基于……情境,通过……活动,完成……任务,解决……问题,能够(回忆/

叙述/阐释/评价/制定)……",将学生的学习过程可视化,让学生知道做什么,做到什么程度。

例如,黄梦溢老师"坚定文化自信 弘扬民族精神"一课的教学目标如下:

①通过带领学生欣赏仰韶文化庙底沟类型彩陶等文物艺术品,使学生认识中华文化的特点。

②通过剖析《道德经》内容及"苏丹撤侨"事件,进行观点思辨,启发学生理解中华优秀传统文化对我国内政外交思想的影响,认同中华文化的价值,坚定文化自信。

③通过回顾三门峡黄河大坝建设过程,引领学生感知其中蕴含的民族精神,理解中华民族精神的时代价值,自觉传承和弘扬伟大民族精神。

再如,黄梦溢老师"正确行使权利 自觉履行义务"一课(本课在河南省网络研修活动中展示)的预设目标,具体见表5。

表5 "正确行使权利 自觉履行义务"一课的预设目标

教学目标	学习目标
打牢学生知识基础,提高学生逻辑思维能力	通过点评思维导图,运用系统性思维构建"权利与义务"单元知识体系,能复述基础知识
使学生学会依法行使权利、自觉履行义务,理解权利、义务的关系	通过帮助李明解决生活疑惑,能解释清楚"权利与义务"的关系,做到依法行使权利、自觉履行义务
引导学生将所学运用于生活	通过撰写小论文,能运用知识,发表对目前上海疫情防控中各种现象的看法
育人价值:提升法治观念。学法的目的是指导、引领生活,养成法治思维与法治行为习惯,增强责任担当精神	

(2)教学内容的处理。教学内容主要来源于教材,教师在教学中应充分用好教材、丰富教材。根据课程标准认真钻研教材,把握思政学科教材的主要线索。从学科特点出发,注意符合认知规律,体现"抓住主线、突出重点、分散难点、安排有序"的指导思路,帮助学生在有限时间内掌握最基本的知识与方法;联系学生与学校实际对教材做合适的选择与调整,

包括学生的知识基础和生活经验，使教材的主题呈现与结构次序能适应不同学校的实际和不同层次学生的学习需要。要联系学生基础补充鲜活的教学内容，如针对学生的生活经验选取一些学生能了解的社会知识充实课堂教学内容，培养学生理论知识与社会实际相联系的思想方法，正确处理知识的"预设性"和"生成性"的关系，使课堂教学的内容能够体现鲜活和生动的特点。

例如，黄梦溢老师的"国潮风起 文化大美"——九年级上册第三单元大单元复习课（本课在三门峡市送教下乡活动中展示），其教学内容是教材知识"中华文化、文化自信、传统美德、核心价值观、民族精神、文明交流互鉴"等单元知识的整合，在课堂教学中，对教材资源进行恰当补充，如河南卫视爆火出圈系列文化节目"中国节日""奇妙游"等，丰富了教材资源的同时，也将整个文化单元知识置于系列文化节目这一大情境中学习，激发学生学习兴趣，增加学生文化认同感。

（3）教学方式或方法的选择。教学方式与方法千变万化，依据课标、教材、学情等，选择恰当的教学方式或方法，有助于提高教学效果。新课标指出，教师要"丰富学生实践体验，促进知行合一""注重案例教学，选择、设计和运用个人和社会生活中的典型实例，鼓励学生探究、讨论，提高学生的价值辨析能力""积极探索议题式、体验式、项目式等多种教学方法，引导学生参与体验，促进感悟与建构"等等。

教学中常用的教学方式有以下几种：

• 议题式教学：是指通过创设"议学情境"，开展"议学活动"，解决"议学问题"的教学。可实现"课程内容活动化"和"活动内容课程化"的相互嵌入，是一种旨在培养学生核心素养的"活动型学科课程"教学方式。

例如，九年级"创新永无止境"一课，学生认知能力、思辨能力相较于七、八年级有所提高，但教学内容涉及国家创新发展，具有一定难度。故此，黄梦溢老师在授课时采取议题式教学，以美国制裁华为事件为议题情境，抓住学生的关注点、兴趣点，使其想议、可议、能议、会议。具体教学设计思路见表6。

表 6　议题式教学示例

总议题：透过美国制裁华为事件，思考创新强国的建设				
议题线	情境线	任务线	活动线	知识线
子议题 1：美国制裁华为事件折射出我国的创新现状如何	美国制裁华为	议题描述（是什么）	议学感悟	创新现状
子议题 2：从各国发展5G 事业思考为什么要建设创新型国家	各国发展 5G 事业	议题论证（为什么）	自主思考	为什么建设创新强国（现状＋重要性）
子议题 3：从美国制裁华为事件谈我们应如何建设创新强国	华为应对措施	议题决策（怎么样）	合作探究商讨交流	如何建设创新强国

　　•体验式教学：是指根据学生的认知特点和规律，通过创造实际的或重复经历的情境和机会，呈现或再现、还原教学内容，使学生在亲历的过程中理解并建构知识、发展能力、产生情感、生成意义的教学观和教学形式。

　　以黄梦溢老师"增强生命的韧性"一课为例，其体验式学习情境设计思路见表 7。

表 7　体验式教学示例

学习情境	挫折体验
2016 年《中国诗词大会》首位擂主彭超，小时因事故失去双臂	任务：请同学们在纸上写出"自强不息"四个字。 要求：使用与日常写字相反的手，并分享感受
	任务：请你不用手将书从 105 页翻到 110 页。 要求：单列同学完成此任务，并分享感受

　　•"大单元"教学：本质是重构学习框架，实现从"内容整合"到"课堂构建"再到"评价反馈"一体化。但教师在实施大单元教学的过程中，在整合知识时，新授课的知识整合跨度不能太大，最好是教材自然单元内的调整，或者是将旧知识进行同化，避免知识倒挂。复习课可以大跨

度地整合七、八、九年级的知识。

例如，黄梦溢老师的"国潮风起　文化大美"复习课，以"中华优秀传统文化"为主题，具体内容结构如图5所示。

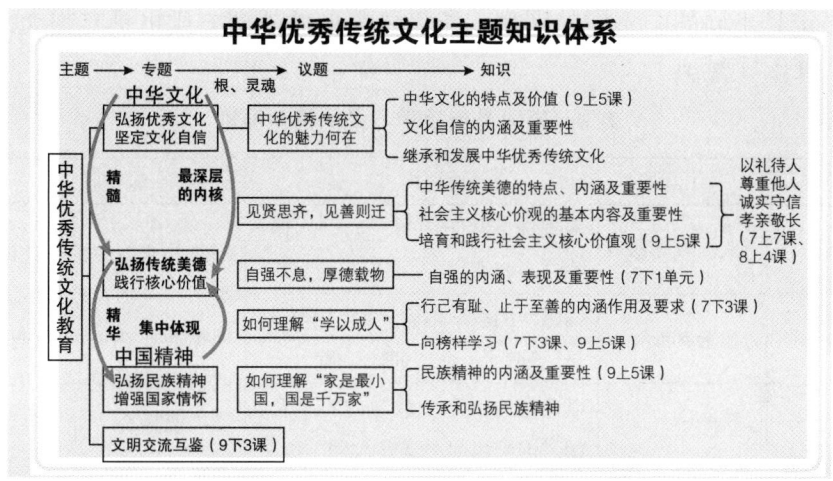

图5　中华优秀传统文化主题知识体系

再如，黄梦溢老师的"坚定文化自信　弘扬民族精神"——九年级上册第三单元大单元结构如图6所示。

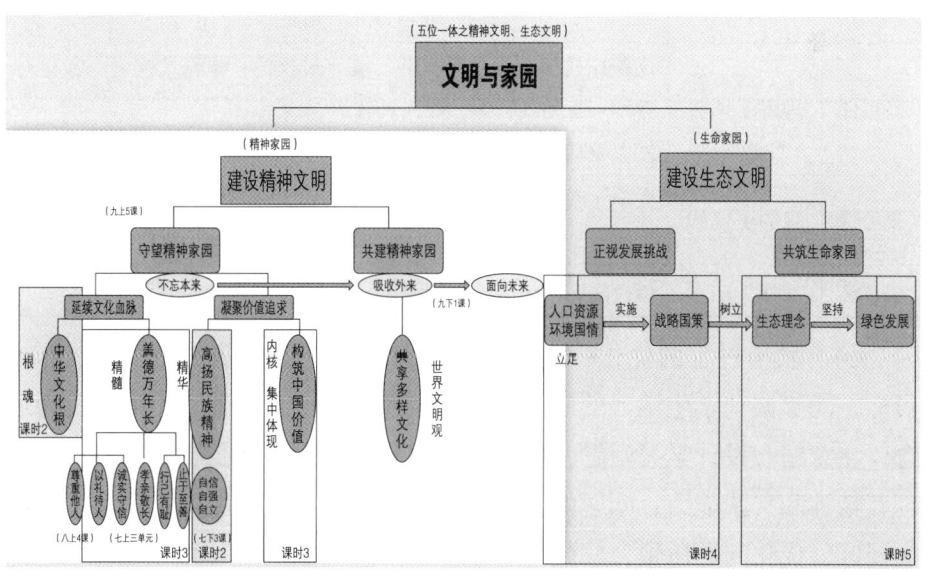

图6　九上第三单元大单元结构

俗话说,教学有法,法无定法,贵在得法。教学方式多种多样,但适合的才是最好的。不同类型教学方式的适用原则也不同,具体见表8。同样的教学内容,由于教师个性特点不同,学生学习风格有异,所选择的方法必定是不同的。不同的课型,所需要采取的授课方式也是有很大区别的,具体见表9。

表8 不同类型教学方式的适用原则

分类	适用学段	适用内容	内在联系
议题式	八、九年级	偏理性的教学内容,如"法律"部分内容等	三者并非简单的非此即彼关系。教师在教学中,应根据教学内容灵活选择,或议题或体验或大单元,或三两融合。如"创新永无止境"就是议题式教学与大单元教学的融合
体验式	七年级	偏感性的教学内容,如"孝亲敬长""增强生命的韧性"等	
大单元	各学段均适用	以主题为线索的教学内容融合,如"国潮风起 文化大美"以中华优秀传统文化教育为线索构建大单元教学等	

表9 不同课型的教学方式方法选择

课型	侧重	教学方式与教学方法
新授课	理解+体验	议题式教学、大单元教学、参与式教学、体验式教学、启发式教学、互动式教学、探究式教学 任务驱动法
复习课	巩固+建构	大单元教学 练习法
讲评课	迁移+运用	讲授法、讨论法、辨析辩论

(4)教学过程的优化。教学过程的设计要以提高学生的核心素养为目标,能够调动学生学习的主动性和积极性。要以"学生发展为本"为理念,注意精心设计学习问题,培养学生的质疑能力、问题解决能力,以及创新精神和实践能力;问题的设计要站在学生的角度提出,符合学生最近发展区,优化问题质量,层层埋疑,步步解惑,在"问"和"答"中促使学生积极思考。

教学过程应注意加强师生之间、生生之间的交流和互动，体现教学民主，营造和谐课堂；要照顾到不同学生的学习基础，注意激发学习兴趣，引发认知冲突，可组织讨论等学习活动，体现教师主导性和学生主体性的有效发挥。教师要根据教学内容与要求，正确地运用相应的教具，辅助教学，努力使抽象概念直观形象化；要注意教学实施与信息技术的有机整合，充分利用多媒体和信息技术，增强教学的艺术感染力，努力改革和创新教学模式，提高课堂教学效率。

教学过程的设计是教学设计的关键核心内容，是指向预设目标的教与学的活动过程，是指导实际课堂教学的蓝图。以大单元教学为例，教学过程的设计应"基于大概念——创设大情境——设置大任务——提出大问题"，在单元教学大情境下设置课时情境，在单元大任务驱动下设置课时子任务，在单元大问题下设置课时问题链。但无论是情境创设、任务驱动，还是问题设置，都应指向单元教学目标达成。在教学过程中，教学活动的设计应遵循"指向核心素养、凸显价值引领、依托真实情境、基于任务驱动、帮助问题解决"的原则，不能为了活动而活动，否则就成了"为赋新词强说愁"，课堂闹哄哄，实则没有任何意义。具体来说，要做到以下几个方面：

•指向问题解决的真实情境创设。教学情境的创设应真实新颖，且有育人价值。新课标中课程理念第三条指出，要"以社会发展和学生生活为基础，构建综合性课程""以学生的真实生活为基础，增强内容的针对性和现实性，突出问题导向，正视关注度高、涉及面广的问题，引导学生发现问题、分析问题、解决问题，提升道德理解力和判断力，强化规则、纪律、秩序、诚信、团结合作、冲突解决等教育"。真实情境的创设有助于引发学生共鸣，其经历过的，或目睹他人经历过的，或时政新闻热点等，都可作为素材，教师对其进行二次加工，可使这些鲜活的素材成为恰如其分的教学资源。

例如，黄梦溢老师"尊重他人"一课（本课获三门峡市优质课大赛一等奖）的教学过程设计见表10。本课情境线："时政热点奥运情境——生活情境——自身"，问题链："对时政热点的看法——对类似事件的感受——反思自身——有何危害", 逐步引导学生从外在世界走向内在世界, 最终学会尊重他人, 实现价值引领。

表10 "尊重他人"教学过程设计

	情境载体	问题解决
情境一	2021年东京奥运会日本选手伊藤美诚违规触碰球台；羽毛球比赛中，日本选手广田彩花带伤参赛。中国运动员拥抱鼓励广田	请从尊重的视角谈谈你的看法
情境二	一市民往刚刚打扫干净的地面扔垃圾	假如你是参赛运动员或环卫工人，你有怎样的感受？
情境三	生活中尊重与不尊重的场景	生活中，你做过哪些尊重（或不尊重）他人的事？
		请从上述情境任选一例，分析不尊重他人有什么危害

再如, 黄梦溢老师七年级上册第四单元新授课"增强生命的韧性", 其教学过程设计见表11。

表11 "增强生命的韧性"教学过程设计

序号		教学过程
1	畅谈感悟	聊聊你所遭遇的挫折
2	挫折体验	请同学们在纸上写出"自强不息"四个字。使用与日常写字相反的手，并分享感受
3	人物剖析	彭超为何会实现自身理想？
4	深度思辨	挫折是垫脚石，还是绊脚石？
5	挫折体验	请你不用手将书从105页翻到110页。单列同学完成此任务，并分享感受
6	合作探究	请结合彭超事迹和自身挫折体验，小组合作探究"我们应该如何发掘生命的力量"。每小组至少总结三种方法，记录员记录，并派代表分享
7	价值引领	强者总是从挫折中不断奋起、永不气馁

· 指向思维能力培养的深度问题设计。在设置课堂教学问题之前, 应

对问题的性质了如指掌，知道什么样的内容应设置什么层次的问题，这里列举部分示例，具体见表12。

表12　问题性质及对应问题举例

序号	问题性质	问题举例	特点
1	指需要通过讨论、议论、分析、询问而得以解决的疑问	什么是诚信？什么是劳动？什么是奉献？什么是价值？劳动与价值的关系是什么？	（学理性质）概念性，具有清晰的论点或观点
2	指比较难以顺利解决的困难或难题，是相悖于事物发展规律的困局和难解之题	青年问题、数学难题、问题儿童、经济问题、农村问题、就业问题、贫困问题	（实践取向）如教学中设置矛盾冲突、观点思辨性问题
3	指涉及事物的发展、活动进程而涌现出来的，与重要后果、结果相关的议题性的问题、选题或研究项目	战后问题、疫情问题、病毒变异问题、舆情问题	（结果取向与议题性）需要进行议论、讨论、商讨等
4	指与事实、事件、行为相关的状态性问题	你怎么了？发生什么了？怎么会这样？	（事实性、现状性）即时性、状况性，可以快速应答

前三种是需要小组合作、深度探究的问题，其中：

第一种是概念性问题，有标准答案。如"用一句话说说你对诚信的理解？""企业的发展与诚信的关系是什么？"。

第二种是有矛盾冲突的两难问题，需深度思辨解决。如"是不是任何情况下都要诚信？""对于碰瓷老人，我们还要尊重吗？为什么？"。

第三种是如何解决某一重要议题类的问题，如"如何建设创新强国"。

在实际课堂教学中，课堂问题的设置要尽量使其放置在真实情境中，以激发学生兴趣，指向真实问题解决。比如，"导入环节"的问题情境，旨在激发学生的兴趣，引起学生的关注，为引入课堂教学内容做铺垫。而课堂主问题则是"贯穿整个学习单元"的问题情境，是需要学生解决的真实问题。另外，教师还要在学生学习过程中提出"引导性问题"，以便为学生解惑。真正能提高学生思维水平的是更加开放的"持久思考性问题"，这类问题能激起学生疑惑，促进学生思考。例如："你的思路是什么？理由是什么？""你是怎样想出这一答案（方法）的？""你和他的答案相同吗？如果相同，请说说你们的思路。如果不同，请说说你的想法。""谁能补充？谁能纠正？这种说法有没有问题？""谁有不同的思路？谁还有新的解答方案？""这种方法行不行呢……如果不行，假如从……思考行不行呢？"。

其中，"导入性问题""引导性问题"指向是什么、为什么，一般有标准答案。而"贯穿整个学习单元"的问题和"持久思考性问题"则指向如何解决、怎样做，一般无标准答案。

例如，黄梦溢老师"坚定文化自信　弘扬民族精神"一课真实情境中的问题设置见表13。

表13　"坚定文化自信　弘扬民族精神"一课真实情境中的问题设置

学习情境	问题设置
参观庙底沟考古遗址公园	1. 三门峡"庙底沟之花"闪耀央视春晚说明了什么？
参观函谷关，学习《道德经》，了解苏丹撤侨事件	2. 结合所学，谈谈此次中国撤侨行动体现了我国怎样的治国理念？ 3. 在撤侨行动中，中国援助其他国家体现了什么？
参观三门峡黄河大坝，学习大坝建设过程资料及大坝守护人张辉事迹	4. 结合三门峡大坝的建设过程，你认为中国人身上具有怎样的精神？ 5. 有人认为"黄河宁，天下平"大坝精神已经过时，对此请谈谈你的认识。 6. 结合所学，谈谈我们在生活中如何传承和弘扬民族精神

总之，课堂问题的设计应仔细推敲，联系教学内容，符合学生认知水平。

• 指向教—学—评一致性的教学评价设计。新课标在教学评价建议部分指出，教学评价应坚持"素养导向、以评促学、以评促教、重视表现性评价、坚持多元主体评价"，评价环节主要包括"课堂评价、作业评价、期终评价"。在实际教学中，我们要打破"唯分数"论的评价方式，从价值观念、学习态度、过程表现、学业成就等方面进行评价，贯穿学生学习的全过程和教学的各个环节，充分发挥以评促教、以评促学、以评育人的功能。由此可见，所谓教—学—评一致性是指在课堂教学中，教师的教、学生的学和对学生学习的评价三种因素的协调配合程度。教师的教、学生的学和课堂评价是一致的，都是围绕目标展开的，它包括三个一致：一是学与教的一致，即所学即所教；二是教与评的一致，即所教即所评；三是评与学的一致，即所学即所评。体现教—学—评一致性的全过程性评价见表 14。

表 14　全过程性评价

评价过程	学前	学中	学后
评价主体	教师	学生（自评、互评）	家长、社区等
评价性质	定性	定量	
评价区域	课堂内	课堂外	

教学评价中，课堂评价与作业评价是一线教师要着重重视的内容。在课堂评价中可以进行教师评、学生评、小组评，作业评价要设置不同性质、层次的作业反馈。课堂教学评价是结合教学过程而形成的形成性评价、表现性评价，为学习目标达成服务。

学习评价可从知识获得、能力提升以及学习态度、学习方法、价值观念培育等方面设计过程性评价的内容、方式与工具等；过程性评价要适量、适度，通过学生的行为表现判断学习目标的达成度。例如，黄梦溢老师"增强生命的韧性"一课的教学评价量表见表 15。这一评价量表中的评价任务分别对应课堂教学中的不同教学活动，在完成任务中对学生进行评价，体现了对学生的过程性评价。评价主体有学生自评、生生互评、教师评价及综合评价，体现了评价主体的多元化。在等级评价标准中，体现了分层评价设计。

表 15 教学评价表

评价任务	学生自评	学生互评	教师评价	综合评价
1. 心灵驿站中积极主动参与交流，分享挫折经历				
2. 挫折体验活动中能自主参与其中，认真完成任务，能谈感受				
3. 辩论环节做到积极交流，大胆表达，思路清晰，有理有据；最终能辩证看待挫折				
4. 积极主动参与小组讨论，组内合作，组外竞争				
5. 高效完成素养提升作业，主动分享展示，树立积极乐观的人生态度				

等级评价标准：

A 等——①能积极参与活动，解决问题。②能收集大量与主题相关信息并很好地分类整理。③沟通能力强，主动发表见解。④完成两项实践作业，成果紧扣主题，以多种形式展示成果，制作精美。

B 等——①能较积极参与活动，对探究问题有一定兴趣。②收集较多与主题有关信息，较好地分类整理。③有一定沟通能力，较积极参与探究。④完成一项实践作业，成果基本围绕主题，制作较好。

C 等——①基本能参与活动，对探究问题兴趣不大。②只收集少量与主题有关信息，不能分类整理。③沟通能力有限，仅能听取他人意见。④未完成实践作业。

作业评价是除课堂评价外的一种重要的学习评价手段。设置不同性质、层次的作业，能够有针对性地反馈学生的学习效果。教师在课堂教学中要重视素养作业的设计，体现教—学—评的一致性。《义务教育道德与法治课程标准（2022 年版）》指出："作业评价既要关注结果，如学习作品，包括内容品质、呈现形式等，也要关注过程，如完成方案策划、素材收集、创意构思等方面的参与状况。""在对作业质量整体把握的基础上，进一步对作业要素或组成部分进行单项分析。依据作业意图，确定作业评价侧重点，可注重统一要求，也可注重创意表达，处理好两者之间的关系。综合运用质性分析和量化评定，更加重视书面或口头反馈，发挥评价的引导、激励功能。"

例如，黄梦溢老师"增强生命的韧性"一课中素养作业设计如下：搜集或者创作笑对挫折的诗词。要求：根据自身实际情况，完成一项或两项作业，下节课展示。作业分层设计，因材施"评"，注重"教—学—评"一致性。因系创作型作业，完成时间应充裕，下节课上展示交流即可。

教师在实际教学中要善于根据不同的课型、不同的教学内容，有针对性地设计指向核心素养的单元作业，使作业功能课程化，落实学科核心素养；作业素材情境化，推动知识迁移运用；作业形式多元化，提升学生综合能力；作业任务层级化，发展高阶思维能力。

一是要设计能推动知识迁移运用的情境化作业。如黄梦溢老师的"正确行使权利　自觉履行义务"一课中的素养作业：

李明爸爸告诉李明："在上海某村，村民委员会在发放援助物资时按户口发放，本地人优先配送，剩余的发放给外地人。但是有些上海房东为了让自己的房客吃上菜，自己去排队买菜，将菜免费送给房客。"李明听后感触颇深。请查阅相关资料，撰写一篇不少于500字的小论文，发表你对这些现象的看法。

在课堂上，学生已经复习了权利与义务一单元的知识，这样的作业设计引领学生运用所学知识，分析身边社会现象，提出自己的观点，使知识回归生活，提升学生运用学科思维分析社会现象的能力。

二是要设计能提升学生综合能力的多样态作业，具体见表16。

表16　不同类型作业和功能

作业类型	作业功能	作业示例	
合作型作业	互助协作携手共进	亲子合作型	与父母一起做家务劳动
		同伴合作型	寻找志同道合的朋友，一起组建学习兴趣社团，组织主题班会，开展模拟法庭，等等

作业类型	作业功能	作业示例	
创新型作业	批判质疑创新思维	撰写时政论文或时事述评	结合疫情生活，写一篇以"我为祖国抗疫点赞"或"抗击疫情 法律护航"为主题的议论文；李明撰写对上海疫情中出现的现象的看法
		续写故事	小明在微信群里看到一条为患白血病的大学生众筹的消息准备捐款，妈妈看到后……
		录制微课视频	以小组为单位录制"权利与义务"单元核心知识、易错易混点或典型习题讲解视频
		制作宣传海报	小组合作制作一期倡导公民"正确行使权利 自觉履行义务"的宣传海报
研究型作业	积极探究解决问题	社会调查型小课题研究型	针对我国"家庭教育促进法"实施以来，各界是否严格遵守，执行中存在哪些问题，效果如何等展开调查研究；针对我国《义务教育课程方案（2022 年版）》将劳动教育独立出来，就其背景、意义及在社会各界反响展开社会调查，撰写有效促进劳动教育课程展开的研究报告或提案
反思型作业	总结提升修炼内化	反思课程学习内容及问题所在	撰写学习周志、学习心得，记录学习过程，反思学习结果（学习看得见，元认知）
长程型作业	过程参与发展素养	教材拓展空间	"基本经济制度"拓展空间：调查本地一家企业发展现状，深入分析各类所有制经济对我国经济和社会发展所起的作用，可跨越一年、两年甚至更长周期，跟踪调查

三是设计能发展学生高阶思维能力的层级化作业。例如，黄梦溢老师在"正确行使权利 自觉履行义务"一课中设计的层级化作业如下：

①完成学案巩固提升部分两道主观题（用时约 15 分钟）；②以小组为单位录制"权利与义务"单元核心知识、易错易混点或典型习题讲解视

频；③小组合作制作一期倡导公民"正确行使权利　自觉履行义务"的宣传海报；④请查阅相关资料，撰写一篇不少于500字的小论文，发表你对这些现象的看法。

可见，作业分层设计可满足不同水平的学生根据自身情况选做相应的作业，体现了以生为本的设计理念。

·设计生动激趣、凝练概括的导入与结束。细节决定成败。导入与结束虽然不起眼，但却有非常重要的作用。好的导入能快速引起学生兴趣，抓住学生眼球，顺利进入教学内容；好的结束提纲挈领，总结重难点，给学生成长启迪。

常用的导入方式一般有故事导入、质疑导入、复习导入、联系导入、悬念导入、演示导入、激情导入、语言导入、幽默导入、流行因素导入等。结束一般有轻松结尾法、章回小说法、总结重点法、编顺口溜法、留有余味法、稳定兴趣法、表扬鼓励法、布置作业法等。方法多种多样，要根据具体教学内容、学生成长特点及教师自身优势，进行合理选择。

例如，黄梦溢老师"尊重他人"一课的课堂导入，以"尊重"为话题自创诗歌，语言简单凝练、生动形象，点明本节课的重难点：

尊重他人尊自己，

人间万法本同体。

将心比心见真心，

微笑拈花自在曲。

尊重像一缕春风，一泓清泉，一颗给人温暖的舒心丸，一剂催人兴奋的强心针，令人感到阳光的温暖、甘露的滋润。

什么是尊重？为什么要尊重他人？生活中我们又该怎样尊重他人呢？

带着这些问题，我们走进今天的课堂"尊重他人"。

又如，黄梦溢老师"增强生命的韧性"一课的课堂导入，以中华优秀传统文化中的《竹石》一诗为载体，通过师生对话，引导学生由自然界之物联想到自身的成长生活，感悟生活不可避免会有挫折，要像竹石一样坚韧不拔，点明本节课的重难点：

师：同学们，自古以来人们将"梅兰竹菊"称为花中四君子，今天我们共同来认识其中一位君子——竹子。清代诗人郑板桥曾写过《竹石》，同学们说说这首诗体现了竹子的什么品格。

生：坚韧不拔。

师：无惧风雨的竹子所代表的就是中华民族在困难面前压不倒、打不垮的坚韧不拔之精神。

当我们遇到挫折时，怎样才能像竹子一样坚韧不拔呢？

今天，我们就共同学习"增强生命的韧性"。

再如，黄梦溢老师"认识自己"一课的课堂导入，用《父子与驴》的漫画故事进行导入，通过层层追问，引导学生思考"漫画故事《父子与驴》给我们带来哪些启示"，学生自然会明白要正确认识自己，正确对待他人评价，不能盲目听信他人评价，激发学生兴趣的同时自然引入本节教学内容：

父子出门，子骑驴，人诽之；父骑驴，人亦诽之；父子同驴，人人诽之；无奈，只好父子抬驴。这个故事告诉我们什么道理呢？

《河南省初中道德与法治学科课堂教学基本要求（试行）》指出，课堂小结应"以板书、思维导图等方式呈现，力求简洁、优美，有所创新，层次结构清晰，体现知识的内在联系，能巩固知识、促进理解、锻炼能力，避免知识的简单重复与整体搬迁"，"语言简练，有概括性，有指导性，对教学内容总结升华，注重培养学生的课程核心素养"。

比如，黄梦溢老师"增强生命的韧性"一课的结课语为：

通过本节课的学习，我们知道了生活难免有挫折，理解了挫折是把双刃剑，要用积极乐观的态度和科学有效的方法战胜挫折。这样，我们的人生之路才能繁花似锦，达到"柳暗花明又一村"的喜乐与豁达。

这段结课语不仅对重难点进行提炼总结，并与教学起始环节"山重水复疑无路"首尾呼应，学生通过学习揭开挫折的面纱，达到豁然开朗之境。

再如，黄梦溢老师"家的意味"一课的结课语为：

通过本节课的学习，我们懂得了"家"在中国人心中的深刻意味；理解了为什么要孝亲敬长，学会了如何孝亲敬长。作为中学生，既要有为小家尽孝的孝心，又要有为国家尽忠的忠心，从现在起培育自己的家国情怀，做到"忠心报国真君子，孝亲敬长大丈夫"。

这段结课语点明教学重难点，对学生进行价值引领。

• 设计简洁明了、启迪思维的板书。板书设计一般是课堂小结的显性体现。可以用漫画、框架图、表格、关系图、韦恩图等形式展现，如图 7 至图 12 所示。

图 7 黄梦溢老师八年级上册第四课"尊重他人"板书设计

图 8 自由与规则的关系

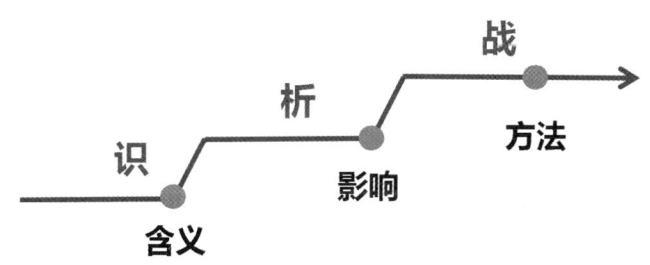

图 9 "增强生命的韧性"板书设计

图 10 "家的意味"板书设计

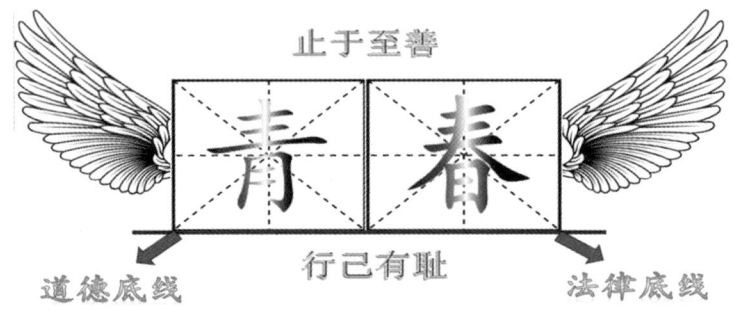

图 11 七年级下册第三课"青春有格"板书设计

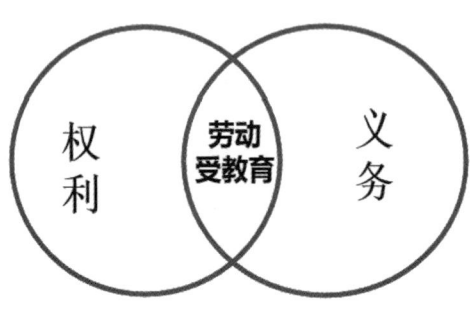

图 12 权利与义务的关系

总之，教师在实际课堂教学中要把握好"五性"，即政治性、思想性、时代性、文化性和生活性。上出有坚定的政治导向、有深入的理性思考、有鲜明的时代特征、有深厚的文化底蕴和有生动的烟火气息的优质高效思政课。

（二）用心上课，提升素养

备好课，意味着我们有了上课的蓝图，那么如何在课堂上让我们的蓝图得以实施，达成预设教学目标，实现育人价值呢？本部分，主要从修炼课堂语言艺术及课堂把控能力来着重阐述。

我们在课堂教学中，尤其是年轻教师，一定要注意课堂教学细节，重视自身的语言修养、教态仪表，提升教育教学技能，提高课堂把控能力，只有先掌控好课堂，才有可能让课堂按照我们的预设进行，但同时也要重视学生的生成。

1. 修炼语言的艺术

课堂教学中教师的语言应思路清晰、简洁凝练、言简意赅，具有启发性。现实中，部分教师教学语言重复啰嗦，会不自觉使用口头语，如那么、是吧、对不对、明白没有、好吧……，语言表述不严谨。

课堂教学语言有表扬的、批评的、提问的、鼓励的和反向激励的等。比如，提问的语言是指教师向学生提出问题时所使用的语言，通过提问可培养学生的思考能力。教师在提问时，要有一定的提问方法与技巧，使课堂教学语言更加精准凝练，直指要害。常见的课堂提问方法见表17。

表17 常见的课堂提问方法

提问方法	定义	举例
选择法	让学生从选项中确定目标	现在正处于岔路口上，请选择你要前进的方向
想象法	让学生想象一下获得成功时的情景	如果这样做的话，你会在哪些方面取得进步呢？
目标法	让学生思考活动的目标	你觉得要达到什么程度呢？
发现法	促使学生主动发现问题	哪位同学知道失败的原因？
扩大法	教师继续对学生的回答进行详细的询问	可以举个例子吗？能详细告诉我吗？
原因法	让学生思考产生某些问题的原因	怎样的做法导致这样的结果呢？
总结法	将所有的意见整合为统一的内容	试着综合一下大家的想法吧

续表

提问方法	定义	举例
数值化法	让学生的自我评价数值化、具体化	如果满分是 5 的话，你给自己最近的表现打几分？
步骤法	确认某项活动的每个步骤	首先要做什么？接下来该做什么呢？
反省法	让学生对自己的错误行为进行反省	接下来你应该怎么做？你打算怎么办？

例如，黄梦溢老师在"增强生命的韧性"一课中用到的课堂提问语言见表18。

表18 黄梦溢老师在"增强生命的韧性"一课中用到的课堂提问语言

课堂提问	方法
请聊聊你在生活中所遭遇的挫折，并用一句话概括挫折的含义	总结法
请同学们在纸上反手写出"自强不息"四个字，并说说你有哪些感受	发现法
"独臂男孩"彭超为何会实现自身理想？	原因法
请辩论"挫折是绊脚石还是垫脚石"	选择法
你能尝试用一句话来综合我们刚才辩论的观点吗？	总结法
请结合彭超事迹和自身挫折体验，小组合作探究，总结三种发掘生命的力量的方法	总结法

2. 提高课堂把控力

（1）提高课堂教学质量"八建议"：

建议一，要对授课内容、课件操作烂熟于心。课堂上教师的关注点、重心已不是教案预设，而是课堂秩序、动态生成。否则只顾预设内容顺利完成，不顾及课堂秩序与现场生成问题，就会出现顾东顾不了西的局面。

建议二，要先能管住课堂纪律，再谈教学方法。对课堂规则、作业要求做不到不要说，说到就要执行到位；先解决学生想学问题，再教他怎么学的问题。

建议三，用好课堂上的黄金学习期。上课 5 分钟到 20 分钟的这段时间是一节课的黄金学习期，必须确保在这一时间段处理本节课的重难点，切忌导入时间过长，处理上节课遗留问题时间过长或处理班级事务时间过长。学生心智疲劳后再讲新课、讲重难点，接受效率低，就会造成学不会或知识夹生，第二天不得不再讲、再强调，走入恶性循环怪圈。

建议四，关注课堂提问的两个 3~5 秒黄金等待期。第一个黄金等待期是提出问题后，要留 3~5 秒的等待时间（候答距），让学生深度思考，不提倡急于举手，这样会造成学生答案是浅层次的或是不全面的。更忌先叫学生，再说要回答的问题。第二个黄金等待期指的是点名学生回答问题后，要留 3~5 秒的反思期，让回答问题学生修改、补充自己答案，其余学生先概括前者发言要点，思考自己答案与回答问题学生答案有什么关联，还要思考如何有理有据质疑补充。

建议五，讲到重难点时要有引起学生注意提示语，同时借助升调变换、放慢语速突破重难点。对重点题，教师讲后，先让中等生再讲，最后让学困生复述（或同桌对本题思路对讲）。

建议六，尽量手举过头顶板书，规范书写，字体适中，防止板书太靠黑板下方，以免后排学生因遮挡看不到。

建议七，教学成绩，三分在讲（课堂），七分在练习和考试。某种程度上，出不出成绩关键取决于对练与考的重视程度。只讲不练、多讲少练、少讲多练、精讲巧练的教学效果依次递增，即讲的题、练的题都要精选（双精选）。

建议八，把握自习课上教师讲题与让学生独立钻研练习时间分配的度。若讲的多，练的少，通常班级平均分可以，但不出尖；若学生练的多，讲的过少，通常容易出尖，但会造成两极分化，平均分上不去，即教师课堂与自习讲与练之间度的把握非常重要。

（2）处理学生违纪"六原则"：

原则一，一定要用最小代价换取最大效益。即瞪一眼能解决的就不用手指他，手指一下能解决的就不要说话，说一句能解决的就不说第二句。

原则二，学会不怒自威。微违纪，不处理；小违纪，小处理；大违纪，大处理。要能控制事态发展，不让违纪行为升级。千万不要"高射炮打蚊子——小题大做"。否则，遇到学生严重违纪，就会束手无策，黔驴技穷。

原则三，当你在发出处罚指令前，要想好学生拒不执行时自己怎么办，以免出现让自己很没面子、下不了台等威信扫地的场景。

原则四，要学会自保。千万不要被学生激怒，导致情绪失控，进而体罚学生，有理变成无理，甚至为自己冲动买代价不菲的大单。

原则五，要学会与学生斗智斗勇。千万不要把学生行为与学校、班级纪律之间的矛盾，上升到学生与你之间的私人恩怨、矛盾，即引火烧身。要从管孩子、哄孩子，走向帮孩子；从原来的认错教育、心理安慰，走向病理诊断、诊疗，提升工作的智慧含量。

原则六，知己知彼，追根溯源。对难管学生的家庭情况、性格、品行等进行科学全面分析，对课堂违纪行为的处理"看人下菜碟"。

（3）避免低级错误"七不要"：

一、不要用敲打讲桌的方式平息教室内的喧闹或提醒学生集中精神。

二、不要因一点小事就生气离开教室。

三、不要在公开场合点名批评甚至羞辱学生。

四、不要在学生犯错误时动不动就通知家长。

五、不要在批评学生时翻旧账。

六、不要把学习成绩作为评判学生的唯一标准。

七、不要把不良情绪带到课堂。

星光不负赶路人，时光不负有心人。世界上最遥远的距离就是"知道"与"做到"，这需要我们有坚定的信念与顽强的毅力，不仅要知道，更要做到。做一名潜心育人的教育农人，扎根思政教育这片厚土之上，深耕课堂教学，脚踏实地，仰望星空，提升专业素养，培育时代新人。

▶ **示例**

"共圆中国梦"教学设计 ①

石中华　河南省三门峡市实验中学

胡邦霞　河南省三门峡市实验中学

一、教材分析

1.本课是统编教材九上第四单元第八课"中国人　中国梦"第二框内容，是九上学习内容的落脚点。承接第一框的学习，本节课主要帮助学生理解实现中国梦的路径，引导学生树立对国家发展、民族进步的信心，做自信中国人。

2.本课分为"圆梦大舞台""自信的中国人"两目，主要讲述了两大问题——"如何共圆中国梦"以及"如何努力成为一名自信中国人"。第一目从国家层面和个人层面两个维度阐释了如何共圆中国梦；第二目则主要阐释了实现中国梦与做自信中国人的内在联系，从而激励青少年要与祖国和时代共成长。

二、学情分析

1.九年级学生抽象思维开始发展，但是辩证逻辑思维能力较弱，与高中生相比，他们还不能理性全面地感知事物，对抽象材料在理解上仍有困难，愿意思考但坚韧不拔的学习品质还需加强。

2.通过学习中国近代史相关知识，九年级学生对百年来中华民族所遭受的屈辱感同身受，对于实现中华民族伟大复兴具有一定的使命感和责任感，对国家和社会的发展有认知，对个人发展也有美好的愿望。

3.九年级学生对国家和社会的发展思考不够，对国家快速发展的原因了解不多，对中国梦的美好蓝图、实现路径、领导力量、理论指导等内容没有深入系统了解。

三、教学目标

1.通过欣赏视频，在小组商议、观点表达和交流分享中使学生感受中

① 本文发表于《思想政治课教学》2023年第5期。

国腾飞为实现中国梦提供了最佳历史机遇，帮助学生理性看待国家发展。

2.通过阅读教材文本，提炼观点论断，明确实现中国梦的途径，坚定党的领导，增强"四个自信"；通过赏析、讲述"追梦人故事"，让学生认识到，实现中国梦，要发扬实干精神，做自信的中国人。

3.通过视频欣赏、分享展示活动，使学生懂得中国梦的实现离不开每个人的奋斗，在完成自己圆梦计划过程中，助力中国梦的实现。

四、教学重难点

1.教学重点：理解实现中国梦的途径（包括国家层面和个人层面）。

2.教学难点：中国梦的实现离不开每个人的奋斗。

五、教学过程

环节一：追寻足迹，识追梦之旅

导入准备：幻灯片出示中华民族寻梦——筑梦——追梦——圆梦之旅，同时播放习近平总书记"七一"重要讲话音频片段，加深学生对1987年、2012年、2017年党的发展战略决策印象。

议题引入：一百年来，中国共产党团结带领各族人民循初心而行，从未改变；担使命在肩，坚定不移。习近平总书记"七一"讲话再次激情唱响"中华民族伟大复兴"这一千秋伟业。圆梦征程路漫漫，怎样才能共圆中国梦？本节课以"如何共圆中国梦"为议题，探究圆梦途径。

设计意图：在音频播放中追寻圆梦足迹，增强学生直观感受，明确追梦足迹中重要时间节点，承上启下，过渡自然，使学生在动感渲染中进入探究学习的情境中。

环节二：畅所欲言，圆梦新机遇

议题1：新征程上意气奋发，民族复兴锐不可当。实现中国梦契机何在？

【情境】"百年恰是风华正茂"。请欣赏国家形象系列宣传片《中国一分钟》。

【任务】依据视频，结合自己的知识经验完成活动：请小组成员在卡片上对应的栏目里记录下新时代我国取得的伟大成就。

【活动】围绕选定的主题，小组成员商议并做好记录，小组代表发言，教师适时进行点评和讲解。

教师总结：国家进入新时代，圆梦恰逢新机遇。过去百年，中国共产党风雨沧桑，团结带领人民走上人间正道；试看今日，中国共产党风华正茂，团结带领人民走向伟大复兴。中国特色社会主义伟大事业更上层楼、蒸蒸日上，中国人民更有能力、更有信心实现民族复兴伟大梦想。

设计意图：视频唤醒学生感知，记录新时代我国取得的辉煌成就。伴随教师有意义的引导，在小组讨论展示的同时，进一步明确圆梦更有信心、更有能力。

环节三：精研细琢，共圆中国梦

议题2：梦不同，圆梦的路径亦不同。实现中国梦，国家该何为？

【情境】播放习近平总书记"七一"重要讲话视频片段。

【任务】阅读教材112~114页文本内容，围绕习近平总书记提出的"过去我们为什么能够成功""弄明白未来我们怎样才能继续成功"，请思考：站在历史新起点，中国共产党又该如何开启新征程？

【活动】学生阅读文本内容，找出有效关键信息并以图表示。教师适时作出评价指导。

教师总结："以史为鉴，开创未来。"追求梦想，需要正确的方向；团结奋斗，需要引领的力量。实现中华民族伟大复兴的中国梦必须坚持党的领导（关键），必须走中国道路（关乎命脉），必须弘扬中国精神（强国之魂）、凝聚中国力量（人民团结）。

【情境】青山遮不住，毕竟东流去。百年来，党团结带领人民洗刷屈辱、破浪前行、凌云壮志。我们有理由相信，中国共产党已经写就百年史诗；我们最是自信，中国共产党再启程奔向又一个百年奋斗目标……

【任务】仔细观察两幅图（略），你发现"三步走"战略和"两个一百年"战略有何不同？

【活动】根据两幅图的不同，结合知识经验，学生分组讨论，代表发言，教师适时进行点评完善。

教师总结：中国共产党领导中国人民开辟了中国特色社会主义道路（道路自信），形成了中国特色社会主义理论体系（理论自信），建立了中国特色社会主义制度（制度自信），发展了中国特色社会主义文化（文化自信）。这是中国自信、民族自信的根本所在。

设计意图：通过自主阅读教材文本，提高学生自主学习能力和筛选信息、判断、分析问题的能力，利于学生明晰实现中国梦的国家战略决策。在教师追问下，通过比较分析引导学生明白圆梦途中国家的战略规划调整，把基本实现现代化的目标提前了15年，深化理想信念的教育。

议题3：圆梦之路百转千回，仍需吾辈接力奋斗。实现中国梦，人民当何为？

【情境】观历史，王勃慨叹"穷且益坚，不坠青云之志"，少年周恩来立志"为中华崛起而读书"……看今朝，时代楷模南仁东，为实现拥有一流世界水平望远镜的伟大梦想，用22年的时间建造了一个属于中国的大型射电望远镜。

【任务】依据情境材料或自己所了解到的，言简意赅地讲述自信中国人的追梦故事。

【活动】学生依据自己的见识和所见所闻，讲述追梦人的故事，教师适时回应并总结。

教师总结：中华民族的千秋伟业孕育了中华儿女坚定的中国信仰。从嫦娥工程到神舟飞船，从抗震救灾到抗击新冠疫情，从默默奉献不求回报到清澈的爱只为中国……心怀梦想的中华儿女必将书写出新的传奇。

【情境】空谈误国，实干兴邦。致敬普通民众，在平凡的岗位演绎自己美丽的人生。

【任务】学生根据所见所闻，讲述平凡追梦人的故事。

学生1：为医者治病救人，仁心仁术，做好医生的天职；学生2：运动员勤奋训练，弘扬体育精神，为国家争得荣誉；学生3：我，一名初中生，也有梦想，希望学习有所进步，最终学有所成，担负历史重任，实现人生价值。

教师追问：无论是具有经天纬地之才的"大人物"，还是生活中名不见经传的"小人物"，他们或心怀梦想、心系人民；或自力更生，艰苦奋斗。他们的追梦经历有哪些共同表现呢？

教师总结：党和国家勾勒出圆梦时代图景，中华民族伟大复兴图景镌刻着一代代中国人的艰苦奋斗，这就是实现中国梦的根本保障。实现梦想，离不开奋斗！不懈奋斗、永远奋斗。

设计意图：通过有效提示激发学生讲述追梦人故事，在氛围渲染中引起情感共鸣，理性感知中国人表达自信的具体行为；再结合教师的点评引导，促进学生之间、教师与学生的互动，进一步让学生明确实干兴邦，启发学生见贤思齐，努力做一个自信的追梦人。

环节四：践行淬炼，"圆梦计划书"

议题4："请党放心，强国有我。"实现中国梦，中学生应何为？

【情境】播放视频《致青春》。

【任务】以"共圆中国梦，共享出彩人生"为主题，可以用漫画、诗句或是文字设计一份"圆梦计划书"。

【活动】学生结合所学知识和自己的实际按要求表达自己的圆梦计划。

教师总结：自信不是妄自尊大，也不是固步自封。广大青少年既要有梦想还要有实干，在辛勤劳动中奋斗不辍，不负芳华。

设计意图：此活动最大程度给予学生自由创作和表达空间，贵在启发学生不妄自尊大，也不妄自菲薄，既要安心定志，还要理性平和，把立志为建设社会主义现代化国家的爱国情怀落实到现阶段的发展规划和具体行动中来。

环节五：归纳总结，建构知识图

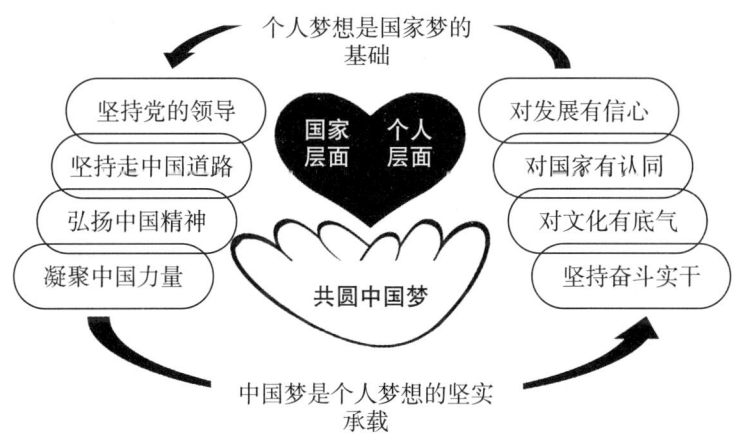

设计意图：课堂小结形象生动，寓意深远。不仅可以帮助学生将碎片化知识重构，准确把握本课核心知识和主干知识；而且双手紧握托举红心，再次印证实现中国梦与做自信中国人的内在联系，鼓励即将毕业的学生用实际行动助力中国梦，亦可激发报国之志。

六、教学反思

本节课指向学科核心素养，着眼于培养学生的政治认同、责任意识，力求在课堂教学中增强学生对中国共产党和"四个自信"的认同感，激发学生民族自信心，高扬学生的爱党爱国情怀，巩固学生政治理想信念，能将自己的梦与中国梦紧密结合，自觉担负起实现民族复兴伟大梦想的历史使命。

本节课取材习近平总书记"七一"重要讲话内容，以中心议题"如何共圆中国梦"统领教学，又以"实现中国梦，契机何在""实现中国梦，国家该何为""实现中国梦，人民当何为""实现中国梦，中学生应何为"四个子议题逐层递进展开议学活动。在教学设计上遵循"圆梦新机遇——共圆中国梦——圆梦计划书"这一逻辑结构，通过"议题描述——情境创设——任务设置——活动探究"的路线，帮助学生理解实现中国梦的途径（包括国家层面和个人层面），引导学生做一个知勤奋、肯实干、勇担责、求创新的自信追梦人。

由于本节课内容宏大，与学生生活距离稍远，学生在中国梦与个人梦关系的理解上稍有欠缺，如何引导学生自觉将自身的成长和祖国的发展相结合，如何在生活中锻炼自信的品格，还需要教师进一步为学生课堂学习提供思考的素材、思考空间，才能更有效地达成目标。

【专家点评】（胡邦霞，河南省三门峡市实验中学，中学正高级教师、河南省特级教师）

本节课是石中华老师在"国培计划河南省乡村教师（高校）送教下乡培训"活动中执教的示范课，深受来自洛阳师范学院专家组和听课教师的高度赞誉。本课教学设计密切联系时政要闻，传递社会正向价值观，立足于学生本真学习生活，凸显了"议中学"的教学创新，既议味十足，又意味深远。

1.基于学科核心素养，强化思想价值引领。课程核心素养是课程育人价值的集中体现，是学生通过课程学习逐步形成并持续终身的正确价值观、必备品格和关键能力。本节课围绕主题目标着眼于培养"政治认同、道德修养、责任意识"等，通过引导学生理解"圆梦征程，唯有奋斗"等学科知识内容，从感知圆梦机遇，到探究圆梦途径，再到激发学生为毕业梦想努力奋斗的逻辑进阶中，在情境、任务、活动安排中培养学生的阅读分析、思维和应用能力，培养学生有情感、有态度，强化学生对国家为实现中华民族伟大复兴的总体布局的认知和认同，激发学生的觉醒意识、责任意识和参与意识。这样的教学，在培养学生的理想信念和社会责任感中增强道德情感的感染力；在鼓励学生结合自身实际把个人梦与中国梦相结合中提升思想理论的说服力和生活践行的带动力；在循循善诱学生思考问题的过程中注重训练学生多方面的思维力，充分打牢学生的思想基础，升华课程的目标价值。

2.议题设置鲜活独特，孵化灵动有序课堂。教学议题的设定是议题式教学运用实施首要考虑的要素。而议题选取因教材重难点问题、学科价值性问题、教学资源可用问题、思政学科特色体现问题等具有多样性，选择关注度高、有思想价值的时事议题体现鲜明的时代性和鲜活的生活性，能够引发兴趣、深化认知、发展思维，同时也是打造灵动有序课堂的源头活水。本节教学设计一方面以习近平总书记"七一"重要讲话为明线，很自然地引入"对话中国梦"这一中心议题；另一方面围绕中心议题的四个子议题分别着眼于圆梦的机遇、圆梦途径以及做自信中国人，构成层级递进、结构完整的议题体系，符合生活逻辑与学科逻辑相结合的思政特色，能够帮助学生感受新时代、了解新时代、创造新时代，从而培养学生具有道德与法治学科核心素养。同时，以此议题作为主线的设计，贯穿整个课堂"议"的过程，也是学生自主建构的探究过程。首先，对圆梦新机遇的商议，符合培养学生"对话交流、研讨琢磨、用历史与发展的观点看问题的能力"的要求；其次，对实现中国梦的路径探究具有接受式探究的意味，其内容是既定的，过程是探究的；再次，对书写"圆梦计划书"的设计，拨动了学生心怀梦想的心弦，激发了学生内心深处奋进的潜力，自然挖掘了学生为实现梦想而努力学习的自主性和自觉性。这样，议题不仅鲜活，也为组织丰富精彩的课堂创造条件，鼓舞学生开始思考人生梦想，给学生以灵魂触动，使道德与法治课堂变得有序灵动。

3.课堂互动真实有效，课程魅力一览无遗。建构主义教学理论强调师生互动的重要性，认为合作学习是必要的。教师和学生分别以自己的方式建构对世界的理解，具有差异性。而教学过程就是教师和学生对客观世界的意义进行合作性建构的过程。本节课的师生互动、生生互动很自然，就像是一般的人际之间的关系；又具生成性，在问答、谈论的情景中生产着教育，是有意义的。在教学情境的设计上，密切联系时政要闻信息，讲好自信中国人追梦故事，让学生立足实际生活，学生有话说，也能说；在教学方式运用上，采用多种教学方式，或开展小组商议活动，或进行自主学习，或要求独立思考，把学习活动置于一个个情境当中，能使学生自主自觉地在互动中形成认知、情感和态度；在教学组织和教学技巧上，采取活动与内容相互嵌入的组合方式，融学科知识逻辑、实践逻辑与生活逻辑于一体，师生之间在情感交流上形成默契，良好的教学氛围在课堂流淌传递，这种正向发展激发学生内驱力发挥作用，主动参与学习过程，并且参与度高，以此共同合作完成知识的社会建构，从而有效提升课程核心素养，促进学生全面发展。

新课标指出要追求"教—学—评"一致性。在课堂活动环节，教师应引导学生互相评价，再结合教师对学生的评价，在教师评价与生生互评中，引导学生根据评价反馈诊断、调整学习，如此效果会更佳。

行成于思　业精于勤

学而不思则罔，思而不学则殆。教学同样如此，教而不思则罔，思而不行则怠。教师要勤于思考，善于并乐于在教学琐碎中反思，找准自身成长优势。

教学反思是教师以自己的教学活动过程为思考对象，对自己的行为、决策以及由此产生的结果进行审视和分析的过程；是教师对教育事件进行理性选择的一种思维方式和态度；是一种通过提高教师的自我觉察水平来促进其能力发展及专业成长的途径。

我们可以反思：现在的我快乐吗？我的工作被认可吗？我的优势在哪里？

我们可以反思既往的故事，反思需要改进的地方，反思职场的挫折，反思待解决的教学问题，反思教学的盲目。通过反思助力专业成长，提升教育品位。

一、教学反思之现状

实际教学中，部分教师并不重视教学反思，认为课堂的结束就意味着教学的结束，这样并非有错，但不利于专业成长。部分教师虽然重视教学反思，但反思不得法，流于表面，仅限于经验主义，缺乏理论高度。

究其原因，很多教师感到在实际教学生活中被"忙、茫、盲、烦、繁、凡"六字缠身。忙——忙着应付备课上课、学生家长、计划总结、检查评比、学习培训等琐碎的教学生活。茫——每天面对同样的学生、同样的课本、同样的问题，一眼就可以看到退休。日复一日的重复工作使教师感到迷茫。盲——部分教师秉持混一天是一天，评完职称就不干的躺平心态；部分教师把精力放在理财投资忙赚钱，养生保健重锻炼上。专业发展方向模糊，盲目从众。繁——每天做着批改作业、盯学生考勤、成绩评比、总结反思、应付检查等工作。特别是班主任，可以说是事无巨细，每天忙碌不堪，感觉工作烦琐。烦——在学校，各种规章、条条框框，压力巨大；在家里，吃喝拉撒、家务琐事，鸡飞狗跳，导致脾气暴躁，易发怒。凡——教师地位不高，但却备受关注，稍有不慎就可能会被社会指责，只能默默无闻独自付出，甘苦自知，做低到尘埃的平凡人。

面对"六字"缠身，许多教师认为自己只是一个平凡的普通教师，逐渐降低了职业认同感，不再追求自我突破。因此，也缺乏教学反思，看不到自身成长的优势，导致专业发展止步不前。

二、教学反思之意义

教学反思是教学活动的延续，是教师以自己的真实教学活动为对象，思考教学得失，反观教学设计是否得到落实、教学目标是否达成，经过反复思考分析，找出问题，并加以修正，从而调整教学策略，使其符合教学目标的过程。

（一）教学反思有助于教师增强发展自觉性

课堂教学是不完美的艺术，教师成长是无止境的道路，教学反思则是教师专业成长的永动机，促进教师发展自觉，催生教师成长的内在动力。目前，部分教师缺乏自觉学习、自觉思考、自觉行动的意识，很多学习研究活动也多是受某些外部压力的推动，比如为获得继续教育证书，而参加研修学习活动；为评职称而进行课题研究；为讲优质课而打磨精研教学设计……外力推动固然有助于教师成长，但更多的是为完成任务而带来的压力。只有当教师把学习研究当成一件快乐的事情来做，学习研究才能有其真正的意义与价值。不断反思教学得失，才能有所收获。正如火花再美也会凋谢，只有自身扎根生长，自觉汲取养分，才能有持久的生命力，年年花开。

（二）教学反思有助于教师树立正确的教学理念

目前国内课程改革如火如荼，思政课也在随着时代的发展变化而不断创新发展，教学方式不断变革。随着学生核心素养发展及新课标的问世，教育界同仁都在为如何立德树人、如何落实新课标群策群力，形式多样的课堂教学方式纷纷出炉，如大单元教学、议题式教学、项目式学习、体验式教学等。各种赛课、研修活动也都以这些教学方式为主题进行探索，促使我国思政课教学改革硕果累累。但作为教师，我们更应具备自主意识，在学习前沿教学改革经验的同时，要保持清醒的头脑，冷静思考，不可盲目从众。在实际教学中，部分教师缺乏主见，盲目跟风，什么课改形式流行跟什么，一会儿大单元、一会儿议题式，而真正反思自身，根据自身实际情况来进行课堂教学改革的则不多。我们必须清楚，课堂是自己的，是自己与眼前的学生的。在课改中是否有"我"？是否改来改去，将"我"丢失了？对于此，我们要不断反思，引锥刺股，树立正确的教育教学理念。

（三）教学反思有助于教师提升教学能力

"教师的成长＝经验＋反思"，教学反思对教师教学能力的提升至关重要。年轻教师由于教学技能、课堂驾驭能力等经验不足，会从模仿开始，或从书中学习。虽说"他山之石可以攻玉"，但拿来主义要配合反思才能有效。如果一味模仿，则会丢掉自身原有的优势。而反思有利于教师发现自身优势，比起改进缺点，发扬优势则更能促进教师成长。一些有经验的教师如果缺少教学反思，则容易犯经验主义的错误。时代在发展，学生在发展，自身也在成长，经验主义老路不一定都是对的，也不一定都是适合的。如何能持续成长，解决新问题，反思才是破局之道。

三、教学反思之策略

（一）反思学科育人问题

反思学科育人问题要求教师要站位教育教学理念高度进行反思，关注国家教育教学改革政策，广泛阅读专业理论书籍，反思"'双减'政策如何落实""新课标理念如何践行于思政课堂"等问题。

比如，反思自己的课堂是谁的课堂。毫无疑问是师生双向奔赴的课堂。这就关涉到教育教学中的学生观、教师观、教学观。课堂教学不是某一方的独舞，而是师生共同参与、相互激励、共同成长的殿堂。因此，教师在教育教学中要勤于反思自己的教学把学生放在了什么位置，把自己放在了什么位置，师生关系有无错位。

又如，反思自己的课堂是"育人"还是"育分"。学科核心素养的提出，要求教师在教学中要以培育学生的关键能力、必备品格和价值观念等素养为教学目标。因此，我们就要反思自己的课堂是否还停留在背书、做题等"育分"的状态。新课标的出现，指导目前的考试题目也在向着评价学生的关键能力、必备品格等素养水平方向变化。比如，当前的中考试题与以往的试题相比就有很大变化。不可否认，在目前新课改的情况下，分数在一定程度上能够体现出学生的能力水平。但我们更应明白，能力的提升建立在不断自我反思的基础之上，学生的能力素养高自然也会在考试中取得优异成绩，教师素养能力高超自然也能引领学生提高自身素质。可见，实际上"育人"与"育分"是相互关联、不可分割的整体。

（二）反思课堂教学问题

课堂教学是教学设计蓝图的实施过程。教学设计能否完全在课堂中得到落实，课堂中有没有生成比预设更加精彩的内容，教学中有没有不足之处，哪些问题使学生心生疑惑，哪些问题不能激发学生思考，学生听课状态如何，等等，这些都是在课堂教学之后要进行反思的内容。

比如，反思预设与生成的关系。优秀的、有创意的教学设计是上好课的蓝图，但教学设计毕竟是静态预设，真实的课堂实施才是关键。教学设计时，我们会挖掘、补充许多教学资源，但这一切都要作用于学生才能发挥作用，学生才是最重要的学习资源之一。所以教师在讲课中要重视预设与生成的关系。

以黄梦溢老师"增强生命的韧性"一课为例，课堂实施中的辩论赛

"挫折是垫脚石还是绊脚石"，学生的表现与预设的不太一样。在预设中觉得学生应该说不出太多或者太深。但实际上，教师的担心是多余的。学生经过提前搜集资料等，在课堂中呈现了精彩的辩论。教师在活动中充当组织者，学生能说出的，教师不说；学生能做到的，教师不做。把课堂还给学生，学生会给你惊喜。

（三）反思专业成长问题

教师专业成长不是一蹴而就，也不是讲了一节精彩的优质课就算是优秀了。优秀建立在不断反思的基础之上，需要不断学习创新，突破自我。教师在专业发展中可从纵向与横向两个维度进行自我反思。

1. 纵向自我分析

苏格拉底曾说："未经省察的人生是不值得过的。"同理，未经省察的教学是没有生命的。教师在教学中可用录音笔、摄像机等设备，将自己真实的课堂教学记录下来，在课堂教学结束后，反复观看收听教学实态，从中发现问题，找出不足。比如，语言上的不足、教态上的问题、教学设计实施上的卡点等。此外，还能留住课堂的精彩瞬间。在这些资料的积累分析上，我们还能够看到自身专业能力前后的变化。几个月、几年后，我们的专业能力是否有所提升，课堂驾驭能力是否有所提高，除了录像录音之外，我们还可以通过文字及时记录。在课后将自己的所思所想及时记录下来，形成文字。书写的过程，就是复盘的过程，就是对课堂教学再思考的过程，通过文字记录下课堂疑虑和精彩生成，同时也能在书写的过程中迸发出新的思想火花。

2. 横向同行对比

除了自我剖析之外，我们还要眼观六路、耳听八方，多听多看同行的教学行为。为什么有的教师也经常进行自我反思，但在专业上始终无法有质的突破？或许是因为"不识庐山真面目，只缘身在此山中"。眼睛只向内，而忽略了外界广阔的世界。教师要利用各种机会，观察同行的教学行为，汲取优秀经验，规避不足做法。比如，某些教师擅长语言激励，那么可以观察他是如何使用语言的，其教学语言有哪些特点，哪些是可以学习借鉴的。不断思考，不断给自己制造问题，就是成长的开始。

至圣先师孔子曾说："见贤思齐焉，见不贤而内自省也。"就是告诉我们要不断自我反思、自我剖析，见到优秀榜样向其学习。总之，教师要想成长，要想在专业上有所发展，教学反思不可或缺。

▶ 示例 1

猪肉价格上涨引起的"课堂风波"①

2019—2020学年上学期期末考试九年级有一道辨析题："改革开放以来，人民过上了幸福生活，猪肉价格上涨影响不大。""猪肉价格上涨影响百姓生活，中央统一部署稳定肉价，解民生之忧。"本是一节评讲试卷课，预计一节课讲完一张试卷，针对学生出错的地方，予以强调纠正，以求复习巩固。

这一道辨析题，一方面背景材料、辩论话题非常贴近学生真实生活，需要学生平时对生活中发生的变化能够敏感地捕捉并加以思考；另一方面与所学知识"改革开放、党中央解民生之忧、以人民为中心的发展思想"合理对接，引导学生学会运用所学知识去分析、思考、解释生活中的现象，是我们教学中需要做的。除此之外，此辩论话题存在一定难度，所涉及的"市场中的供求影响价格变化"已超出学生知识储备，学生在作答过程中稍有困难。

我经常教学生，做辨析题时先阅读背景材料及两人对话，从整体上把握辩论话题，并将关键词圈出，脑中快速联想所学知识的核心词，并标注在卷子上，此一步骤旨在"立论"，即搞清楚论点。接着分析具体的观点，正确地找理由证明，错误的改正过来找理由反驳，片面的先肯定合理的方面，再纠正不合理的地方找理由阐述；遇到不会分析的句子，将陈述句变为疑问句，就能快速找准辨析角度。此题学生很容易答出"改革开放的影响，党中央以人民为中心的发展思想"，而"影响猪肉价格上涨的因

---

① 本文为黄梦溢老师的一节常态课课堂反思。

素"却不会分析，这是受其知识储备不足的限制，但是知识储备不到位，学生对此现象就一定不能理解吗？或许未必。

学生就猪肉价格上涨的现象展开了激烈的讨论，这并不是我特意安排的。

我：什么原因造成猪肉价格上涨？

学生A：就我所了解，是因为猪瘟导致猪肉供应量减少，而买猪肉的人不会随之减少，"物以稀为贵"，所以肉价上涨。

我：猪肉价格上涨对百姓生活有什么影响呢？

学生A：会使老百姓生活支出费用增加，会使一些本身就很贫困的人更加吃不起猪肉。

我：猪肉价格持续不跌，会发生什么情况？

学生B：如果猪肉价格持续不跌，我就不吃猪肉了，去吃牛肉、羊肉，还健康。

我：那如果大家都不吃猪肉了，猪肉价格会怎么样呢？

学生B：如果大家都不吃猪肉，卖猪肉的人卖不出去，就要降价，那猪肉价格就会下降。

学生C：刚才B说，不吃猪肉，改吃牛羊肉，那买牛羊肉的人又多了，市场上就那么多牛羊肉，都去买，不就使牛羊肉价格上涨了吗？

学生D：C说的这种情况也不是绝对会出现，可能有的人他就是非常喜欢吃猪肉，不管价格多贵，他都会选择买猪肉。

我：猪肉价格会不会一直上涨？

学生E：不会，涨到一定程度，政府就会出手采取措施稳定。虽然我不知道市场和政府的关系，但是材料里面告诉我们政府统一部署稳定物价，通过一系列措施让消费者吃得起肉。

学生F：不会，因为肉价上涨，很多人就会参与到养猪的行列，这样的话市场上卖的猪肉就多了，买的人不会再增加，这样就导致肉商必须降价出售，那猪肉价格又回到正常水平。

学生A：不会，政府肯定要采取措施稳定肉价，从百姓角度看虽然改革开放以来人民收入增加，但还有部分贫困人口存在，无力支付高价猪肉；从市场层面看，政府统一部署稳定肉价是维持市场平衡的必要条件，如果任由肉价自由上涨或下降，极端情况的出现可能会造成经济危机等损害性大的后果；从国家层面看，人民是国家的主人，稳定肉价，保证人民吃得起猪肉，可以促进人民幸福生活。

我：猪肉价格上涨之后你觉得生活有哪些变化？

学生 D：我发现身边养猪的人今年都挣钱了，收入增加了。

学生 G：我发现有些人很少甚至不吃猪肉了，改变了人们的生活方式。

学生 C：我发现猪肉价格上涨之后，肉夹馍的价格也涨了，我觉得一个商品价格上涨，会使跟这种商品有关系的商品价格上涨；反之，如果下跌，可能也会引起其价格下跌。

学生们就此话题，讨论得越来越激烈，以至于根本停不下来。由于时间所限，不得已我对他们的讨论进行了总结：学生们讨论的点已经超出他们的知识储备，像一把锤子已经触碰到钉子，只是他们不知道手里拿的是锤子，可以用它来干什么。从他们的讨论中可以看出，虽有不妥当之处，但他们已经触碰到"市场上商品价格的变化受供需关系影响，供小于求时，物以稀为贵价格上涨，供大于求时，货多不值钱价格下跌""商品价格的变化受市场规律制约""经济稳定需要市场和政府两只手""一种商品价格变化对其相关商品、互补商品的影响""市场行为人并非都是理性的，因其具有主体性，所以有时市场行为又是很难预测的"，诸如此类的高中经济学知识，在他们的讨论中逐渐生成，我被他们带领着，将我所知道而他们不甚清楚的相关知识，剥掉外壳，清晰地呈现在他们面前。

已经下课，我预计评讲的卷子并没有讲完，其实也不重要了。他们给我上了一课，他们用激烈的讨论告诉我，我可以放心地把课堂交给他们，不必担心他们没有相应的知识储备就不能理解，他们可以在思考讨论中生成，即便不那么准确，这时才是需要老师的时候。或者说，考试根本不考的不需要让他们掌握的知识不讲，只讲考试考的，使得他们根本没有独立思考与生成的机会，所有的精力放在了知识掌握上，在一定程度上限制了学生的发展。

"现场有神明"这句话我深信不疑，课前预设固然重要，但关键还是在课堂实施，哪怕有一小点生成的火花，也要及时抓住。就汽车行业来说，成功的因素有很多，研发、生产、供应链、营销、售后等各个环节都很重要。那就教育行业来说，备课、上课、课后存疑、作业等各个环节也都很重要，备课主体是老师，学生从课堂教学开始参与，课后存疑使其不断地参与，知识掌握、能力提升、核心素养形成，关键在后面的环节，课堂生成无疑就是教师和学生都能参与的环节。世界顶级车企丰田与福特最大的不同在于，福特的流水线管理模式是集中式管理，工人只充当机械臂角色，只是管理的单向输出方；丰田是分布式管理，员工也是一个管理决策终端，拥有现场局部决策权，可以形成全局正反馈。课堂上也需要安装"看板"，老师的教充分考虑学生的需要，学在上游，教在下游；也需要"安灯"，给予学生现场叫停的权利。丰田生产方式的精髓在于现场的持续改善，教育教学是否也可借用这一方式以求课堂现场持续改善？2020年，我希望我的课堂有更多波澜。最后我用一句笑话结束我的反思："明明我只雇佣了一双手，为何跟手而来的还有一个脑袋。"

黄梦溢

于三门峡市实验中学

2020 年 1 月 10 日

▶▶ 示例 2

欲无杂草　须种庄稼

—— "加减"并行，从外减走向内减 [1]

摘要：2021 年 7 月国家"双减"政策全面实施，如何落实"双减"政策成为时代课题，班主任更是责无旁贷。身为"晨兴理荒秽，带月荷锄归"的教育农人，自当在"理荒秽"时"播良种"，"欲无杂草，须种庄稼"。在思考"减"什么，如何"减"的同时，更要思考"加"什么，

---

[1] 本文为黄梦溢老师关于落实"双减"政策的反思。

如何"加"。笔者认为，"双减"的核心要义在于减轻学生内在负担，从"外减"走向"内减"，增加严格的教育、乐道的精神、吃苦的本领、尊师的态度及有利的环境，培育学生承受负担的能力，变负担为动力，这才是"双减"的旨归。

关键词：双减　外减　内减

《中小学班主任工作规定》指出："班主任是中小学日常思想道德教育和学生管理工作的主要实施者，是中小学生健康成长的引领者，班主任要努力成为中小学生的人生导师。"笔者既是思政教师，又是班主任。作为思政教师，职责是立德树人，解决好学生的思想问题；作为班主任，职责是管理班级，在与学生相处中起到立德树人之责。双重身份赋予了笔者管理班级、教书育人的有利条件。班主任与学生相处的时间多——晨会、午会、班会，学生有问题也会第一时间找班主任。这些大会、小会开好了，机会利用了，将思想政治教育与班级管理有机融合，有利于帮助学生"扣好人生第一粒扣子"。

"双减"政策实施以来，负有立德树人之责的班主任能够做些什么？在回答这个问题之前，首先要清楚"双减"到底在减什么？减的同时是否要增加呢？只减不加是否会失去平衡？那又需要增加些什么呢？学而时习之，不亦乐乎。曾几何时，古人以学习为乐，学有所获更是乐此不疲。为什么如今学习变成了一种负担呢？乃内动力不足。为什么内动力不足？——心中无理想、行为习惯差、家教环境差等。如果不提高内动力，就是作业减少成一道题可能也还是负担。这个负担不是外在的，而是内在的。"双减"是从国家层面外在硬性减负，而要促使学生全面可持续发展就必须重视内在减负。比如，加强理想教育、注重习惯养成、提升家庭教育等，从外在减负走向内在减负，这样才能真正将"双减"的目的落到实处。故笔者谨以此挂一漏万之文略表拙见，望与同仁切磋琢磨。

某天早晨，本班语文教师反馈班级语文检测情况不是很理想，学过并且复习过的内容依旧错误百出。不排除学生基础知识薄弱，但更多的是不用心，没有下苦功夫。因此，笔者改变了原定的班会内容，以"一个人成材应具备哪些条件？"为班会主题，旨在给学生一场思想的洗礼。两分钟的思考，学生见仁见智：需要创新能力与想象力、有成功的欲望、有遇到挫折不言弃的精神等等。的确，学生说的不无道理。经过讨论协商，我们更系统地得出五点结论，即需要严格的教育、乐道的精神、吃苦的本领、尊师的态度、有利的环境。笔者认为，这也正是做"减法"的同时应该做的"加法"。

一、严格的教育

此之谓，"加法"之一。"严师出高徒""爱是一切教育的起点""严慈并济"是古今教育人所执守的准则。从古至今，有很多人都认为人的成才离不开严格的教育，什么是"严格的教育"呢？不是制约、管死、体罚，更不是讽刺挖苦、侮辱谩骂。而是对正确的事情抓紧落实、不打折扣，对错误的事情责令改过。在严格的同时，还需伴随慈爱。父母之爱，宽广博大，触及人之一生；师者之爱，高远深厚，激励人之发展。通过严慈并济的教育让学生发现自己，完成自我成长。如果他是一株草，就让他长成草的样子，以小草坚韧的风姿屹立于世；如果他是一棵树，就让他活出树的模样，以大树挺拔的姿态彰显价值。

"学海无涯苦作舟""不经一番寒彻骨，怎得梅花扑鼻香"。成长犹如化茧成蝶，过程不但辛苦，而且痛苦。在成长过程中也会有很多诱惑，初中生正是世界观、人生观、价值观形成之时，身心发育尚不成熟，自制力差，还未培养起坚韧的品格。那么，这个痛苦且充满诱惑的过程就需要教师严格的教育助其度过。从这个意义上讲，教师是学生成长的摆渡人，必须对学生施以严格的教育。

作为班主任，毫无疑问要给予学生严格的教育。要有容错的心胸，更要有纠错的本领。在接手新七年级时，部分学生口头用语极不文明，笔者在以身作则文明用语的同时，让学生互相监督，讲话不文明的学生要承包班级和校园内文明标语的清洁工作，并给同学们每人制作一份小礼物或写一封包含十句以上古诗词的欣赏信。在严格要求下，教育学生文明用语、尊重他人，感受中华优秀传统语言之魅力；引领学生体会严格之益处，培养其对人与事严谨之态度、敬畏之品性，逐渐养成自律之性格，做自己的严师，严格要求自己，自律才能成长。

二、乐道的精神

此之谓，"加法"之二。"知之者不如好之者，好之者不如乐之者。"陈毅在幼年酷爱读书，因读书入迷，错把墨水当成红糖蘸着糍粑吃了。面对亲友，他诙谐地说："吃点墨水没关系，我正觉得肚子里墨水太少哩。"这体现了陈毅勤奋刻苦、如饥似渴的读书状态。笔者随即问学生："生活中，有没有哪一件事没有人让你做，你却可以废寝忘食地做，且不觉得累？"学生小声说"玩手机"，与我预期如出一辙。

回想70年代，孩子们普遍喜看课外书，甚至上课也会偷偷看，却遭到家长和老师的反对，被批为不务正业。那时没有许多的娱乐，孩子们以读书为乐。如今，我们倡导阅读，但喜阅读之人寥寥无几。大人不阅读，小孩不阅读。学生被手机捆绑，精力与乐趣投射在手机、游戏中，在手机中度过童年。对圣贤之道知之甚少，更无从谈乐。缺少自我思考，更无从谈修身取道。

对真理的追求，乐之则不苦。对一件事，一件有价值的事，有如饥似渴的状态，即便痛苦也值得。作为班主任，应注重在日常点滴事务中培养学生乐道的精神，可通过阅读经典名著、感悟名人故事、赏析传统文化、创建集体活动等，引导学生在沉浸式的体验中，感受对一件喜爱且有价值之事的狂热追求是一种幸福，即所谓乐道之精神。从而培养学生的专注能力，让他们在追求真理的道路上乐此不疲。

三、吃苦的本领

此之谓，"加法"之三。"天将降大任于是人也，必先苦其心志，劳其筋骨，饿其体肤，空乏其身，行拂乱其所为。"敢吃苦、会吃苦、乐吃苦是人生之大品格。事物的发展是前进性与曲折性相统一的，曲折性寓于前进性之中，前进性生长于曲折性之中，两者相辅相成。缺少曲折性，吃不了苦，也很难有前进性。

古人有"头悬梁，锥刺股""天大寒，砚冰坚，手指不可屈伸，弗之怠"。今人有习近平总书记奔走30里，只为借一本书，下乡劳动之余，挑灯夜读。其在讲话中古籍典故、名著经典信手拈来，足可见其文化底蕴之深厚。故此"其业有不精，德有不成者，非天质之卑，则心不若余之耳，岂他人之过哉"，此之谓吃苦之本领。吃得下苦，才享得了乐，此之乐，乃心中之乐土。今日之学生，物质生活的充盈带来了精神生活的贫乏，普遍没有吃过劳作与生活之苦，不懂得中华民族自古以来在辛勤劳作中、在与灾难斗争中所孕育出的艰苦耐劳之精神。

作为班主任，应着眼长远，从民族性格中提取精华，育人之精神，育民族之未来。如今，中华民族逐步走向世界舞台的中央，但前路坎坷，作为祖国未来的接班人，是否能够担当起应负的使命，值得我们思考。因此，在实际教育管理中，班主任应重视培养学生吃苦耐劳之精神。笔者经常与家长共同组织学生进行"家务劳动我承包"活动，让学生从中体会父母之不易。此外，还利用研学之机，带领学生打土坯、磨玉米粉、拔萝卜、捏面人等，让学生从中感受劳动之艰难与快乐。

四、尊师的态度

此之谓，"加法"之四。尊师不是偏信，更非迷信。师者非圣人，同样会犯错误，如对教师"不敢出一言以复"，势必会限制自身的发展。尊师是对教师的尊重与礼貌。而今，社会中不乏学生、家长，缺少对教师应有的尊重，更多地把教师看作服务者。付了学费，自然要享受教师的服务。不错，教师的确是服务者，但又与普通行业的服务者有着本质的区别，这是由服务对象所决定的。教师服务于学生的成长，服务于祖国的未来，服务于社会主义事业的建设者和接班人。一个人、一个民族如无尊师之态度，则无异于跪着前行。

博学而约取，厚积而薄发。此处之师，并非狭义之教师。乃一切皆可学习之人与物。一花、一草、一书、一事、一人、一物，乃至自己，皆可为师。毫不夸张地讲，班里50个学生，至少有50个可取之处。无论天地日月、山海星辰、人事典籍，皆吾辈之师。这是笔者作为班主任，一直向学生传递的理念，旨在使学生学会尊重同伴、尊重教师、尊重自然、尊重自己。

笔者利用班会创建以"尊重"为主题的系列班集体心理游戏，使学生在游戏中体会尊重是每个人的心理需求，尊重他人就是尊重自己。同时还特别邀请任课教师参与其中，部分教师还为学生写了一封真挚的信。在游戏结束之后，我请同学们为各任课教师写一封回信，在游戏中点燃彼此热情，在文字里激荡彼此心弦。班主任应心甘情愿做"红娘"，利用一切时机拉近学生与教师的心理距离，牵紧"尊师"这条红线。

五、有利的环境

此之谓，"加法"之五。"橘生淮南则为橘，生于淮北则为枳。"人一半是外力造就的，一半是自己成就的。环境对人的影响可谓深远，成长在有利的环境则更好不过。但在实际教育中发现，许多学生身处不利的家庭教养环境，如父母离异家庭、单亲家庭、重组家庭及留守儿童等不在少数。即便是家庭结构健全的学生，其家长也可能缺乏科学教养子女的理念与方法，动辄殴打谩骂或撒手不管。孩子许多可以改正的小问题，在不当的家庭教养方式下可能会演变成不良习惯，甚或是不可遏制的大问题。另外，相较于过去，家长们更重视对孩子教育的投资，认为艺术特长有利于孩子的成长，既能增长自信，还能陶冶情操等。但也要辩证地看待，在激烈的竞争环境下，不断"内卷"，偏离艺术教育的初衷，无形中给孩子增加了学习负担，相对来说这也是不利的环境。

但总体来说，新时代的学生，在学习上，相对于古人，相较于父母，有更丰富的学习资源，有更充裕的学习时间，有更便利的学习平台。正值青春年少，此时是学习成长的机遇期，也是挑战期，机遇与挑战并存。时代发展所造成的客观问题无法改变，在顺势而为之时，我们需要发挥自身的主观能动性，去创造有利于学生成长的环境。

笔者作为班主任，深知学生成长在校园、家庭与社会三重环境之中，其中家庭教养环境是不可忽视的重要因素。基于此，笔者经常召开以"家庭教养"为主题的系列家长座谈会，如"家庭环境如何影响孩子""父母的作为造就孩子的成长"等。此外，还经常在家长微信群中分享家庭教养的理念与方法等，或在家访中实地帮助家长改善家庭环境布置。从家庭环境布置到父母教养方式，这些无言的教育都在潜移默化地影响孩子的成长。为避免"5+2=0"，班主任应与家长形成教育统一体，从理念到方法上保持教育一致性。

　　"春种一粒粟，秋收万颗子"是每一位有教育情怀的教育农人心之所向。但如若只"除草"，不"施肥"，只减不加，很可能"种豆南山下，草盛豆苗稀"。"双减"的目的不在于"除草"，"除草"只是手段，"长庄稼"才是目的。故此，"减"只是手段，"加"才是旨归，只减不加则会"野火烧不尽，春风吹又生"，只有"加减"并行才会"星星之火可以燎原"。简言之，严格的教育、乐道的精神、吃苦的本领、尊师的态度、有利的环境是在"双减"之后必须做的五个"加法"。作为班主任，应以立德树人为根本指向，做好"加减"并行，助力学生从"外减"走向"内减"，引领学生走上自我成才之路。

黄梦溢

于三门峡市实验中学

2022 年 12 月 8 日

学无止境　厚积薄发

教师专业成长实践途径之三，则是不断学习、终身学习，可以向大师学、向书籍学、向身边优秀教师学、向学生学、向教育问题学。可以说，身边的每一样事物、每一个人，只要我们留心，皆可成为学习的对象，都会对我们有所启发。一线教师普遍的学习途径包括阅读书籍、听课、参加线上线下培训等。这里重点说明阅读和观议课对教师成长的作用。

一、阅读增加教育智慧

谈起阅读，我非常欣赏明代诗人于谦的一首《观书》，诗中说道："书卷多情似故人，晨昏忧乐每相亲。眼前直下三千字，胸次全无一点尘。活水源流随处满，东风花柳逐时新。金鞍玉勒寻芳客，未信我庐别有春。"这也是我读书生涯的真实写照。教师的职责是教书育人，既然教书，我们就必须读书、酷爱读书、善于读书，相信书籍的力量。"读书，教书，思考，研究，写作"，是一条教师职业的"生态工作链"。而这条"链"的开端，就是读书。读书，是贯穿、连接教师毕生工作和学习的链条。链条上的其他环节，都是读书带来的结果。没有阅读的学校，永远不可能有真正的教育。

（一）阅读的重要性

教师在其本质上，首先应该是"读书人"。教师应有"腹有诗书气自华"的优雅淡然、坦荡正直的气质。

1.阅读提升内在涵养

古人云："读万卷书，行万里路。"高尔基曾说："书籍是人类进步的阶梯。"培养阅读习惯，爱上阅读。有人曾经对一些成功人士进行采访，发现这些人在总结成功经验的时候，都提到读书让他们受益匪浅。

为什么读书会对一个人的成长产生如此大的影响呢？

首先，书籍是人类的精神食粮。生活里没有书籍，就好像大地没有阳光；智慧中没有书籍，就好像鸟儿没有翅膀。知识是人类进步的阶梯，阅读则是了解人生和获取知识的重要手段和最好途径。教师如果只关注教材知识，那么知识结构难免单一。阅读教材之外的有益书籍，不但有助于开阔视野，培养广泛的兴趣爱好，学会为人处世，而且可以增长见识，做到不出家门而知天下事，不出国门而了解世界各地的历史文化、风土人情。其次，读书有助于形成良好的品格和健全的人格。那些主人公具有美好品格的书籍，那些富有人文精神的书籍，很容易引起阅读者的内心共鸣。比如读鲁迅的书，会被鲁迅"我以我血荐轩辕"的赤子之心打动；读李白的诗，会被李白"安能摧眉折腰事权贵"的傲骨打动；读《钢铁是怎样炼成的》，会被主人公保尔不向命运屈服的钢铁般的意志所折服……这些向上的精神会对人格起到升华的作用，并可以促使一个人形成良好的道德品格和健全的人格。再次，读书可以给我们打拼的勇气和战胜困难的力量。读书能够祛除内心的浮躁，让一颗心沉浸在宁静的世界里，给心灵以慰藉和滋润。读书能驱除内心的空虚，让一颗心在知识的海洋中渐渐丰盈、充实。所以，读书人不会无奈和茫然，因为有书为伴；不会孤独和寂寞，因为有书为伴。最后，读书有助于积累词汇，提高写作能力。博览群书，是一个积累的过程，天长日久，自然会产生写的欲望。因为读的书多，写起来也会有信手拈来的感觉。我们多读几个孩子的作文就会发现，那些勤读书的孩子，写出来的作文大多引经据典，内容充实，而且有深度。"读书破万卷，下笔如有神"说的就是这个道理。

总之，可以用培根的一句话来高度概括读书的好处："读史使人明智，读诗使人聪慧，演算使人精密，哲理使人深刻，道德使人高尚，逻辑修辞使人善辩。"一个人想学有所成，一个重要的法宝就是让读书学习成为习惯。爱读书、读好书的习惯，将会受益终身。

2. 阅读增强专业素质

2012 年 9 月，教育部印发了《中学教师专业标准（试行）》的通知，指出教师要遵循"师德为先、学生为本、能力为重、终身学习"的基本理念，对专业理念与师德（职业理解与认识、对学生的态度与行为、教育教学的态度与行为、个人修养与行为）、专业知识（教育知识、学科知识、学科教学知识、通识性知识）、专业能力（教学设计、教学实施、班级管理与教育活动、教育教学评价、沟通与合作、反思与发展）等方面都提出了具体要求。中学教师要将专业标准作为自身专业发展的基本依据。制定自我专业发展规划，爱岗敬业，增强专业发展自觉性；大胆开展教育教学实践，不断创新；积极进行自我评价，主动参加教师培训和自主研修，逐步提升专业发展水平。

阅读是一线教师专业成长的重要也是必备途径。特别是阅读教育经典理论著作，能够帮助我们把握教育教学规律，深入学习理解典型教育理念。除此之外，阅读教育心理学、儿童心理学著作，也能帮助我们更好地把握学生心理发展特点，明确学生进行学习的途径和方式。引领我们在理论的指导下进行教育教学实践，从而提升教师专业素质。作为一线思政教师，除了需要具备教育教学理论知识，更要有社会、政治、经济、法律、哲学、历史等各方面的综合知识与素养。因此，我们不能用专业把自己框死，在专业之外，还要广博。

3. 阅读助力文化传承

2023 年 3 月 5 日下午，习近平总书记在参加江苏代表团审议时指出，新时代教育工作者要努力把青少年培养成为中国特色社会主义的建设者和接班人。习近平总书记强调，我们的教育要善于从五千年中华传统文化中汲取优秀的东西，同时也不摒弃西方文明成果，真正把青少年培养成为拥有"四个自信"的孩子。

五千年中华优秀传统文化源远流长、博大精深，教师必须对我们的文化有深入的学习研究，才能发挥好文化的育人作用，才能使中华文化绵延不绝。中华文化乃至人类文明，在很大程度上是通过语言文字得以交流、传播和继承的。从某种程度上说，阅读是最普遍、最大众的文化传承方式。传统戏剧、手工、技艺等都需要专业人士经过多年甚至几十年去培养相关人才，费时费力，专业性极强。而对于大多数学生而言，将来并不一定从事相关专业，但对中国文化又不能一无所知，因此，阅读就是最好的文化传承方式。通过阅读，我们可以了解中华文化相关内容，虽不一定精通，但也能略知一二。笔者非常喜欢阅读传统文化类的书籍，如《古文观止》《道德经》等。《古文观止》一书百看不厌，它是清代康熙年间吴楚材、吴调侯选编的一部历代散文总集。二吴都是浙江山阴人，以教授私塾弟子为生。他们选编此书的目的是"正蒙养而裨后学"，即作为私塾教育的读本。此书不仅适用于学生阅读，也适用于教师阅读，更不拘语文教师。此书包含了学生在基础教育阶段会接触到的文言古文，其中蕴含着为人处世之道。作为教师，我们应对此深入研究学习，很好地将中华优秀传统文化融入学科教学，引导学生处理好与自然世界、与社会、与自己的关系，更好地完成生命成长。如，在《出师表》中感悟诸葛亮鞠躬尽瘁、死而后已的忠贞之志；在《归去来兮辞》中体会陶渊明寄情山水、归隐田园的超然情怀；在《师说》中理解韩愈虚心向学、尊师重道的大师风范……

（二）教师阅读现状

曾有人在网上发表过"教育最可怕的是：一群不读书的教师在拼命教书"一文，俞敏洪也曾在直播中提到"一群不读书的老师在教书，一群不读书的家长在育儿"。这些观点并不能代表所有关于教育的客观现象，甚至有点偏激，但不可否认，它指出了中小学教育中存在的问题，一些教师不读书、不思考、不研究等，这些客观问题我们必然要重视。那么中小学教师阅读情况如何？又是什么原因导致的这些现象呢？我们又如何改变这一现状呢？

1.阅读情况调查

当前，阅读已经成为世界潮流，美国将"阅读优先"作为国家教育政策主轴，英国要打造一个"读书人"的国度，法国大力推行"读书沙龙"[①]，我国提出"全民阅读，打造书香社会"。习近平总书记也强调要

---

①傅淞巍.全民阅读任重而道远[N].东方烟草报，2014-04-03（8）.

"爱读书、读好书、善读书"。学校是读书人聚集的重要场所，目前高校图书馆开展了面向学生的阅读推广服务，引导学生养成良好的阅读习惯，并取得了良好成效。但中小学学生及教师相对缺乏阅读指导服务。作为传递文化知识的教师，其阅读情况如何？关于这方面可供查阅的文献、报道很少。笔者以问卷调查结合访谈形式，了解中小学教师目前的阅读现状，为下一步有针对性地开展阅读指导服务提供依据。具体结果如图 13 至图 20 所示。

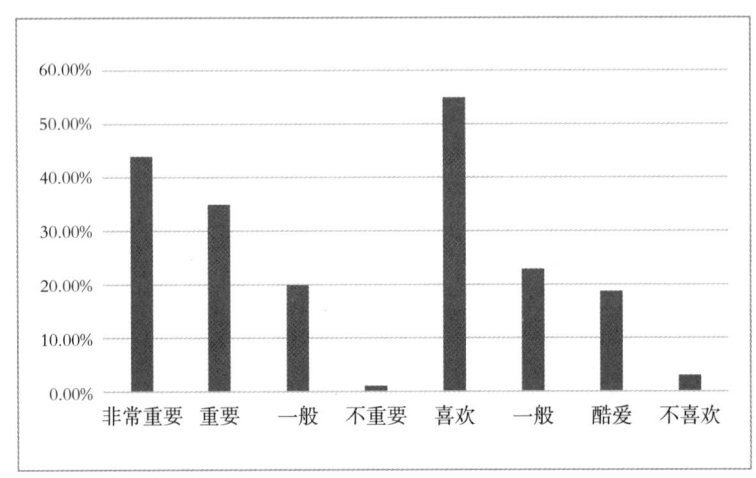

图 13　阅读的重要性及对阅读的喜欢程度

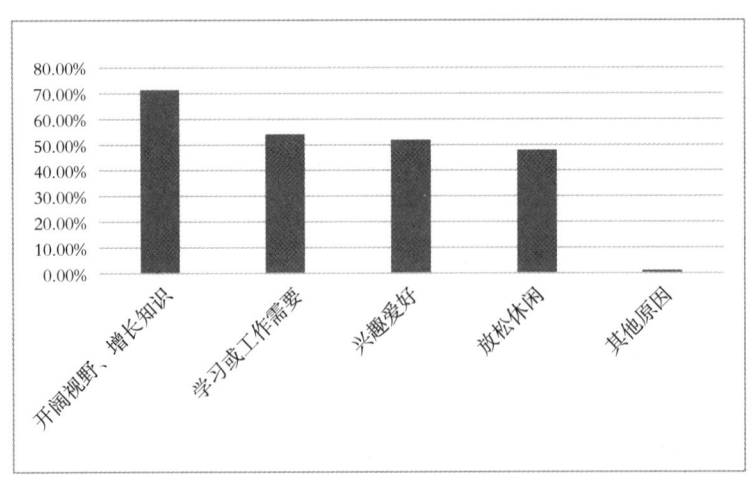

图 14　阅读目的

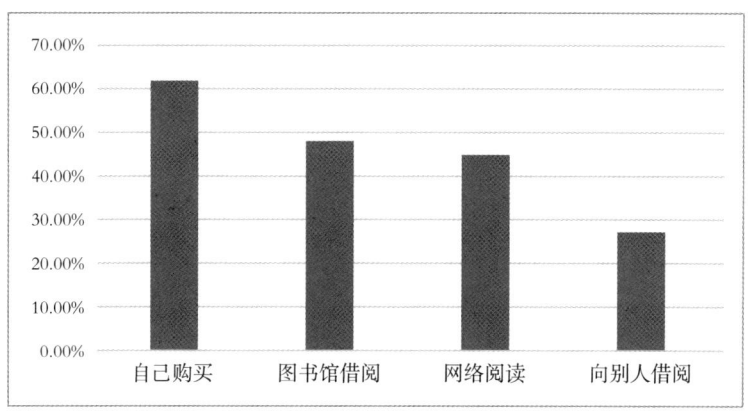

图 15 阅读资源

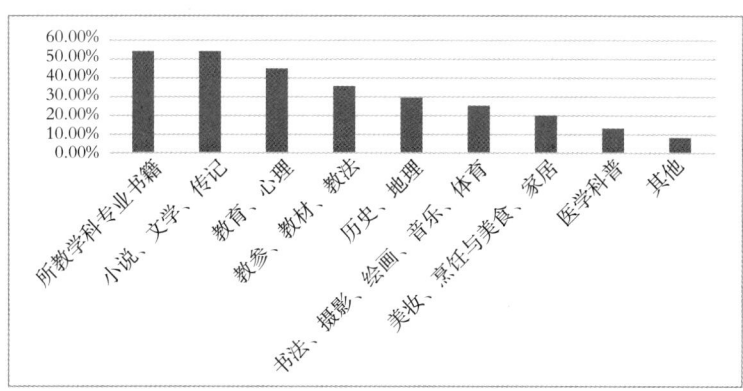

图 16 阅读内容

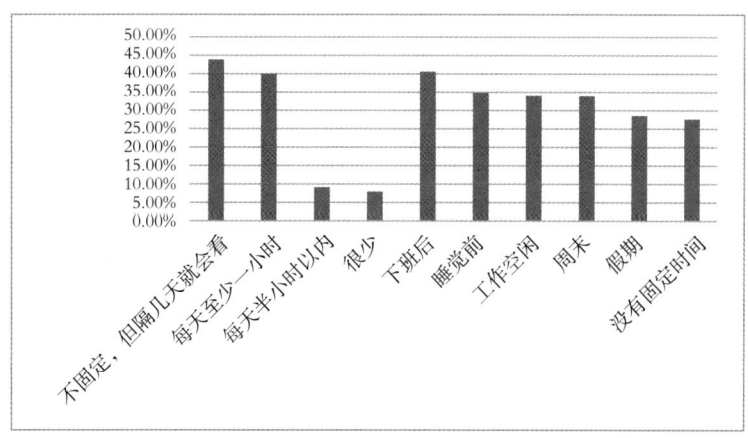

图 17 阅读时间

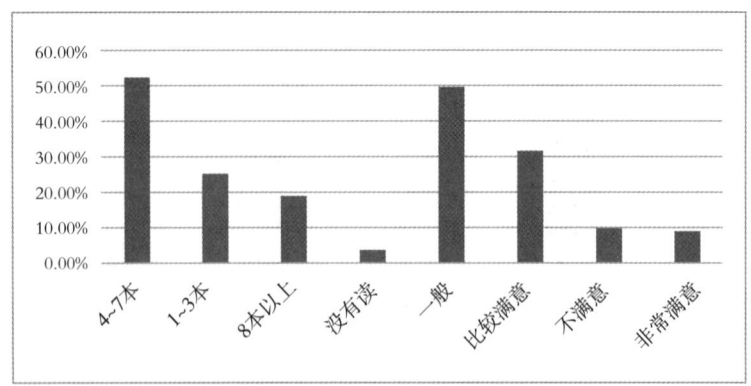

图18 年阅读量及对自己阅读量的满意程度

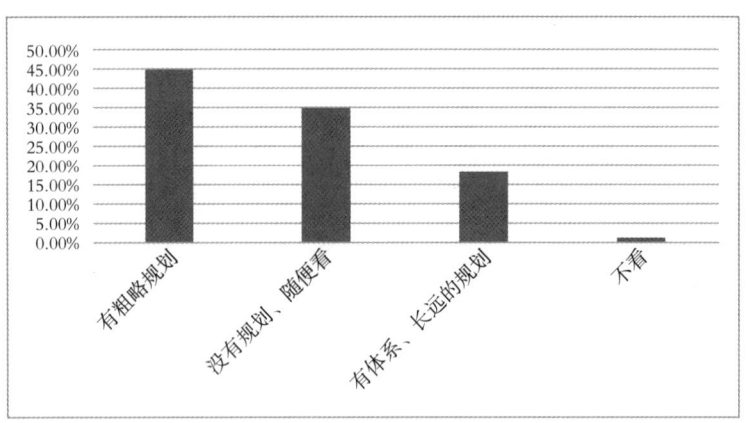

图19 阅读规划

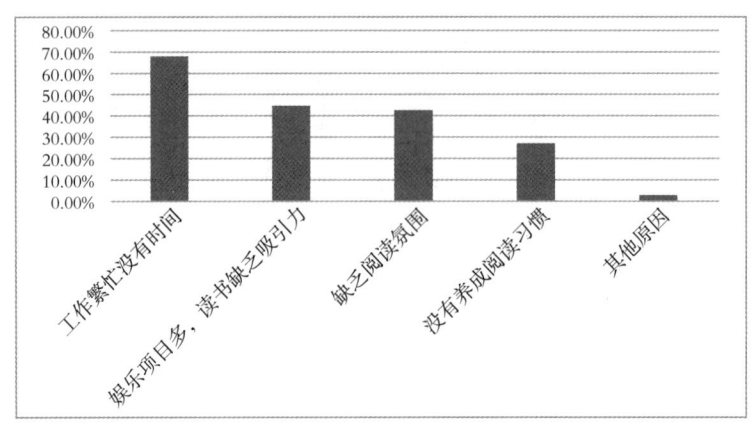

图20 影响阅读的因素

从调查数据中我们不难看出，当前中小学教师阅读面临阅读量和阅读时间不足、欠缺专业阅读的自觉性等问题。在当前这个倡导全民阅读的时代，教师作为社会中一个特殊的群体，理应成为阅读大军中的主力和先锋。但教师阅读量和阅读时间不足，会严重影响教师的专业成长，阻碍教师专业能力和素养提升。当前教师阅读还存在快餐式的阅读现象。阅读方式多种多样，如泛读、精读或者浏览等。专业阅读需要深度阅读，但是很多教师的阅读仅仅是停留在浏览或是泛读的层面上，而且阅读专业理论专著或者经典名著的教师为数不多。缺乏精读的专业阅读，会导致教师理解力、想象力和创造力等得不到很好的提高，也不利于专业知识的吸收、掌握和传承。快餐式的阅读导致教师的专业阅读质量不高，将直接关系到教师自身专业素养的提高，进而影响学生身心的和谐发展。部分教师认为，每天都从事着烦琐而沉重的工作，是导致其阅读量少、阅读时间不足的直接原因。这一点我们不可否认。但是，这并不能成为教师不阅读的理由。其实，最终原因在于教师缺乏专业阅读的自觉性和主动性。鲁迅先生曾经说过："时间就像海绵里的水，只要愿挤，总还是有的。"在新时代新课改的大背景下，教师的整体素质是推动教育改革进一步深化和发展的重要因素。因此，针对广大教师的专业阅读不容忽视，我们亟须采取有效措施，充分调动和激发教师阅读的自觉性和主动性。

2.阅读现状原因浅析

（1）过于偏重对教师考核的结果性评价。如今多数学校对教师的考核评价侧重于教学成绩、教学任务完成度、课时量等一些可以量化考核的内容，然而教师与学生的成长很多方面存在内隐性，是无法通过量化考核实现的。在过于偏重结果性评价的考核机制中，多数教师认为读不读书对考核成绩没有影响，只要教好学、上好课，把学生成绩提上去就可以了。故而就出现了一种观点，认为教师读不读书不要紧，只要教学成绩好，哪怕你没读过几本书，这个老师也很可能是优秀教师；反之，教学成绩不好，哪怕你满腹经纶，也只是行走的"书橱"，你就不优秀，反而为人耻笑。以读书为耻，以不读书为荣，一旦形成这样的风气，那么本该是读书人的教师，也要退出读书人的舞台。

（2）应试教育的考试评价使然。如今，在新课程改革下，许多科目的考查已从原来重知识、轻能力，向素养考查转变。那种"只要考试不考，就不教给学生"的理念，在如今核心素养导向的考试评价趋势下，已经不再适用，单纯的知识掌握已经无法解决所面临的问题。不可否认素养考查并非凌驾于知识之上，脱离知识，仍然要基于学生对知识的理解。但部分教师还沉浸于刷题训练，沿用以往的题海战术进行备考，常态教学也仅仅是将教材知识传授给学生，使其背诵记忆，有没有深入理解，会不会迁移运用，则关注较少，更不用说给学生拓展课外知识了。这种单纯以考试为目的的教学，必然使教师只关注考试，与考试无关的事情一概不做，从而视野狭窄，不愿阅读，其本质是没有足够的读书动力，还是功利主义在作祟。

（3）"读书无用论"作祟。"书中自有黄金屋，书中自有颜如玉"，这大抵是对读书功利主义的诠释。古人十年寒窗苦读，为盼有朝一日金榜题名，或取得功名利禄，或有精忠报国的机会。曾几何时"知识改变命运"一度被人们奉为信仰，想通过上学读书改变命运。而如今，获取知识的渠道不仅仅只有阅读，同时学历也在贬值，取得本科、研究生学历，依旧难就业的大有人在，因此，有些人就大肆宣扬"读书无用"。然而这些都是从功利主义角度出发去看待阅读。不少教师也有此想法，认为读书对于提高学生成绩、职称评定等没有用处，还不如把时间用在如何提高学生成绩，如何积攒职称评定条件上。这样的想法固然没有错，但教育教学是一种实践，缺少了理论指导的实践是盲目的，也是缺乏持久性的。

（4）枯燥无味的阅读体验凸显。不少教师渴望学习、渴望成长的动力十足，但在阅读中总是会遇到困难，打击积极性。最普遍的问题是，部分教师认为教育经典理论著作太难读了，读起来枯燥无趣、索然无味，甚至有些内容读不懂，读上两页就不想读了，或者眼皮打架，不如看小说来得有趣。确实，教育经典理论著作相较于小说晦涩难懂、缺少趣味，但是成长一定是走上坡路，读书也一样，要跳出舒适圈，适当地读一些不太好懂的书，读得多了自然就能咂摸出其中滋味。

（5）以忙为借口推脱读书。"三更灯火五更鸡，正是男儿读书时"，读书不仅要有积极的心理状态，还要有时间保障。并非所有教师都不重视读书，有许多教师非常愿意读书学习，提升自己，但就是太忙了。如今，中小学教师疲于各种形式主义工作中，表格、记录、美篇、会议、答题等没完没了。如果担任班主任职务，更是忙上加忙，处理班级事务、学校工作安排、学生突发事件、学生心理辅导、家长问题、谈话记录表、家访记录、看班看操等。忙完这些工作，回到家还要照看自己孩子，有心想读书，或许也只是翻两页就睡着了。作为教师个人来讲，工作任务不可推脱，也不能不做，那就需要我们抽时间、挤时间，把休闲娱乐的时间用来读书学习。

（三）教师阅读之道

1. 读书的乐趣

读书是快乐的，这种快乐来自读书的爱好。如果你感觉读书已经成为日常生活的基本需求，一天不读书就会感到欠缺，感到不安，那你一定是个爱读书的人。有人认为读书无用，读书其实讲究的是趣味，是精神上的快乐，它不是一件功利的事。汉代刘向曾经说过："书犹药也，善读之可以医愚。"读书不但可以医愚，还可以医俗。读书的效用不是一天可见的，就像毛竹生长，前三四年长得很慢，只有几寸，在扎根，到了第五年，一天几乎就长一两尺。所以读书的效用不是短期内就能显露出来的，需要长期坚持。读书不是一件功利的事，不是我读一本书，身上就有文学基因，读书是情趣所在。

作为教师，我们引导学生阅读，首先要从自我阅读开始。对真理的追求，乐之则不苦。对一件事，一件有价值的事，有如饥似渴的状态，即便痛苦也值得。

2. 读书的品位

读书需要有品位。有些人虽然博览群书，但也坏事做尽，这算是没品。一个人的品位，在于懂得生活、善于品味生活、陶冶性情，心胸开阔、宽容平和。那些以读书为时髦、为装饰品的人，不是真正的读书人。以读书混文凭、混官做的人，也不是真正的读书人。读了几本书，自以为知识超群、恃才越界的人，更难以称得上读书人。真正的读书人，是为了在读书中增长知识，培养情趣，并在此过程中提升自己的品位。

3. 读书的状态

读书要有饥饿的状态。就像高尔基所说的"像饥饿的人扑在面包上一样"，是一种对知识的渴望。渴望是人追求知识的一种本质力量。阅读时心潮澎湃，读完后酣畅淋漓。兴到味时，拿起就读，这才叫真正的读书。从激情到平静，再从平静到激情，是读书的常态。

4. 读书的方法

作为教师我们要读哪些书？怎么读这些书呢？教师要读的书大致可以分为以下四类：一是专业书，必须读。比如学科知识、教育学、心理学、学科教学教法等。二是与专业有关的书，非读不可。比如天文地理、中外历史、文艺戏曲等。三是人文书，也就是滋养心灵的书，要经常读。比如文史哲、道德、法律、伦理等。四是写学生的书，要选择读。目的在于了解学生。总之教师读书要杂、要博，更要专。读书还要得法。泛读、品读、批读、诵读、精读、略读、重读、疑读、辨读、联读、深读、倒读、跳读、闲读、选读、缩读、博读、研读、网读、随便翻翻……读书方法很多，就像做菜一样，煎烤烹炸煮，食材在手不拘方法，只要满足食客需求即可。读书有法，但也切勿拘泥于一种方法，每个人有不同的适合自己的方法，每本书也需要用不同的方法去读，关键在于我们要从读书中获取所需，爱上读书，将读书变成生命的一部分。

教师读书，是一个永恒的话题，一个极具研究价值的课题，我们确实也需要研究这一方面的内容。要想教得好，首先得是学得好。希望身为教师的我们能够将读书常态化，在教师队伍中建立起善学之风。

（四）阅读书目推荐

部分教师缺少阅读的意识，部分教师想阅读，却不知从何处读起，缺少专业的推荐阅读书单，网络上只是零碎的书单推荐，并且只有书名，无法使想阅读的教师快速找到自己想阅读或急需要的书籍。另外，虽然学校也重视教师阅读，但仅限于检查读书笔记，举办读书交流会，作用十分有限，而且耗时费力，无法激发教师的内在阅读动力。

通常教师需要阅读大致包含教育经典、教育理论、教育心理、思政学科、班主任、经典文学、社科博览等各方面的书籍。根据以下方式对所推荐书籍进行具体分类，以方便教师阅读。好书众多，在此无法一一列举，仅供读者参考。

1. 根据教师发展阶段分类

教师专业发展可分为学徒期、成长期、反思期、学者期等不同阶段，处于不同发展时期的教师，面临不同的成长任务，有着不同层次的发展需求，特推荐不同时期的关键性读物，具体见表19。

表19 不同教师发展阶段书目推荐

成长阶段	可读书目示例
学徒期	《做一个大写的教师》（薛法根）、《跟苏霍姆林斯基学当老师》（闫学）
学徒期	《把整个心灵献给孩子》（苏霍姆林斯基）、《觉者为师：好教师成长之新境界》（任勇）等
成长期	《教案的革命2.0：普通高中大单元学历案设计》（卢明）、《单元教学探索：基于理解的逆向教学设计案例》（季洪旭）、《教师的语言力》（三好真史）、《如何在课堂上提问：好问题胜过好答案》（麦克·格尔森）等
反思期	《为未知而教，为未来而学》（戴维·珀金斯）、《从教走向学：在课堂上落实核心素养》（王春易）、《以学习为中心的教学设计》（朱则光）等
学者期	《教师培训：新时代中小学教师成长路径探索》（何劲松）、《深度教学：促进学生素养发育的教学变革》（郭元祥）、《名师工作室引领下的教师专业成长》（谭念君）及《当好学生的引路人》《达成生命成长之美：我的教学新视界》（吴又存）等

2. 根据书目类型分类

具体见表20。

表20　不同类型书目推荐

类别			可读书目示例
专业类	教育教学类		《理解为先模式：单元教学设计指南》《追求理解的教学设计》（格兰特·威金斯、杰伊·麦克泰）、《项目式教学：为学生创造沉浸式学习体验》（苏西·博斯、约翰·拉尔默）等
	思政课理论及实践类	专业书籍	"议题式导与学"系列丛书（谢伟彬、陈晓葵、张关荣）、《配套〈道德与法治〉简明法律知识教师读本》（顾润生、崔维云）、《中考道德与法治命题研究蓝皮书（2021）》（李萍）、《理直气壮开好思政课：把握新时代思政课建设规律》（冯刚）等
		专业杂志	《中学政治教学参考》《思想政治课教学》《中学政史地》等
通识类	心理学类		《心理学与生活》（理查德·格里格、菲利普·津巴多）、《爱的艺术》（艾·弗洛姆）、《拖延心理学》（简·博克、莱诺拉·袁）等
	政治、经济、法学类		《宪法》《刑法》《民法典》《马克思主义哲学》等
	传统文化类		《论语》、《大学》、《论语别裁》（南怀瑾）、《传承文化　匠心筑梦：中华优秀传统文化在中职德育的渗透》（陈静）、《君子人格六讲》（牟钟鉴）、《白鱼解字》（流沙河）、《给青少年的中国文化课》（余秋雨）、《图解民俗大全》（万虹）、《100个成语中的古代生活史》（许晖）、《中国文化的根本精神》（楼宇烈）、《中华优秀传统文化教育读本》等

除以上分类方式外，读者还可以按照主题进行选书，如"大单元教学类"书籍，可以集中在一个时段进行阅读，这样有助于教师进行深度阅读，加强对大单元教学的理解，避免单本书阅读带来的一知半解的浅层认识。另外，还可以按照作者进行选书，如苏霍姆林斯基的书、布鲁姆的

书、李镇西的书、魏书生的书等，集中在一个时段，专门攻读同一作者的著作，这样做有助于全面深刻地理解学习该作者的教育理念、教育思想及教育实践。

针对当前中小学思政教师专业阅读缺乏主动性以及积极性的现状，笔者所在工作室胡邦霞道德与法治名师工作室制定了一系列的专业阅读考核标准，来强化教师的阅读兴趣，让专业阅读成为青年教师成长的一个有效载体；要让他们不仅能够体会到专业阅读给自身带来的利益，还能实现自身的成长和发展，让其在这个竞争日益激烈的时代，在教育之路上走得更加的自信和坚定。例如，根据工作室考核制度对每个学期内借书量最多的教师进行汇总，并对其进行奖励；鼓励教师利用业余时间进行阅读和写作，要求成员每学期至少阅读包含一部专业书籍在内的两部著作，并撰写读后感或书评。以此任务驱动，促进成员教师在阅读中与大师相遇、启智增慧。热衷于专业阅读并在各类刊物发表文章的教师，有更大机会被工作室评为先进成员，推举其进行示范讲学。除此之外，工作室还善于捕捉教师专业阅读后的成长和进步、创意和灵光，并给予极大的肯定和鼓励，让教师充分体验到专业阅读带来的成就感和自豪感。总之，对于教师专业阅读的考核标准，工作室注意多元化和鼓励性。有了积极的考核标准的激励，笔者相信，中小学思政教师会呈现出一派阅读之风貌，加快青年教师成长与发展的步伐，实现其自身的飞越！

▶▶ 示例 1

《老子》介绍

杨伟东　河南省基础教育课程与教学发展中心

老子是中国哲学史上第一位真正的哲学家，他留下的《老子》（又名《道德经》）是道家第一部传世经典。《老子》一书语言凝练、思想丰富，虽然仅有五千余言，内容却包罗万象，对其后的中国乃至世界思想文化产生了极其深远的影响。

【关于作者】老子，姓李，名耳，字伯阳，谥曰聃，春秋末期陈国苦县厉乡曲仁里（今河南鹿邑）人。生卒年不详，略长于孔子。曾任周朝"守藏室之史"，后来"见周之衰"，于是决定隐居乡野。离开东周都城洛阳西行至函谷关（今河南省三门峡市灵宝市）时，迫于关令尹喜之请，不得已著五千余言《道德经》，即《老子》。其后，"西行流沙""莫知其所终"。

【关于本书】《老子》分为《道经》与《德经》两大部分，其中"道"主要是指形而上的哲学思想，而"德"主要是指"道"在社会人生中的落实，二者既相互联系又不可分割，体现了老子在春秋末年那个礼崩乐坏的时代对于宇宙、社会和人生的敏锐观察与超凡智慧。

在流传过程中，《老子》形成了很多版本。我们今天所能见到的最早的版本，是在湖北荆门郭店楚墓中出土的战国竹简本；其次则是长沙马王堆汉墓出土的两个抄本——西汉帛书本，称为帛书甲本、乙本（统称帛书老子）；历史上流传最广的则是汉代河上公本和三国（魏）王弼本。目前，学术界较为重视的是王弼的版本和长沙马王堆汉墓出土的西汉帛书本。帛书老子，早王弼本400余年，近些年许多学者推崇帛书，但甲本缺字1400，乙本缺字600。

千百年来，为《老子》作注疏者不计其数。元代正一天师张与材曾说："《道德经》八十一章，注本三千余家。"据学者调查，流传至今的《老子》注本约有1000余种。

目前较好的通行本有陈鼓应《老子注译及评价》（中华书局1984年版）、任继愈《老子新译》（上海古籍出版社1985年修订版）、张松如《老子说解》（齐鲁书社1987年版）、冯达甫《老子译注》（上海古籍出版社1991年版）、何新《古本老子＜道德经＞新解》（时事出版社2002年版）、刘康德《老子鉴赏辞典：新一版》（上海辞书出版社2018年版）。另外，西汉河上公的《老子章句》、三国（魏）王弼的《老子注》、明清之际王夫之的《老子衍》等也是重要的学习资料。

【核心内容】《老子》是我国古代文化宝库的重要典籍之一，它用富有诗意的语言，以恢宏的气势、深邃的智慧，探索了宇宙的起源和演化、自然的规律、国家的治理、个人身心的修养等重大问题，提出了"道""德""自然""无为"等一系列哲学概念。它发天人宇宙精微之学，阐修身治国之理，倡人生真谛之奥，给人以无穷的思想启迪。老子的思想和智慧对中华民族的社会生活、对国民素养的培育具有重要的价值。

《老子》第二十五章揭示了"人法地，地法天，天法道，道法自然"这一贯穿天、地、人的大法则，这也是全书的主旨。理解这一法则，再结合实际问题加以印证，全书就容易理解了。不论宇宙万物、人类社会，书中都论述了它们各自发展变化的规律，指出人要认识自然、认识社会，需要透过现象探索规律，遵循其规律行事，就合乎"道"，便没有办不了的事，可以"没身不殆"。否则"不道早已"，食恶果是咎由自取。书中既有"道法自然"以维护宇宙和谐、促进人类持续发展的行为原则，又有"尊道贵德"的道德规范；既有"常道与可道"的真理学说，又有"反者道之动"的辩证思想；既有"上善若水"的高尚情怀，又有"柔弱不争"的修养准绳；既有"虚其心，实其腹，弱其志，强其骨"的生活箴言，又有"挫其锐，解其纷，和其光，同其尘"的处世教导；既有"归根复命，深根固蒂"的养生之道，又有"见素抱朴，少私寡欲"的价值取向；既有"爱民治国"的韬略，又有"功成弗居"的胸襟。全文系统阐述了中国道家的修道积德、处世哲理、洞察自然，从宇宙观的角度高度考察了自然、社会和人生的问题。

经过两千多年的历史文化传承，老子的思想早已深深融入中华儿女的血脉之中。同时，老子那"澹兮其若海，飂兮若无止"的博大胸怀和哲学智慧，也强烈地吸引和感染着世界人民。据联合国教科文组织统计，截至20世纪80年代，在全球文化出版事业中，被译为外文后发行量最大的著作是《圣经》，其次就是老子的《道德经》。就此而言，老子不仅是昨天和中国的，也是今天、明天和世界的。老子所留给我们的"道德之意五千余言"是一笔极其宝贵的文化财富，是一片辽阔而温馨的精神家园，值得我们反复咀嚼、用心体会。

▶ 示例 2

《从教走向学：在课堂上落实核心素养》阅读推荐

黄梦溢　河南省三门峡市实验中学

对于现代教师来说"核心素养"并不是什么新鲜事物，如何在课堂上落实核心素养是每一位从事教育事业、有热忱的教育情怀、有浓厚的科研热情的教师一直追求的目标。北京市特级教师王春易老师的《从教走向学：在课堂上落实核心素养》一书是我们前行路上的一颗指路明星。

【关于作者】王春易，历任北京市十一学校副校长、中国教育科学研究院"学习与教学研究中心"主任。除了《从教走向学：在课堂上落实核心素养》外，还著有《选课走班100问》。在这之前，我并没有读过王春易老师的作品，因为热心教育教研，关注到了王春易老师的《从教走向学：在课堂上落实核心素养》这本书。王老师说过一句话："教师最快乐的时候，就是在课堂上。"是的，行走于课堂，将智慧播种，是师者之本能。

【关于本书】《从教走向学：在课堂上落实核心素养》一书系中国教育科学研究院"学习与教学研究中心"博士后项目北京市十一学校实践研究成果，是一本研究如何在课堂上落实核心素养的书籍，介绍了从课程标准到教学目标、从课时教学到单元重构、从知识点到学科大概念、从教学目标到学习目标、从开展活动到任务驱动、从使用教材到准备资源、从结果检测到过程评估七章内容，涵盖指向核心素养的教学目标、学习目标、学习内容、学习活动、学习任务等，是教育从"教师中心"向"学生中心"转变的一次有力探索。阅读此书，对于我们把握如"学科大概念""大单元教学""落实核心素养"等教育教学改革前沿信息颇有裨益。

【核心内容】本书结合教师在日常教学设计中经常涉及的内容，比如课程标准、教学目标、单元整合、检测评估、活动设计等，在剖析具体案例的过程中，帮助教师回到教学现场，不断反思以下问题：1.我的教学目标是否与课程标准中的核心素养建立了关联？2.有什么证据可以证明我的教学目标与核心素养建立了系统关联？ 3. 在课堂教学中，我通过什么方式方法落实了核心素养？ 4. 有什么证据可以证明我落实了核心素养？ 5. 如何评估学生具有了核心素养？

同时，本书从七个维度阐述在课堂上落实核心素养的策略和方法： 1. 从课程标准到教学目标； 2. 从课时教学到单元重构； 3. 从知识点到学科大概念； 4. 从教学目标到学习目标； 5. 从开展活动到任务驱动； 6. 从使用教材到准备资源； 7. 从结果检测到过程评估。

综合以上，这本书其实主要讲了教育教学中旨在落实核心素养的目标导向、内容建构、任务驱动、资源整合、结果评估五个方面的内容。我在这里着重给大家介绍目标导向、内容建构、任务驱动三个方面。

第一部分——目标导向

先说目标导向吧。目标导向其实就是我们要非常清楚"为什么教""教什么""教到什么程度"，可以说是教学的源头。作者给我们提出了一个目标导向演进路径：从课程标准到教学目标，从教学目标到学习目标。关注课程标准，依据课程标准设定教学目标，是每位教师都会做的事情。但是"从教学目标到学习目标"就鲜有人关注，这是在课堂上落实核心素养时容易忽略的一个环节，但却是从教走向学的前提和保障。很多教师常以为"教学目标"就是"学习目标"，"学习目标"就是"教学目标"，两者并无区别，其实不然。"理解……""掌握……""解释……"等这样的表述都是基于教师主体表达，教师知道教什么、怎么教、教到什么程度，而学生对于学什么、怎么学、学到什么程度是不清楚的。本书在第四章中通过对比的方式区分教学目标与学习目标，让学生看得懂，听得明白，知道如何做，让学习真正发生。

教师首先要清楚教学目标与学习目标不是一回事。教学目标的陈述方式通常高度概括，比如，描述知识目标常采用抽象的动词；对过程与方法目标描述得比较笼统、概括；对情感态度与价值观目标描述得形式化。教学目标的实施更侧重教师的主导，比如，教师主导教学内容的实施、教学活动的开展、教学评价的过程。教学目标的达成对教师的依赖度较高，比如，更依赖教师创设教学情境，更依赖教师的分析和讲解。相比之下，学习目标是为学生学习而设计的。书中提出了三大原则：学习目标应通俗易懂，让学生一目了然（描述的语言要让学生看得懂，看得明白；描述的行为要具体、可操作）；学习目标应让学生知道做什么，做到什么程度（学习过程可视化、学习结果可测量）；学习目标应能促进学生的学习（学习目标的制定要符合学生实际，要有一定的挑战性）。

那么教师在具体操作过程中，如何将教学目标转化为学习目标呢？作者为我们提供了将教学目标转化为学习目标的两条路径：一是通过引导性问题，将教学目标转化为学习目标；二是通过学习任务，将教学目标转化为学习目标。我们先来看第一条路径，通过引导性问题，将教学目标转化为学习目标。比如设置引导性问题：1.本单元结束后，什么内容是我应该掌握的？2.本单元结束后，我应该具备什么样的能力？3.我要如何做，才能表示我已经实现了目标？当然，引导性问题不止这三个，教师可根据具体课程内容探索开发不同的引导性问题。引导性问题一方面可以帮助教师变换思路，站在学生立场思考问题，涉及教学；另一方面为学生提供了审视自身学习情况的工具，帮助其做好自我学习规划。接着我们来看第二条路径，通过学习任务，将教学目标转化为学习目标。比如，在高一政治"国家政体与国家关系"单元，教学目标设置为：1.理解国家利益是处理国际关系的决定性因素；2.了解不同国家的政权组织形式及特点。如何让学生"理解、了解"呢？教师可设计学习任务"绘制我国与10个不同政体国家的亲疏关系图，并配以说明书"。总之，学习目标是写给学生的，无论怎样转化，让学生明白、能帮助学生学习最重要。因此，问题、任务、例子、图片、比喻、题目、有趣的活动等都可以成为教学目标向学习目标转化的媒介。

第二部分——内容建构

说清楚了教学中的目标导向，那我们接下来就要说说教学内容的建构。随着核心素养培育的兴起，一系列关于如何培育核心素养的教育教学方式也如雨后春笋般应运而生。"大单元""大概念""大教学"等教学理念也逐渐走进教师的视野。本书在第二、三章着重从学科大概念及单元重构方面向读者介绍了在教学中如何通过重构教学内容培育学科核心素养。

在以往的教学中，教师通常陷入零碎烦琐的知识点的泥沼而无法自拔，认为学生只要掌握足够多的知识就足以应对生活，这样的想法是有害的，只会让自己与学生都只见树木，不见森林。课程标准从"双基"到"三维目标"，再到"核心素养"，一路走来，不是不再重视知识学习，而是认识到只学知识是不够的，单纯的知识教学已经不足以帮助学生应对社会发展的挑战。核心素养是学生在解决复杂的、不确定的问题的过程中形成的综合品质。要培养核心素养，就需要使学生建构起更有价值的知识，而非散落一地、不成体系的知识点。正如在夜间行走，散落的星光不足以照亮脚下的路，我们需要月光的指引。

那么如何进行教学内容的重构，使之成为一个整体呢？在回答这个问题之前，我想先引用华东师范大学崔允漷教授的一个观点，他认为"学习逻辑是生活逻辑＋学科逻辑"。举个简单的例子，我们看到一只狗，从生活逻辑看它，狗就是狗；从学科逻辑看它，狗不是狗；而从学习逻辑看它，狗还是狗。为什么会出现这样的情况呢？从生活逻辑看狗是狗，这是一种综合取向，是经验论，这样的思路容易导致"一公里宽一厘米深"，只见现象，不见本质。从学科逻辑看狗不是狗，这是一种分解取向，是原子论，把事物进行深入的解剖，容易导致"不识庐山真面目，只缘身在此山中"，无法将自己抽离出来，以一个旁观者的视角整体感知。从学习逻辑看狗还是狗，这区别于从生活逻辑看到的狗，这是一种进阶取向，是整合论，期待通过习得过程，实现从"双基"到"素养"的升华。结合我们的教育教学实践，不难看出，当前我们的学科教学、单元教学、课时教学等都把"狗"分割了，某一学科学习"狗"的某一部位，某一单元学习"狗"的某一部位，某一课时学习"狗"的某一部位，学了不少，但是学到最后，到底什么是狗学生并不清楚。问题就在于我们还停留在学科逻辑层面，缺少对学习内容的整合与系统建构。定位于知识点的教学，容易忽略知识之间的普遍联系与内在逻辑；零碎的知识点，会使解决问题捉襟见肘，不易形成解决问题的基本策略及基本方法。

接下来，我就回答前面的问题，即如何进行教学内容的重构，使之成为一个整体。首先，教师要从课时教学走向单元重构。这是在课堂上落实核心素养的必经之路，也是教学设计中，教师需要做出调整的地方；其次，教师要从零碎知识点的教学走向学科大概念的建构。本书中作者提出了这样一个观点"学科大概念是学科最有价值的内容"。所谓"学科大概念"，格兰特·威金斯与杰伊·麦克泰格在《追求理解的教学设计》一书中，将其比喻为车辖。车辖是一种配件，能够使车轮固定在车轴上。这个比喻让我们更好地理解学科大概念是指向学科核心的，是能够将学科的相关内容联系起来的概念。由此可见，大单元教学中，对教学内容进行重构，其前提是单元目标的重构，其核心在于学科大概念的提炼。关于学科大概念的提炼，作者向我们介绍了两种途径：一是通过梳理学科内容概括学科大概念。可以从学科的知识点中进行概括，如初中道德与法治学科中，关于法律的学习七、八、九年级均有涉及，通过对所有内容的梳理，可以得出一个大概念，即"每个人作为社会的一员，都要遵守社会规则，树立法治观念，依法办事，才能使社会有序运转"。在这一大概念之下，又可以分成若干个小的学科概念，如：1.法律与我们生活息息相关，对我们起到保护与约束的作用；2.不良行为与违法犯罪之间没有不可逾越的鸿沟，我们要杜绝不良行为，预防违法犯罪等。还可以从学科的不同维度进行概括，例如从学科发展史、学科的研究方法、学科技术及学科在生活中的应用等视角。二是在课堂实践中提炼出学科大概念。可以从对核心问题的持续思考中进行凝练，如结合道德与法治知识为"三次下6米深的深井救人，因缺氧直不起腰的辅警"写一篇新闻报道。要完成新闻报道，首先要掌握新闻报道的撰写格式与规范；其次新闻内容要体现核心价值引领，如"民警为人民服务——政府及其工作人员全心全意为人民服务——国家机关及其工作人员全心全意为人民服务——国家一切权力属于人民，人民是国家的主人等"。学生在解决这个问题的过程中，所提炼的不仅是学科大概念，跨学科大概念也会浮出水面。

第三部分——任务驱动

任务驱动是在课堂上落实核心素养的关键，也是教学设计的重点和难点。常常看到一些课堂充满活动，如游戏、演讲、辩论……活动固然可以帮助学生激发学习兴趣，但是教师在设计活动时要清楚为什么要设计活动，为什么要设计这个活动，学生进行这样的活动能否达到预期的学习目标。可以看出，无论怎样形式的活动都要指向目标达成，而且必须具有内在联系，否则学生就像演员一样频繁地在各种活动中转场，为了动而动，不利于深度学习的展开。因此，教师在进行教学设计时，应设计能驱动教学目标实现的、有一定难度和综合性的、与真实生活紧密联系的、能激发学生持久思考和探究的核心任务。本书在第五章通过案例分析，总结核心任务的关键要素，剖析核心任务与教学目标、与学科大概念的密切关系，以帮助教师突破教学设计的关键环节。

关于核心任务，教师在设计时要紧扣教学目标，避免"迷迷糊糊地来，热热闹闹地做，糊里糊涂地走"。要明确这样一个理念"动起来的课不一定是好课"。活动要冲破知识点的局限，足以引发学生深度思考。在本书中，作者提出了三个设计核心任务的原则：一是核心任务要指向教学目标的实现；二是核心任务要好玩、有趣；三是核心任务要让学生能做、敢做。在遵循以上原则的基础上，我们可以通过多个子任务的不断进阶来完成核心任务，进而形成学科大概念。作者在书中给我们列举了一个示例：语文学科教学案例中的一个核心任务"选一个狭义人物，在狂欢节上装扮一位老师"，这个核心任务不仅需要语文知识，还涉及服装、道具、化妆、舞台等多方面知识。这个核心任务可以分解成多个子任务完成，如图 21 所示，核心任务并非限定在一堂课中完成，可以在整个单元教学中通过解决一系列子任务来完成核心任务。

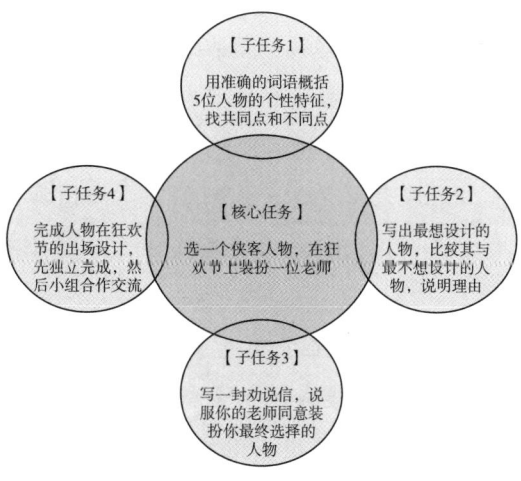

图21　核心任务分解

总结：以上就是《从教走向学：在课堂上落实核心素养》探讨的在课堂上落实核心素养之道。本书以教师的视角，通过具体案例阐述在课堂上落实核心素养的维度、策略与方法，给我们提供了在课堂上帮助学生学习、落实核心素养的路径、工具和脚手架，提示一些容易出现的误区，具有很强的实践性与可操作性。通过对本书的阅读，我们能够对教学目标、单元教学、学科大概念、任务驱动、课程资源、教学评估等有更加清晰与深入的认识。其实没有什么完美的课堂与教学模式，一切都是变动不居，正如我们一直行走在课堂改革的路上，只要不断学习、思考，保持前进的姿态，荆棘路也会变玫瑰。

这本书我就说到这，如果对本书感兴趣，不妨买来读一读，希望它能带给你对于教学的新启发。

▶ 示例 3

读诗，给生活勾点芡①

石中华　河南省三门峡市实验中学

孔子说："诗，可以兴，可以观，可以群，可以怨。"

在中华民族的诸多文化名片中，唐诗是格外闪亮的一张。很多人都喜欢读诗，正是始于一首首唐诗就像是在你面前徐徐展开的一幅幅画，风景画、心情画、历史画、故事画——像是难懂，却暗暗促你一遍一遍反复翻阅。正如陈道明所说："一场猝不及防的春雨或许无用，却给人沁人心脾之感；刺绣和手工或许无用，却带给我们美感和惊喜；诗词歌赋或许无用，但它可以说中你的心声，抚慰你的哀伤……"那种感觉，最能触及心中柔软处。

为什么选择"读"《唐诗三百首微电影合集》呢？

有人说："一首首唐诗汇集成了一条壮观的河流，千百年来，滋润着中国诗词歌赋、小说散文，也渗进了中华民族审美的血脉中。"一部《唐

---

① 本文曾于 2023 年 2 月 15 日发表于"胡邦霞道德与法治名师工作室"微信公众号。

诗三百首微电影合集》收录作品300余首，那些才华横溢的诗人将他们的喜怒哀乐、青云之志、人生悲欢统统投入笔端，向读者展现了铭刻在中国人骨子里的文化自信，也展示了隐藏在字里行间的人生百态和生命豪情。不知从什么时候开始，我也会效仿他人用"生命不止眼前的苟且，还有诗和远方"这句话，当作自己放松的借口来安慰自己持续性慵懒、间歇性发奋的灵魂。但是读诗，却一直坚持了下来。你若问我是什么原因？我想：没有原因。就像网友所说："在诗词里，有花、有酒、有月光，所有的诗和远方都可以在诗词中找到归宿。"

对于诗词的印象，离我最近的记忆停留在我上中学的时候。那时为了考试，不断地记忆背诵着考试大纲中规定的诗句，曾手不释卷地利用边边角角的时间背诗，也曾和同学一起玩接句游戏来背诗，我和他们一样，都为了在考试中拿到不该丢掉的分数而背诗，谈不上有多喜欢但的确也乐在其中，尤其是在背诗接句游戏中，用自己笨拙的甚至是离谱的想法解释着诗句，诠释着诗人，反而乐此不疲，但是也记忆深刻。

对于诗词离我较近一点的记忆，便是陪伴孩子度过的一起背诗的小学时光。那时，就用《小学语文知识大全》这本书中收录的部分古诗词和诗句作为主要的学习资源。这本书收纳了小学生必备75首古诗词（全诗）和精选160首古诗词，而且按照不同类别对名诗句进行了合理的归纳和整理，如有"表达爱国之情"的、有"劝人珍惜时间"的、有"抒发朋友送别之情"的、有"思念家乡、蕴含哲理、描写节日"的……当时的我为了鼓励孩子能坚持背诗，也为了能完成孩子老师的要求，更重要的是为了陶冶孩子的文学素养，我又参与进来与孩子一起学习诗词、背诵诗句，因此我和孩子也度过了一段快乐的读诗时光。孩子如期完成学习任务，也受到老师的表扬，而我也接续着初高中以后就已荒废了的背诗时光继续读诗。

对于诗词离我更近的记忆是工作以后的某一天。用同事的话来说：我是一个无趣的人。什么是有趣？幽默的人一定是有趣的，幽默的现代意涵即专指一种引人发笑或感受情趣的能力。接梗的人也一定是有趣的，梗便是一种幽默，瞧，又回到了幽默一词。会"玩"的人一定是有趣的，这个玩不是你想的瞎玩，也不是贪玩，是有喜欢做的事，有坚持下来的理由，有为之奋斗的事业，有率真的品性，有独处清醒的状态。读诗是很有趣的事情，读诗的人一定也是有趣的。诗词，可以是深情美好的，事实上可以是诙谐有趣的，还可以是俏皮可爱的，古诗词中的有趣，不读你怎么也想象不到。每天读一首诗，熏陶诗意，再配以画面诠释，更懂生活。

有人说："迷茫时，可以读诗；快乐时，可以读诗；悲伤时，可以读诗。诗解万忧，愿你能爱上读诗。"读诗，给生活勾点芡，让生活浓稠有滋味，闪亮有光泽。

二、观课议课提升教育教学能力

"集众智者，事无不成；聚合力者，业无不兴。"教师成长不能闭门造车，应眼光向外，在观议课中学习、反思、提升。我国著名教育家钱梦龙先生曾经说过这么一段话："教师听课要以谦虚的精神、欣赏的眼光、研究的心态和分享的神情去听、去品、去悟，坚持经常去品悟不同类型、不同科目、不同阶段和不同教师的课，课后及时向授课教师讨取授课感悟，认真聆听评课教师的意见，就必然使自己的授课水平产生大的飞跃。"我们为什么要如此重视听课、评课？在当下，中小学教师听评课现状如何？怎样进行有助于教师专业发展的听评课呢？

（一）关于观议课

在这一部分，我特别强调"观议课"，而非"听评课"。"观议课"与"听评课"有何区别？这两者又存在着哪些联系呢？

首先，我们需要对"听课"有正确的认识。周勇、赵宪宇在《新课程：说课、听课与评课》一书中指出："听课是一般教师或研究者凭借眼、耳、手等自身的感官及有关的辅助工具（记录本、调查表、录音录像设备等），直接地（也有间接地）从课堂情景中获取相关的信息资料，从感性到理性的一种学习、评价及研究的教育教学方法。"[1]郑金洲认为："听课实际上也就是一种对课堂进行仔细观察的活动。"[2]尹红梅认为："听课是

①周勇，赵宪宇.新课程：说课、听课与评课[M].北京：教育科学出版社，2004：64.
②郑金洲.听课的技能与技巧[J].上海教育科研，2002（2）：35-39.

一种对课堂进行仔细观察的活动，能研究课堂，诊断问题，提高质量，评价教学，借鉴经验。"① 窦瑾、潘明明认为："听课是学校教研活动的主要形式之一，也是教师必须具备的一项基本功。"②

由上述专家所见综合看来，"听课"是听课教师带着一定的目的，通过眼、耳、手以及笔、听课记录、听课量表等辅助工具，进入课堂教学，获得资料，诊断课堂教学的一种教研活动。这一活动离不开对课堂的多感官、全方位、多主体的观察与评判。在教育教学实践中，我们习惯说"听评课"，而所谓"听课"，不仅仅是用耳朵听，更要用眼睛看、用脑思考、用心感受，它需要多感官参与、多角度审视，因此用"观课"，其关注面更加广泛。我们在"观"的过程中，不仅仅是关注执教老师的教，其教学目标如何设计，教学情境如何创设，教学活动如何安排等，更要关注学生如何学，其学习状态、活动参与度等一系列学习行为表现。我们可以采取听、记、思、拍、录等多种方式及时地对所听课堂进行记录，以便课后研磨。听课教师要沉浸式地"观课"，在此过程中，去发现哪些学生的学习行为、学习困惑是授课教师没有关注到的，并就此在课后给予授课教师以反馈等，这些都是我们在"观课"中要做到的。

其次，我们再来理解"评课"。邓昌海认为："评课是对课堂教学的成败得失及其原因作切实中肯的分析和评价，并且能够从教育理论的高度对一些现象做出正确的解释。"③ 丁雷认为："课后的互相评课是改进教学质量、帮助教师提高教学水平、促进教师专业发展的重要手段之一，尤其是公开课、研究课、示范课等教研活动，这是一个必不可少的环节。"④ 李祎认为："评课的着眼点在'评'，是对教师的课进行价值高低、是非、优劣的判定。"⑤ 综上可见，评课是学校为了给教师的课堂教学提出建

① 尹红梅. 听课：开启音乐课堂之门的金钥匙[J]. 中国音乐教育，2012（8）：23-25.

② 窦瑾，潘明明. 听课记录：为何而为[J]. 当代教育科学，2011（16）：41-43.

③ 邓昌海. 新课程理念下的中学听课评课研究[D]. 南昌：江西师范大学，2006：1.

④ 丁雷. 利用网络提高课后评课的有效性[J]. 中国电化教育，2009（3）：71-73.

⑤ 李祎. 刍议"研课"：对评课的超越和发展[J]. 福建师范大学学报（哲学社会科学版），2010（2）：161-165.

议，改进课堂教学的不足，促进教学质量的提高而组织的一种常规的教研活动。

关于"听评课"，傅龙、徐晓东认为："'听评课'是指教师之间在进行课堂观察后对教学进行评价的活动，是我国基础教育中最高频的教研活动。"①李蕾认为："听评课是围绕课堂教学展开的教学研究活动。"②关于听评课的关系，李蕾还认为："听课是评课的前提与基础，评课是听课的延续与升华，这两种活动密切相关，听课、评课合称为听评课。"③结合上述对听课和评课的界定，听评课就是听课和评课的组合，二者是一个完整的教研活动，是学校监督管理、诊断课堂教学的手段，是教师专业发展的平台。

由此可见，通过"听评课"能够有效帮助教师提升课堂教学水平。但是我们也要认清几点，那就是我们对于所听的课堂教学的认识，真的就是客观现实吗？我们认为可以改进的地方，可以有更好的创意之处，是否是授课教师经过深思熟虑，实践证明过要舍弃的呢？教学是一门技术，更是一门艺术。在技术层面，我们需要遵循必要的教学规律、教学原则、课程理念、课标要求等等，必须严格遵守相应的专业要求，符合相应的专业标准。而在艺术层面，则仁者见仁，智者见智。这关乎听课时，我们应该处于一种怎样的状态，持有一种怎样的姿态。

所谓"评课"，则是站在评价者的角度，多少有些"居高临下"的点评姿态，这样的评课视角，更多地适用于专家型教师，而对于处在成长阶段的教师而言，我们更多地应该抱着学习的谦虚谨慎姿态去听一节课，发现亮点、学习亮点。那是否谦虚谨慎的学习姿态就是要一味地去追求听课中的长处，而忽略其不足呢？其实不然。对于不足之处的发现，也是一种学习。在此过程中，我们审视授课教师的局限与课堂堵点，思考这些不足之处产生的原因是什么，如果自己去设计执教，是否会出现同样问题？能

---

①傅龙，徐晓东.听评课中新手教师与经验教师评价的实证研究[J].中国电化教育，2017（12）：90-93.

②李蕾.听评课技术研究[J].中国电化教育，2015（6）：74-78.

③李蕾.听评课技术研究[J].中国电化教育，2015（6）：74-78.

够从中提取总结的普适性经验原则有哪些？同样，我们也可以对自己不理解之处提出疑问，对自己认为可改进之处提出建议。因此，在这里我强调的是"议课"而非"评课"，这是听课姿态的转变。少一些犀利的评判，多一些宽容的理解，多一些专业的研讨，只有这样，我们才能真正地从听课中学有所获、思有所得。我们要带着宽容之心去听课，做一个理解者。

从"听评课"走向"观议课"，是听课姿态的转变，更能使听课助推教师专业成长。

（二）观议课之价值意蕴

荀子在《劝学》中说道："学不可以已""不登高山，不知天之高也；不临深溪，不知地之厚也"。对于教师来说，学习更不能停止，观议课就是登高山、临深溪，通过观议课可以及时发现教学中存在的问题，并加以改进；促使教师进行教学创新，增加教学深度；推动教师将压力变成动力，由外推力走向内驱力；能够博采众长，汲取精华。可以说，观议课是教师专业发展的重要途径，是教师成长的催化剂。观议课对教师发展所具有的价值意蕴有以下几方面。

1. 端正态度，增强自信

路遥在《早晨从中午开始》中谈道："人是有惰性属性的动物，一旦过多地沉湎于温柔之乡，就更削弱了重新投入风暴的勇气和力量。"没有公开的观议课和随时的推门课，不乏有些教师的常态课上得很随意，缺少充足的课前准备，甚至是临上课前才决定这节课让学生做什么。这种随意性很强的常态课，在教学效果上可想而知。

公开的"观议课"在一定程度上具有外在约束力与推动力的作用，能够促进教师端正工作态度、增强自信，提升教学水平。教师或是为了保住面子，或是为了获得奖励，或是为了显示自己高超的教学水平，无论是何原因，总之，为了上好课，课前必然会做充分的准备，从查阅整理资料、研读课标教材、设计教学、预设课堂生成、创设学习活动到课堂中与学生的沟通方式等都会投入大量时间与精力，认真准备、思考、完成。准备充分，自然就能坦然面对。

为什么有些教师害怕被"听课"？或是课前准备不充分，或是对自己缺乏自信，心理素质不够强大……当"观议课"成为教师的教学习惯后，其不愿被听课的工作态度自然就端正了，不敢被听课的心理状态自然就打消了，教育教学的专业能力自然就增强了。"观议课"会鞭策教师精心备课、认真上课，注重提升自身素质，深入挖掘教学内容，在获得认可与肯定时增加对自己的自信心。

2. 彰显优势，发现问题

著名学者林崇德曾经提出教师的成长公式"优秀教师 = 教学过程 + 反思"。叶澜教授也曾谈道："一个教师写一辈子教案，不一定会成为名师；如果一个教师能写三年反思，就有可能成为名师。"要想真正发挥"观议课"的助推成长之作用，则必须学会教后反思、听后反思，让课堂教学余音绕梁，三日不绝。

《义务教育道德与法治课程标准（2022年版）》在课程实施的教学建议部分指出，教师要丰富学生实践体验，促进知行合一；注重案例教学；积极探索议题式、体验式、项目式等多种教学方法。可见"教学有法"，但是在教育教学实践中，我们还要谨记"教无定法"。由于学生、教师等主体经验不同，时间、场所等客观现场不同，即便是同一课时内容，教学方法也是千变万化。因此，"观议课"的意义就在于，我们可以通过听取其他教师的示范课、优质课、常态课等，在"互听互评互议"中，彼此学习，相互借鉴，在比较中反思，在思考中生成。

俗话说，"当局者迷，旁观者清"。对于被听课教师来讲，由于在课堂教学中要兼顾教学内容推进、目标达成、学生学习情况等，关注点多，范围广，往往自己不太容易认清在授课过程中的优势与不足，这在一定程度上限制了授课教师对课堂的回顾与反思。而作为旁观者的观课教师，则更容易全面把握课堂情况，对于教师的教及学生的学，都能够关注到，观课教师的评价反馈与研讨建议，会促使授课教师认清课堂教学中的优势与不足，启发思考，并不断创新。对于听课观课教师来讲，在观课过程中，我们会自然而然地将授课教师的课堂教学与自己的构思设想联系在一起，比如"我当时是如何设计这节课的？""现在如果我再次上这节课又会如何设计？""他（她）的这节课有哪些优势是我可以借鉴的？哪些问题是我也出现过的？"等一系列问题就会在我们脑海中出现，引发思考。可见，听课观课能够激发教师的内在生长动能，使教师自觉积极主动地思考。"学贵有疑"，同样"教贵有疑"，没有疑问的教学说明是没有思考的教学，教师在教育教学中没有疑问，大多数是因为没有进行深度思考。

因此，要发挥好"观议课"的作用，听课教师必须参与进来，将其观察到的现象、思考后的观点等反馈给授课教师，再通过与授课教师的交流研讨、思想碰撞，共同促进授课者课堂教学的改进及自身专业成长。

3. 灵活应变，提升素养

心理学上有一个名词叫"观众效应"，所谓"观众效应"，是指在一定场合下，有别人在场，工作效率发生了明显变化。即从心理学角度来讲，观众的存在能够形成更多促进的现象。课堂教学犹如舞台，但这个舞台不是表演的舞台，而是真实情境下的生活舞台。听课观课过程中，授课教师与学生无疑处在舞台的中央，而舞台上会发生什么，学生会出现什么情况，教师会做出什么样的反应都存在一定程度的不可预测性与随机性。听课观课教师的在场，犹如观众，他们的存在与反应在一定程度上对授课教师与学生起到了外在的约束与积极的促进作用。

无论是教师与学生，在无人听课的常态课中，可能处于比较随意的状态。而一旦有外人听课，则会不自觉地精神高度集中，全身心投入，想把最好的一面呈现出来，这就是"观众效应"在课堂教学中的表现。例如，在一次送教下乡活动中，笔者讲授了一节"国潮风起　文化大美"的中华优秀传统文化复习课。为了讲好这节课，课前大量搜集了河南省关于传承中华优秀传统文化方面所做的工作。以本省近年来一系列出圈节目作为课堂教学情境，引导学生在身边的文化情境中，感受中华文化魅力。从资料搜集、教学设计、问题设置、板书设计到课堂教学语言，都经过多番修改、打磨、锤炼，并与工作室成员进行研讨，方才呈现出一节饱受好评的示范课。又如，在一次跨学段思政一体化授课中，笔者讲授了小学四年级的"香甜的大米"一课，本课主要是引导学生树立劳动光荣的观念，自觉养成参加劳动的习惯。当问到"你发现身边有哪些劳动者？"时，在与学生的互动中，有一个学生回答"教师"，虽然我预设了很多答案，但是却忽略了作为教师的我本身就是劳动者。而且听课观课的"观众"不也是教师吗？这是再恰当不过的教学情境了。学生给出这样的答案，我随即抛开原有的预设，围绕"教师"这一劳动者身份去引导学生感受老师为同学们的辛苦付出：精心备课、上课、批改作业，关心同学们的情绪、想法等等，这些都是老师为我们付出的劳动，我们要善于发现老师的劳动，感恩老师的付出。随后，学生全部起立，面向听课教师，深深地向老师鞠躬致谢。那堂课，我至今记忆犹新，认识到课堂要有预设，但不能限于预设，课堂要有表现力，但不能是表演，要更加注重课堂中学生的生成，灵活地应对课堂中出现的预设之外的答案、行为和突发事件。

可以说，在常态课中，教师一方面不像讲优质课、示范课那样重视教学细节，另一方面也是因为课时安排的原因，没有那么多时间供教师进行课堂教学打磨锤炼。那么，听课评课、观课议课就是非常有效且必须进行的课堂教学打磨提升的过程。这一过程能提升教师的课堂应变能力和课堂艺术，教师在上课的过程中可能会遇到一些突发事件，能及时高效地处理，是对教师思想、知识、能力、素质、个人修养的全面考验。处理课堂突发事件，要讲究艺术和方法，这就需要教师不断钻研、全面提升，具有从教学技术走向教学艺术的追求。

4. 汲取经验，借鉴学习

尺有所短，寸有所长。每位教师都有其优势所在，即便是新手教师，也有值得学习的地方；反之，即便是专家教师，也有其局限所在。因此，我们要做一个清醒客观的教师，既不盲从迷信权威，也不低估轻视任何一个微弱的火光。听课为我们提供了一个观察、学习和借鉴的机会，为教师专业成长构建了良好的平台。"借他山之石，琢己身之玉。"从听课教师角度来讲，观课议课充满学习的味道，是借他人之课，提升自己，相互学习的重要途径。听课教师在听中学、听中辩、听中思，善于汲取优秀经验，方能快速提高课堂教学水平及教师自身素质。

我们经常讲"开卷有益"，对于教师来讲，还应认识到"听课有益"。听课评课、观课议课，也是一个"开卷"的过程，是一个打开自己的过程。每一位成功的教师都必然要经历那个"被听"的过程，无论听课者给予我们怎样性质的评价，无论这些观点意见我们是否认同，那都是一种历练磨合、开放互通。只有将"听课"当成一种习惯，在"听"与"被听"中遨游，享受那份成长的快感，才能在"习惯"中逐渐成熟起来，在"听"与"被听"中历练，进而提升自己的专业素养。

（三）观议课现状及存在问题

1. 抵触听

在实际的教育教学中，部分中小学教师存在不愿被听、害怕被听、不愿去听的心理。一提起听课评课、观课议课活动，部分教师就牢骚满腹，"没事听什么课，浪费工作时间""听课也没什么用，有些老师讲的还不如我呢""怎么又听我的课，还得花时间准备"等声音不绝于耳。

究其原因，一方面，是自私心理作祟。不愿被听课的老师可能是从事工作多年，有一定的教育教学经验，且教学水平还不错，但为什么却不允许其他教师听他（她）的课？不愿其他教师学习他（她）的"独家秘笈"，不愿与他人分享成功的经验呢？究其原因，是害怕被别的教师超越。因此，不愿与他人分享，久而久之，他人的成功经验恐怕也不会与他（她）分享，长此以往，最终会导致自己的闭塞，所有的认知与方法也只能是一家之谈。另一方面，不自信心理使然。害怕被听课的教师往往是新入职教师，或教学能力水平不足，自身素质欠佳，也或是过于追求完美。这些教师往往内心胆怯，临场经验不足，害怕在公开讲课中暴露自己的缺陷，担心教学设计不够优秀、课堂教学不够生动、问题处理不够灵活等，给自己过度的压力，承受不了被听课后所得到的负面反馈。长此以往，越不敢被听课就越不敢公开展示，形成恶性循环。再有，就是不愿被听课的教师，这些教师往往是躺平心态支使，思想不端正、自高自大、不愿学习、不愿进取等，因此，也就止步不前。

2. 虚假听

听评课、观议课是教师的日常工作之一，也是教师专业成长的有效途径。用心听课观课、评课议课，自然会助力成长。而部分教师却抵触听课，认为听课对自身成长没有多大作用，即便是去听课，也只是完成任务式地听、无思考式地听、缺场式地听。在多年的听课观察中，笔者发现在实际的中小学教师群体中，听课存在着不少问题，这也是导致听课流于形式，不能发挥听评课其应有的价值和作用的原因。

首先是完成任务式的听课。部分教师听课观课并非出自自主的学习愿望，而是为了完成学校规定的听课量，达到期末考核的要求。目前，各中小学校对教师听课数量都有明确的要求，比如每学期每位教师至少要听够 30 节课，听课数量不够，则期末考核该项分数就会被扣掉。还有部分教师由于某些原因没有参与听课活动，或参与不够，为了应付学校考核检查，照抄同事的听课记录、搬用旧的听课笔记、抄写教师用书等材料来应付。这种做法无疑是对个人时间的浪费，使听课流于形式，对教学能力的提升没有什么帮助，是毫无意义的做法。教师在学校硬性指标规定下，为了完成听课任务量而参加听课活动的不在少数，如果没有考核的要求，那么自愿听课，主动通过听课来交流探讨、取长补短，实现专业成长，提升教育教学质量及自身素养的教师就屈指可数了。

其次是缺乏思考式的听课。在实际听课观课中，我们经常可见，部分教师在听课时奋笔疾书、匆匆忙忙，将授课教师的教学内容、流程架构照抄照搬到听课记录本上，貌似很认真，但实际上没有自己的观察和思考，更无从谈起新想法、新观点、新创意的产生。只是在完成听课任务，在笔记本上记录了听课痕迹而已。这种单单只是为了听课而听课，没有思考、没有发现的机械记录，无疑不利于促进自身专业成长。

最后是人在心飞式地听课。在实际听课观课中发现，部分教师在听课观课时"人在曹营心在汉"，完全沉浸在自己的世界里无法自拔，好像整堂课都与他（她）无关，或备课，或写教案，或批改作业，或阅卷，或聊天，或购物（逛淘宝、唯品会、蘑菇街），或沉迷网络（刷朋友圈、浏览QQ、回微信消息）等等，只是偶尔拿出听课笔记，在上面记录两行，转而又沉浸在自己的世界中。这样的听课，人到心未到，教师的注意力并不在课堂上，不关注授课教师和学生，甚至不关心这节课的内容是什么，仅仅只是来签个到，随便记录一些文字了事。

3. 不会听

从上述分析中可见，抵触听与虚假听是听课态度问题。而在实际教育教学中，不少教师的学习态度端正，听课积极认真，但仍然感觉听课观课对自己的专业能力提升作用不理想，这是因为不会听。笔者认为不会听主要表现在以下几个方面，这些现象严重影响了观议课的效果。

首先，课前不做准备。部分教师在听课前不知道授课内容是什么，不清楚要达到怎样的教学目标，特别是听不同年级的课时，教学重难点也不甚清楚，仅仅是在课前拿着听课笔记本走进教室，然后跟着授课教师的思路进行听课，凭记忆与经验去认知理解当前的课。这样就导致听课缺乏目的性，从而浪费时间，事倍功半。

其次，课中缺少思考。部分教师在听课过程中，只是跟着授课教师思路进行，然后机械地抄写教学内容，记录笔记，不深入思考本课在教学设计、重难点突破、学生问题处理、板书设计等方面的开展情况；有没有值得借鉴的地方；有哪些细节教师处理得不好；如果是我，又该如何处理等问题。教师对这些问题缺少思考，当然就没有生成。另外，部分教师在记笔记上也存在问题，如只记课题、主要环节标题等，记录不够详细全面，这样会影响课后的反思，如一些重难点的突破技巧、生成的观点、好的创意等。还有些教师，记录过于详细全面，不分主次全部记录，对可取之处与要改进之处毫无思考，导致听课效率不高。当然，还有部分教师仅仅只关注教师的教法，忽略了学生的学习，而且对课堂教学其他方面的关注也是微乎其微。

最后，课后缺少复盘。这一点是授课教师与听课教师共同存在的问题，认为上完课就意味着听课的结束。其实不然，课后复盘对教师专业发展至关重要。在实际教学中，许多教师在听课后，对授课教师进行简单的、客套性的表扬，而对于不足之处与建议则是只字不提。离开课堂之后，也从不再查看听课记录，不会思索复盘，不愿把授课教师的授课与自己的教学进行比较，这样会使听课失去相互切磋的意义。

（四）观议课建议

听课究竟应该为了什么呢？是为了汇报检查，还是考核评价？

听课是为了学习他人优秀的教育思想和教学艺术，是为了提升自己的教育素养和教学能力。

那如何有效听课评课、观课议课呢？笔者认为要做到"知、研、记、思、学"五个字。

（1）知。"凡事预则立，不预则废。"听课观课教师在听课前要做好对课堂教学的预知，提前与授课教师进行沟通，知道本节课的题目、教学目标、教学内容、重难点等，做到心中有数，以便对教学内容做好研读准备。

（2）研。我们知道授课课题后，应对课程标准和教材进行研读，分析本课的学科核心素养指向、课标要求、实施建议，以及教材中的重难点教学内容，做到听课有的放矢。

（3）记。顾名思义就是记笔记。听课中需要记笔记，但记什么、怎么记、记了之后怎么用都是有技巧的。在做笔记时要把握整体与部分的辩证关系，切忌贪多求全。教学环节流程要记，以便整体把握；重难点突破要记，以便抓住重点；创新兴趣点要记，以便借鉴学习；不足缺陷处要记，以便反思复盘；课堂生成要记，学生活动要记，自己的思考要记。总之记录角度要全面（教学目标、环节、内容、流程等）、主体要丰富（授课教师、学生、自己、其他听课教师等）、重点要突出（教学重难点、创新点、疑惑点、不足点等）。

（4）思。孔子曰："学而不思则罔。"教师在听课时应时刻观察，并认真、及时、深入地反思，这样才能有所收获，实现自我成长。我们要做到课前思：在知道授课内容后，要想"假如我教这节课，会怎么设计？有几种处理方法？哪种设计更切合学生？哪种设计更独具匠心？"等，这样我们在听课时就会有比较，能有目的地去听，能够迅速把握哪些地方执教教师处理得比我预设的好，哪些地方自己处理得更胜一筹。还要做到课中思：听课的过程，就是我们在内心把自己的课和别人的课做比较的过程；就是思考的过程，分析的过程；就是取其精华、剔除糟粕的过程。比如，从学科视角思考"本课是否落实立德树人根本任务？是否符合课标要求？是否达成教学目标？是否凸显学科育人特色？"等等。再如，可以从教学视角思考"教学重难点是否突破？教师教学行为是否恰当？"；对执教教师处理得好的地方或创新之处，就要思考他（她）为什么能想到这样处理；更要做到课后思：对执教教师的处理存在疑惑，暂时搞不明白的地方，做好记录，做些思考。一时解决不了，暂且存疑，留待课后与授课教师进行探讨，或课后再思考，直到解疑为止。

（5）学。听课是学习，会听课是善学习。善学者能举一反三，触类旁通。教师要学会在听课中成长，在善学中进步。善于学习课堂教学中的闪光点、创新点。我们所听到的课也许不可能从头到尾都能引人入胜，但是哪怕只有一个点能够打动我们，都要将其及时记录，课后反复琢磨学习，这个小小的点就是我们的收获，日积月累，积少成多，不可小觑。

总之，教师听课观课，要做到"知、研、记、思、学"五字，在思考中借鉴经验，摒弃不足，更好地发挥听课观课的功能与作用。

▶▶ 示例 1

他山之石　可以攻玉——在听课中成长

黄梦溢　河南省三门峡市实验中学

听课是教师成长的第一步，也是重要的一步。教师要阅读，读书是阅读，听课也是一种阅读，是教育教学专业阅读。听课就像读一本教育教学书——活动的、具体的、在场的，阅读这本书，要有备而来，仔细认真，思考笔记。最近阅读了余文森等人编著的《有效备课、上课、听课、评课》一书，对其中的听课篇章非常感兴趣，这也是我自身的内在需要。因为学校经常组织校级公开课，政治学科与历史、地理在一起听课，听课成了一件经常性的工作。但我意识到虽然听了三年课，可几乎毫无收获（在听课的过程中应付性地记录一些课堂内容，然后干其他的事情，如备课、改作业、看书）。每次花费一节课时间听课，却没有什么收获，等于把时间白白浪费掉了。虽然听课是学校安排的日常工作，但是作为一名年轻教师，我认为应该把这些课当作提升自身的机会，不应为了应付听课而听课，应能真正从听课中有所收获。想到此，我不禁自问：该如何听呢？听什么？仅仅记录一些课堂内容吗？应该并非如此，俗话说，外行看热闹，内行看门道，站立讲台三年，却依然是一个不知道如何听课的门外汉，自身要成长，听课是非常重要的一环，首先要知道听什么，怎么听，听了之后对自己有什么启发。因此这两天认真研读本书中的听课篇章，遂整理出一些关于如何听课的内容，列以表格，附在文末方便查看。

听课总的来说可以听自己的课，听同学科老师的课，听相关学科老师的课，听专家的课；可以随时听，可以教前听，也可以教后听。总之听课想要有所收获，必须对所听课有所反思，执教老师哪些地方做得好？为什么好？这些好的地方我是否可以拿来借鉴？或者我是否有比执教老师更好的想法？执教老师哪里做得不好？为什么不好？这些地方如果是我会不会出现同样的问题？如果是我我会怎样做？每一位老师都有她的可取之处，将众家优点集于一身，做到"博学之、慎思之、明辨之、笃行之"，在广泛学习的基础上，及时反思，取其精华弃其糟粕，辩证吸收，运用到自己教学实践中去，从而不断提升。

可以采取课堂录音方式，课后及时反思修正。每周至少听其他老师两节课，写听课反思。我们在听课中经常使用的观察量表和方法见表21和表22。

表21　听课观察量表

主体	内容		
教师	教育教学理念		国家教育方针政策、教育目的
			课程标准、新课程改革理念
			核心素养
			师生观念（教师主导、学生主体）
	教育教学行为	教学基本功	教材处理是否恰当，符合课程标准
			教学环节完整、思路清晰；内容重难点突出，详略得当
			教学仪态端庄、板书整洁有层次，重点突出
			教学语言简洁凝练、富有感染性
		教育机智	是否恰当处理课堂中的突发事件或随机生成的学习资源
学生	学习行为		是否参与课堂活动，是否具有学习愿望，是否适时"听说读记"，掌握恰当的听课方法
	学习效果		重点是否掌握，难点是否理解，能力是否有所提升，情感是否有所改变

表22　听课基本方法

听	看	记	思
教师的教学语言	教师的"精气神"、板书、课件	教学环节、过程、内容、重难点、亮点创新点，课堂问题教师的处理	执教教师课堂处理是否恰当，优劣之处，如果是我，我会怎样处理，本节课如何再优化
学生的发言	学生的"精气神"、学生活动	学生所说、所问，课堂随机生成	学生带来的启发

▶ 示例 2

"增强生命的韧性"优质课听课反思

黄梦溢　河南省三门峡市实验中学

2020年12月9日晚放学后在办公室听了两节"增强生命的韧性"优质课视频。我重点关注了两位教师的教学语言。比如："好的请坐。还有补充吗？再试一下。×××是吗？大家总结出来这么多宝贵的经验。我在想，老师在想。他说得非常棒。想听听你们的故事好吗？还有其他同学吗？畅所欲言。老师想问一下。我们总结出。这样的态度不错，老师喜欢。表现最优秀的。采访一下，谈一谈。大家注意了吗？他很聪明。非常感谢。老师送给大家一句话。祝愿大家。他的回答很让老师感动。去把它找到。不好意思打断你们。没关系的，说吧。好的。"这些语言出现频率非常高。而且教学过程中，执教老师面带微笑，语气温和，在语言中体现了对学生的尊重，体现了学生是学习的主体。反观自身教学语言，不够凝练，思路不清晰，不够尊重学生。今后在教学语言上要注意尊重学生，在学生回答后用丰富的语言进行评价。

课程标准指出道德与法治课程是一门实践性的课程。从学生实际出发并将初中生逐步扩展的生活作为课程建设与实施的基础；注重与社会实践的联系，引导学生自主参与丰富多样的活动，在认识、体验与践行中促进正确思想观念和良好道德品质的形成和发展。第一位执教教师看重课程的体验性，在教学中引用演员吴京（视频重新加工）的经历，探讨挫折的作用、战胜挫折的方法。本课最大的亮点在于在课程最后，教师设计了一个"挫折困难大闯关"的游戏——游戏分"算一算，动一动，做一做，写一写"四个环节，在游戏开始之前，教师请学生参与这个游戏，愿意参与的走上讲台。男生都去了，女生没有。当揭晓第一关是问"1+2=？"时，学生瞬间感觉这个挑战也太简单了，如果再有一次机会，一定会去挑战。教师引导学生思考，其实有时候挡在我们面前的挫折并不难克服，只需要我们有勇气揭开它神秘的面纱，勇敢地迈出第一步。第二关为"你说口令，我反转"。学生在做的过程中，出错会被淘汰出局。教师随后采访被淘汰出局的学生："心情怎么样？如果还有机会，你还会继续吗？""沮丧，遗憾，我会继续"。教师引导学生感受这种挑战失败带来的挫折，体验经历挫折时的心情。第三关为"跟随大屏幕上的动作做相同的动作"，稍微难一点，一部分学生逐渐被淘汰，最终教师采访留下来的胜利者的心情及经历这一系列闯关的心路历程。第四关为"设计笑对挫折的座右铭"。有一位学生写得非常有趣而且深刻："苦练七十二变，笑对八十一难。"在这一系列游戏体验中，学生亲身体验，感受挫折，明白挫折产生后，我们只有笑对挫折，才能增强生命的韧性。

第二位执教教师的课最大的亮点在于整节课都是以课前通过微信公众平台所做的调查问卷及其结果分析（数据）为载体，课上给每一个小组一份挫折情境，进行活动设计。在导入环节，教师请一位学生折两根树枝，一根很干脆，一折就断，另一根因为有韧性无法被折断，教师通过直观的感受，引导学生填写"树枝因为有韧性，不容易被折断，人的生命因为有韧性，不容易被_____"导入本节课"增强生命的韧性"。调查问卷包含"经历哪些挫折？当时有什么心情？这属于哪一方面的挫折？"并通过图表展示调查结果（结果显示学生经历的挫折有学习、家庭、交友、师生交往等方面），使学生直观感知无论哪一种挫折，都有其他人一起在经历，遇到挫折很正常，这是生活的一部分。观点思辨：有些人认为挫折是灾难，有些人认为挫折是财富，你认为挫折是灾难还是财富？结合手中的挫折情境进行分析。小组讨论展示，得出结论：挫折可能是灾难，也可能是财富，取决于我们的态度与行动。此处，教师展示了一份图（对比考了59分，两位同学在情绪调节、采取行动上的不同表现，从而引发不同结果），引导学生明白面对挫折产生负面情绪很正常，但如果一味沉浸在负面情绪中，容易消沉，做出不恰当的行为，因此要及时调整，正确对待挫折。稍后执教教师又给出了一个案例分析：清华大学特等奖学金获得者钟玲的经历（对材料重组）。通过分析此案例，发现钟玲应对挫折的方法，从而探讨出应对挫折，首先要调整情绪，其次要采取行动。再结合手中的挫折情境小组讨论具体可以采取哪些方法帮助这位同学战胜挫折。最后以歌曲《真心英雄》结束，分析歌词中蕴含的本节课的知识，齐说班级口号，随着歌曲播放本班学生照片，达到情感升华。课程分两部分"认识挫折""应对挫折"，思路清晰，活动充实，方法多样。

综合这两节课我将收获列成表格，具体见表23。

表23　两节课的收获

教学语言	教学资源		教学方法
丰富多样态度谦和尊重学生	实物（树枝）	学生本人及生活	游戏体验（闯关、折树枝）
	视频（吴京）	非本人（同学、同龄人、优秀榜样、影视演员、各行各业工作人员、英雄人物故事）	小组讨论（观点思辨、方法指导）
	图片（两种不同应对挫折的对比）、照片（本班学生）		案例分析（材料分析）
	歌曲（真心英雄）		观看视频、图片、照片
	材料（钟玲）		听歌曲（歌词分析）
	调查问卷（数据引入）		通过直观方式解释词义（折树枝——韧性）

研究教学　提升能力

教学是一项非常复杂的劳动，它关联的因素很多，哪一方面做不到位都会影响教学的效果，绝不是一件随随便便就能做好的事情。因此，好的教学离不开深入的研究。

一、研究课标，明晰方向

道路决定命运，方向决定前途。课标是育人的方向，方向正确，才能走得更远。2022 年，教育部就颁布了《义务教育课程方案（2022 年版）》以及 16 个课程标准。由此开始，义务教育新课程指导标准有了很大的变化。新变革坚决落实"双减"政策，对课程育人导向、内容结构、学业质量标准、学段衔接等都有着明确的指导作用。

（一）研究课程标准的必要性

所谓课程标准，就是对学生在经过一段时间的学习后应该知道什么和能做什么（what students should know and be able to do）的界定和表述，实际上反映了国家对学生学习结果的期望。课程标准通常包括了几种具有内在关联的标准，主要有内容标准（划定学习领域）和表现标准（规定学生在某领域应达到的水平）。它是学科教学内容的指导性文件，规定着学科的教学目的和任务、知识结构、范围，以及教学进度和教学方法的基本要求。

本书所说的课程标准系《义务教育道德与法治课程标准（2022 年版）》（以下简称新课标）。新修订的课程标准与 2011 年颁布的课程标准相比，新在哪里？具体有哪些变化？这些变化又体现了怎样的教育理念？

新修订的课程标准对当前和今后道德与法治课程教学提出了怎样的要求？这些问题值得我们深思。

2019 年 3 月 18 日，习近平总书记在学校思想政治理论课教师座谈会上明确指出："要把统筹推进大中小学思政课一体化建设作为一项重要工程，推动思政课建设内涵式发展。"紧接着国务院办公厅印发的《关于深化新时代学校思想政治理论课改革创新的若干意见》中也明确提出："大中小学思政课一体化建设需要深化"，要"统筹大中小学思政课一体化建设"。要真正实现思想政治理论课内涵式发展和具备良好思想政治素质人才的培养，大中小学思想政治理论课一体化建设的推行是必由之路和必行之策。课程标准是课程建设的灵魂，一体化的大中小学思想政治理论课课程标准是实现大中小学思想政治理论课一体化建设的关键抓手。因此，有必要对大中小学思想政治理论课课程标准一体化建设展开研究。这里，我们着重研究中小学思想政治理论课课程标准，以期为大中小学思想政治理论课一体化建设的实现提供经验借鉴。

新课标修订，也给教师教学带来诸多挑战。首先，教师需要更新教育理念。新课标反映时代发展要求，体现先进的教育思想，着力发展学生的核心素养，促进人才培养模式的转变。这要求教师要改变传统的知识中心和考试导向的教育理念，关注学生的发展，发挥学生在学习中的主体地位，深入了解学生的成长规律和认知规律，不断提升学生的思想政治素质、道德修养、法治素养和人格修养等。其次，教师需要研究课程内容。教师要注重把握课程内容的整体结构和设计思想。一是要把握内容主题，道德与法治课程内容涵盖面广，有机整合了社会主义先进文化教育、革命文化教育、中华优秀传统文化教育、国家安全教育、生命安全与健康教育、劳动教育等相关主题。二是要抓住逻辑暗线，懂得课程内容体现学生不断扩大的生活和交往范围，抓住"我与自身""我与自然、家庭、他人、社会""我与国家和人类文明"的逻辑关系。三是要有纵向贯穿意识，从一体化的角度，把握学段间主题内容的有机衔接和螺旋上升。四是将课程内容的主题学习与学生真实生活相结合，坚持学科逻辑与生活逻辑的有机统一。五是要优化教学方式。教师要鼓励学生参与实践探究和体验活动，促进学以致用，知行合一，强化学生的社会责任感；注重启发式、互动式、探究式教学，开展研究型、项目化、合作式学习，促进学生学习方式的变革；开展议题式教学，创设多样化的问题情境，促进深度学习和学生创新能力的发展。

综上所述，研究课程标准势在必行。

（二）研究现状及原因分析

课标是课堂教学的灯塔，指引育人方向。但目前，在实际教育教学中，对于课程标准的研究还存在一些问题，比如部分教师不重视研究课程标准，备课、上课并不深入钻研课程标准，甚至完全抛弃了课程标准，仅仅依靠教材、教师参考用书及市面上琳琅满目的参考资料。新课标培训讲座，部分教师也没有重视学习。还有些教师虽然很重视研究课标，但却存在内容解读偏差、课标精神落地困难等现象。为什么会出现这些现象呢？

究其原因，一方面，部分教师缺少教育情怀，缺乏学习热情，没有认识到课程标准的重要性，依然秉持"分数至上"的教育论调，目光短浅，不能与时俱进。另一方面，部分教师不熟悉新旧课标内容，阅历浅薄，研究功底不足，等等。

总而言之，认识到课标的重要性，深入研究课标，我们的教育会少走弯路，事半功倍。

（三）研究内容及方法建议

新课标的研究，主要包括课程性质、课程理念、课程目标、课程内容、学业质量、课程实施等。其中关键是研究如何将新课标精神落实到实际教学中，与实际教学相结合。

结合教学实际，可以从以下四个方面钻研课标。

1. 深入理解课程性质、课程理念与课程目标

（1）核心素养解读。新课标指出，道德与法治课程是围绕核心素养，体现课程性质，反映课程理念，确立课程目标。核心素养是课程育人价值的集中体现，是学生通过学习逐步形成的正确价值观、必备品格和关键能

力。可见核心素养是统领全局的，一切的教学设计与课堂实施都要指向学生核心素养的培育。

核心素养有哪些？义务教育阶段学生道德与法治学科核心素养包含：政治认同（政治方向、价值取向、家国情怀）、道德修养（个人品德、家庭美德、社会公德、职业道德）、责任意识（主人翁意识、担当精神、有序参与）、法治观念（宪法法律至上、法律面前人人平等、权利义务相统一、守法用法意识和行为、生命安全意识和自我保护能力）、健全人格（自尊自信、理性平和、积极向上、友爱互助）。其中政治认同是思想前提，道德修养是立身成人之本，责任意识是内在要求，法治观念是行为指引，健全人格是身心健康的体现。五大核心素养是交叉融合的，不可孤立看待。以道德修养和法治观念为例，表 24 统整了七、八年级教材内容，教师在实际教学中应关注同一课时教学内容下不同核心素养的融合。

表 24　同一课时教学内容下不同核心素养的融合示例

年级	课题	道德修养与法治观念
七年级上册	1.2.1 学习伴成长	珍惜受教育权，自觉履行受教育义务
	2.4.2 深深浅浅话友谊	朋友交往的法律底线
	2.5.1 让友谊之树常青	合法处理朋友间的冲突；尊重朋友的隐私
	2.5.2 网上交友新时空	网络安全法；自我保护意识
	3.6.2 师生交往	教育惩戒有尺度；与教师发生冲突学会和解、调解
	4.8.2 敬畏生命 4.9.1 守护生命	生命健康权
七年级下册	1.3.2 青春有格	法律底线意识
	2.4.2 情绪的管理	合理合法发泄情绪
	3.7 共奏和谐乐章	遵守集体规则；合法处理与集体成员产生的冲突
	3.8.2 我与集体共成长	民主集中制
八年级上册	1.2 网络生活新空间	网络安全法；自我保护意识
	2.4.1 尊重他人	人格尊严权
	2.4.2 以礼待人	遵守公共秩序（文明出行）
	2.4.3 诚实守信	民法诚实信用原则；契约精神；法治经济

再比如，九年级上册第三单元第五课"守望精神家园"复习课——"国潮风起　文化大美"。这一课在教学设计上，注重了政治认同观念这一显性的核心素养与道德修养和责任意识的融合，一种核心素养为主，其他素养协同促进。如设计导思问题：河南卫视文化节目接连出圈，一次次惊艳观众，是偶然还是必然？学生在探讨中懂得中华文化源远流长，博大精深，与时俱进；我省重视传承和弘扬中华优秀传统文化，坚定文化自信，使厚重的中华历史之美历久弥新；等等。加深对中华优秀传统文化的认同感，激发学生作为中国人传承和弘扬中华优秀传统文化的责任感和担当精神。

（2）课程性质。新课标指出，道德与法治课程"旨在提升学生思想政治素质、道德修养、法治素养和人格修养等，增强学生做中国人的志气、骨气、底气，为培养以实现中华民族伟大复兴为己任的有理想、有本领、有担当的时代新人打下牢固的思想根基。课程具有政治性、思想性和综合性、实践性。"课程性质直接指明了我们的课程要干什么，"为谁培养人""培养什么人"，这是在育人方向上的明确规定。道德与法治课教师应当好把控方向的舵手。在教学中，凸显道德教育和法治教育两大主题，使道德教育和法治教育相辅相成，培养学生成为担当民族复兴大任的时代新人。

（3）课程理念。新课标基于核心素养，提出了道德与法治学科五大发展理念。

一是课程功能，以立德树人为根本任务，发挥课程的思想引领作用。这一点突出强调道德与法治学科的思想引领作用，教师应在教学中加强对学生的理想信念教育，引导学生践行和弘扬社会主义核心价值观，增进对伟大祖国、中华民族、中华文化、中国共产党、中国特色社会主义的高度认同，厚植爱国情、树立强国志、引导报国行，投身于中华民族伟大复兴的事业中去，充分发挥本学科立德树人的关键作用。

二是课程结构，遵循育人规律和学生成长规律，强化课程一体化设计。这一点突出强调思政课一体化建设。不同学段的思政课根据学生的成长发展规律和实际生活状况，势必在教学目标要求、教学内容选择、教学活动设计、教学评价反馈等方面存在差异。但从整体育人方向上看，不同学段之间又是互相交叉融合、关联衔接、相互促进的，尤其是作为义务教育阶段初中学段的道德与法治课，更是奠定人生发展基础的阶段"拔节孕穗期"，因此教师在教学设计、课堂教学中应统筹把握跨学段、跨年级、跨单元、跨课时等内容，在核心素养引领及教育主题统整下，强化教学设计的整体性。因此，在一体化理念引领下，大单元教学具有明显的育人优势。

三是课程内容，以社会发展和学生生活为基础，构建综合性课程。这一点强调课程的综合性，在横向上拓展教学内容，改变原有就教材教教材的理念，转而为将教材作为一种教学资源，将教育内容拓展到学生生活，回归到学生本身。比如，在实际教育教学中就应走进学生的生活，关注学生关心的事件，解决学生疑惑的问题，引导学生发现问题、分析问题、解决问题，提升道德理解力和判断力，强化规则、纪律、秩序、诚信、团结合作、冲突解决等教育。具体到教学实践中，教师在教学设计时要基于学生生活创设真实情境。

四是课程实施，坚持教师价值引导和学生主体建构相统一，建立校内与校外相结合的育人机制。这一点强调在道德与法治学科教学中，教师的理论灌输是必要的也是必须的，要坚持灌输性与启发性相统一。因此，在教学实践中，教师可通过议题式教学，引导学生自主学习、自主建构，适时点拨启发，将教师主导与学生主体相结合。另外，还要引导学生走出课堂，走向社会，承担作为社会一员应承担的责任，为未来走向社会奠定正确的思想基础和行为导向。

五是课程评价，综合运用多种评价方式，促进知行合一。这一点强调在教学评价中要围绕核心素养目标进行评价，坚持评价的激励与导向作用，采用教师评价、学生自评、同伴互评、家长社区评价等多元评价方式，加强过程性评价，以评促学。

（4）课程目标。理解了课程理念，在理念的指引下，我们需要更加精准地把握课程目标。课程目标是具体实施课堂教学目标的基础与前提，每一课时、每一单元、每一册目的教学都应始终指向整体课程目标。课程目标围绕核心素养，分为课程总体目标和学段目标，在学段目标之下又有单元目标、课时目标。以八年级下册第二单元大单元复习课"正确行使权利 自觉履行义务"为例，其基于核心素养的课程目标解读具体可见表25。

表25 "正确行使权利　自觉履行义务"课程目标解读

课程目标			目标内容
核心素养目标			法治观念
学段目标	第一学段（1~2年级）	3	遵守学校纪律，维护课堂秩序
	第二学段（3~4年级）	3	具有规则意识并学会遵守规则
	第三学段（5~6年级）	5	知道宪法，感受宪法对社会和生活的重要性，形成初步的法治意识
	第四学段（7~9年级）	5	了解法律对个人生活、社会秩序和国家发展的作用，理解法治的本质及特征
单元目标	学会依法行使权利、自觉履行义务，能辩证地看待"权利与义务"的关系		
课时目标	八年级下册第二单元"权利与义务"第一课时目标"知道我国公民有哪些基本权利，懂得权利的重要性；学会依法行使权利，提高参与社会生活的能力；珍视权利，增强权利意识"		

理解了课程性质、课程理念，把握了课程目标，还需要厘清核心素养目标与课程内容之间的内在联系，才能准确建立起内容与目标的对接。

2.准确把握核心素养与课程内容

道德与法治课程以发展学生的核心素养为导向，以"成长中的我"为原点，由"我与自身"到"我与自然""我与家庭""我与他人""我与社会""我与国家和人类文明"，不断拓展学生的认识和生活范围。以道德和法治教育为框架，有机融入国家安全教育、生命安全与健康教育、劳动教育、信息素养教育、金融素养教育等相关主题；强化中华民族传统美德教育、革命传统教育及法治教育。

在义务教育初中阶段，主要设置的教育主题见表26。

表26　义务教育初中阶段教育主题

学段	第一学段（1~2年级）	第二学段（3~4年级）	第三学段（5~6年级）	第四学段（7~9年级）
学习主题	·入学教育 ·道德教育 ·生命安全与健康教育 ·法治教育 ·中华优秀传统文化与革命传统教育	·道德教育 ·生命安全与健康教育 ·法治教育 ·中华优秀传统文化与革命传统教育 ·国情教育	·道德教育 ·生命安全与健康教育 ·法治教育 ·中华优秀传统文化与革命传统教育 ·国情教育	·生命安全与健康教育 ·法治教育 ·中华优秀传统文化与革命传统教育 ·国情教育

这些教育主题与核心素养之间相互交叉融合。以第四学段为例，生命安全与健康教育主题同时指向法治观念、健全人格、责任意识核心素养。从核心素养角度出发，同一核心素养又关涉不同教育主题，比如政治认同核心素养同时关涉中华优秀传统文化教育、革命传统教育和国情教育等，具体如图22所示。

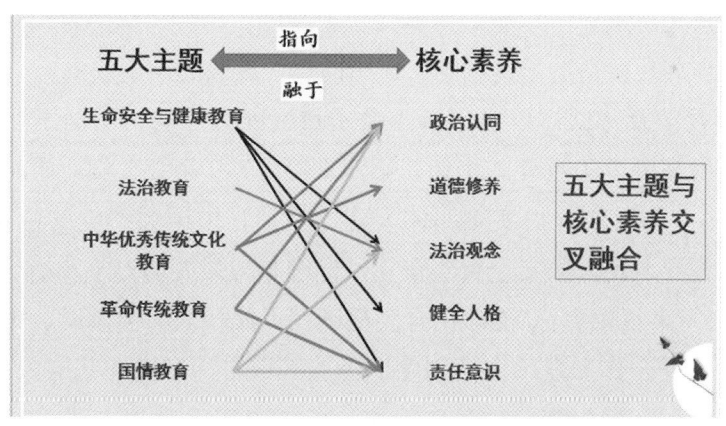

图22　第四学段教育主题与核心素养间的关系

在此，以课例进行说明。比如，"正确行使权利　自觉履行义务"一课（八年级下册第二单元大单元复习课）的课后素养作业：李明所在小区楼下是夜市，晚上十二点依然灯火通明，人声鼎沸，严重影响他的休息。对此，李明认为："你可以去夜市，但不能在午夜破坏我的美梦。"请运用所学知识,对李明的观点进行辨别与分析。在深度思辨中,学生懂得行使权利有界限,依法行使权利,自觉遵守法定义务;每个人的合法权利都应该受到尊重;权利与义务相统一;尊重他人;遵守社会公德;自觉维护社会公共秩序。这是法治教育主题中蕴含法治观念、道德修养、责任意识等多种核心素养。

再比如,"尊重他人"一课中设置的辩论活动:某市一图书馆张贴"禁止衣冠不整者入馆"标牌,有的市民认为"禁止衣冠不整者入馆,要求过分",有的市民则认为"禁止衣冠不整者入馆,合情合理"。学生任务:分组自由辩论。对于图书馆"禁止衣冠不整者入馆",你是否赞成?(正方:赞成;反方:不赞成)学会在辩论活动中懂得行使权利,不能损害别人的权利,是对他人的尊重。这是中华优秀传统文化教育主题中蕴含法治观念、道德修养等学科核心素养。

3. 认真研究学业质量标准,推进课程实施

新课标指出,学业质量内涵为"学生在完成课程阶段性学习后的学业成就表现,反映发展学生核心素养的要求",指向学习成效的现实结果。

学业质量标准是"以核心素养为主要维度,结合课程内容,对学生学业成就具体表现特征的整体刻画",指向学习成效的预期效果。

课堂教学及考试评价都应以学业质量标准为导向,明确学业质量标准,对教师来说至关重要。比如,第四学段(7~9年级)学业质量描述的第一条为:"能够结合史实阐明伟大建党精神是中国共产党的精神之源,是我们党领导人民向第二个百年奋斗目标进军的强大动力(政治认同、道德修养)。"第三条为:"能够结合实例阐明人民代表大会制度、中国共产党领导的多党合作和政治协商制度、民族区域自治制度、基层民主制度、'一国两制'的基本内容和意义(政治认同、法治观念)。"第七条为:"能够结合实例理解维护国家安全的重要性,阐明如何自觉维护国家安全(政治认同、法治观念、责任意识)。"

基于核心素养的学业质量标准,要求教师在实际教学中要转变育人方式,树立科学的学业质量观;转变教学方式,树立指向核心素养的大单元教学观。从重视"背记知识考高分",到关注核心素养目标的达成情况。

4. 站位单元设计，宏观把握课程标准

从钻研教材到钻研课程标准，是一个重要的转变过程，对教材的关注转变为对课程标准的关注，考验的是教师对于课程标准的渗透与学习，是否能够全方位把握课程标准。在教学过程中，教师需要以宏观视角看待课程标准，并积极把握课程标准所带来的重要含义。课程标准作为某一学科的课程教学依据，对于各科教师而言，无论是低年级还是高年级，都需要对单元学习有整体性的把握，这里就不能只是运用教材来做好课程教学，更要积极运用课程标准的要求及引导，更好地进行大单元教学设计及有效实践。教师只有在钻研课程标准的基础上，才能多维设计教学内容，系统化进行教学，才可以让学生充分掌握知识，如此才能摆脱只钻研教材所带来的不良后果。

课程标准解读需要从单元设计视角考虑。首先，单元为课程标准解读提供了一个整体背景，有助于更好地显现课程标准的意义；其次，单元乃是教学设计的基本单位，课程标准解读实质是提供教学目标，从单元教学设计角度看自然需要课程标准解读是从单元层面来考虑的；最后，从单元层面解读课程标准，自然需要带出单元设计所需的大观念及其学习要求，这使得教师从更多视野看待课程标准解读，更能整体地把握单元教学。

那么，单元设计视角下如何开展课程标准解读呢？在单元设计观照下，课程标准解读可遵循如下整体框架进行：行动准备—寻找关键词—解读关键词—撰写素养目标—确定大观念及其学习要求，在此基础上反思并形成最终解读结果。

第一步：行动准备。对课程标准的解读实质是一个创造的过程，这一过程的实现基于教师自身的知识储备，在对课程标准进行详细分析前需进行一系列的行动准备，包括：①学情分析，对学生学习现状进行必要的把握，了解学生的学习特点、学习方法及习惯等，必要的时候可以先对学生进行前测，了解学生的学习情况。②教材分析，对教材编排意图、教学内容等进行充分的了解，便于选取相适应的标准。③理解课程标准的含义。对课程标准的具体内容及条目进行深入全面解读，厘清内在逻辑关系，以及与教材对接的切合点等。

第二步：寻找关键词。从课程标准中圈出描述学生应做到的有关技能的动词，画出描述动作所指的学生应该知道的知识与概念的名词及起修饰作用的形容词、副词等。

第三步：解读关键词。对上述关键词进行解读，对于一些复杂的关键词特别是动词，要揭示其基本内涵，分析其隐含的内容，并对其进行扩展，可以将其分解为更有针对性的动词，以匹配特定的名词，具体见表27。

表27 复杂关键词解读

层次	特征	可参考选用的动词
知道	对信息的回忆	为……下定义、列举、说出（写出）……的名称、复述、排列、背诵、辨认、回忆、选择、描述、标明、指明
领会	用自己的语言解释信息	分类、叙述、解释、鉴别、选择、转换、区别、估计、引申、归纳、举例说明、猜测、摘要、改写
应用	将知识运用到新的情境中	运用、计算、示范、改变、阐述、解释、说明、修改、计划、制定……方案、解答
分析	将知识分解，找出各部分之间的联系	分析、分类、比较、对照、图示、区别、检查、指出、评析
综合	将知识各部分重新组合，形成一个新的整体	编写、写作、创造、设计、提出、组织、计划、综合、归纳、总结
评价	根据一定标准进行判断	鉴别、比较、评定、判断、总结、证明、说出……价值

第四步：撰写素养目标。通过上述步骤，学习目标可基本确定，并对其进行目标分类，可用修订后的布鲁姆（B. Bloom）教育目标分类法、韦伯（M. Weber）的知识深度理论或者马扎诺（R. J. Marzano）的教育目标分类法表示。撰写的素养目标以"情境＋活动＋任务＋应知＋所能"的组合来描述（见表28），如"通过在情境中参与什么活动、完成什么任务，应知应会什么，能做什么"。

表28　素养目标撰写

情境	活动 + 任务	应知 + 所能	布鲁姆目标分类
生活情境 文本情境 新闻情境 故事情境 ……	背诵识记	能说出相关概念	记忆
	在情境中演绎、归纳，总结提炼、比较、联系与区别，等等	能解释相关概念内涵	理解
	在类似情境中感知体验，运用所学	能迁移运用所学知识	应用
	在辩论赛或具有认知冲突的矛盾情境中多角度思考，辩证、全面看问题	能分析事件原因、影响、意义、危害等	分析
	在全面分析的基础上，达成共识，做出最优选择	能做出正确的价值判断与及价值选择	评估
	提出建议、发表观点、发出倡议或动手制作等	能提出新问题、新观点等	创造

　　第五步：确定大观念及其学习要求。在地位上，大观念居于学科的中心位置，集中体现学科课程特质的思想或看法；在功能上，有助于设计连续聚焦一致的课程，有助于发生学习迁移；在性质上，大观念具有概括性、永恒性、普遍性、抽象性。从认知要求来看，大观念可以是理解或创造性地应用等，大观念的学习要求可作为单元总目标，环节四解读出的目标可作为单元分目标。至于如何寻找大观念，限于篇幅，本书不展开探讨，有兴趣的读者可参考相关文献。

　　综上所述，对于义务教育阶段的道德与法治课教学而言，新课程标准的颁布和实施，为深入研究和实践新课标理念提供了良好的契机，与此同时也提出了新的挑战。教师应抓住机遇，迎接挑战，深入研读新课程标准、理解新教材、潜心教学，促进自身专业化发展，努力推进义务教育阶段道德与法治学科的课程改革。

▶ 示例

七年级上册新授课"家的意味"① 一课中落实新课标部分

"家的意味"教学设计示例：

环节线	情境线	任务线	问题线	知识线
感亲情，明家意	学生全家福；《家有儿女》剧照	回顾自身生活，诉说分享	·我们为什么会形成一家人呢？ ·家庭给予你哪些支持？ ·活动：分享你和家人相处过程中让你感受到亲情之爱的温暖瞬间，感受家的意义	家的内涵、功能、意义
读家书，传家风	诸葛亮《诫子书》；春运	剖析生活：解读经典；分享家规家训	·为什么疫情期间就地过年？ ·诸葛亮对孩子进行了哪几方面的家庭教育？ ·你还知道有哪些家规、家训或家书？ ·你家有哪些家规、家训？	中国人心目中的家是怎样的
悟经典，践孝行	说文解字；分享孝亲敬长典故、人物事迹；视频《妈妈的等待》；《论语》	分享典故；深度辩论；观看视频；解读《论语》	·你认为这样的"孝"在现代社会还应该继承吗？ ·假设时光穿梭，你想为爸爸、妈妈做些什么？ ·如何孝亲敬长？	孝亲敬长的原因及要求
素养提升	写一封家书或诫己书			

一、本课实际教学中如何落实核心素养？

必须明确核心素养的培育是交叉融合的，每一堂课中都要有一个主要的核心素养指向，融合其他素养目标；其中，政治认同是方向、引领，每节课中都应有所渗透，发挥思政课的思想性、引领性作用。

（一）学习目标

首先在学习目标上，将核心素养与教学内容深度融合，进行降维

---

① "家的意味"一课为2023年河南省优质课一等奖作品。

解析。本课主要指向道德修养，融合政治认同、责任意识。（1）道德修养（家庭美德：尊老爱幼，传承中华民族孝亲敬长的传统美德；学会处理与家人关系的行为准则，在处理与家人的关系中实现核心素养进阶）。（2）政治认同（家国情怀：对家庭有深厚的情感，热爱家乡，热爱伟大祖国）。（3）责任意识（主人翁意识、有序参与：主动承担家务劳动）。最终使学生通过学习能够感念父母养育之恩、长辈关爱之情，传承中华孝道，逐步树立家国情怀。但是素养目标的培养达成不是一节课可以实现的，需要学生通过九年义务教育，甚至是更长时间的学习才能养成，每一学段的素养目标既有统一性，又有差异性。因此，我们在教育教学实践中要把握素养目标的整体性与阶段性、进阶性、长期性。

（二）重难点突破

2022年新课标中核心素养"道德修养"。德育随社会的发展而发展，具有一定的时代性，必须坚持以社会主义核心价值观为引领的社会道德观，让学生将真正符合时代要求的道德取向与道德规范内化于心、外化于行，落实习近平总书记提出的关于公民道德建设的新理念、新要求，体现新时代民族精神、时代精神。

道德的发展和养成具有一定的阶段性和规律性。青少年的道德养成要遵循道德发展规律，在感性体验和理性认知的基础上形成道德认知判断、道德情感意志和道德实践能力。感性体验：本课第一篇章"感亲情，明家意"引导学生在诉说"和家人相处的温暖场景"中，回顾家庭生活；第三篇章"悟经典，践孝行"中观看视频《妈妈的等待》，通过口述、眼观等多种感官参与，体验父母的爱意，从而感念父母养育之恩、长辈关爱之情。理性认知（道德具有一定的时代性，道德离不开法律）：第三篇章"悟经典，践孝行"中，学生讲述"郭巨埋儿奉母"典故，就"郭巨的孝行在今天是否值得提倡"展开辩论，引导学生认识到，传承中华优秀传统美德"孝文化"也应与时俱进，取精华，去糟粕，符合时代发展之要求。2022年新课标在"中华优秀传统文化"教育主题中，明确提出要引领学生"理解中华民族孝悌忠信、礼义廉耻的荣辱观念"，在教学提示中指出要"讨论传统荣辱观与社会主义核心价值观的关系"。本课中学生所搜集的"郭巨埋儿"典故，虽然是中华传统美德孝亲敬长典故，但放在现代社会，这其中的价值观念就值得深思。这样的"孝"是愚孝，法治观念下，我们认为这样做是违法行为，是对生命的蔑视，践踏了法律面前人人平等的法治观念。因此，学生通过这一辩论活动可以澄清道德认知，做出正确的价值判断与行为选择，即"德法同行"，能够理性、辩证地看待中华传统文化，知道文化自信不是盲目自信，要用开放、辩证、发展的眼光看待文化，培养学生的科学理性精神。这一块内容既是对传统美德教育、社会主义先进文化教育及法治教育的整合，也是对道德修养、法治观念素养培育的落实。有效突破重点，引领学生懂得"孝亲敬长既是传统美德，又是法定义务"，提升学生深度思辨能力。

（三）价值引领

思政课是立德树人的关键课程，其根本是铸魂育人。要发挥思政课的思想价值引领作用，坚持政治性、方向性。引领学生明大德、守公德、严私德。本课中指向的"家"具有两层含义——小家与国家，分别对应小德与大德、私德与公德。比如，通过诸葛亮《诫子书》及遵守防疫要求就地过年等情境的创设，引领学生领悟"修、齐、治、平"的家国情怀，激发其爱国、爱党、爱社会主义的情怀，感悟到国家繁荣昌盛离不开小家的和谐，离不开每个人的贡献，从而落实政治认同，坚定政治方向，树立家国情怀。

（三）资源选取与运用

本节课归属于"中华优秀传统文化教育主题"，课标在本部分的教学提示是"收集体现正确荣辱观念的神话传说、经典故事、嘉言金句等"。本课所选取的资源有《诫子书》《朱子家训》《论语》等优秀传统文化中的经典内容，丰富了课堂教学资源，用传统文化浸润学生心田，也起到了以文化人、以文育人的作用。《河南省初中道德与法治学科课堂教学基本要求（试行）》对课堂学习中重难点突破提出要"挖掘其他课程和活动中蕴含的道德与法治教育资源，丰富教学内容，拓展学生视野"，本课依据其要求，选取诸葛亮《诫子书》（七年级上册语文教材）。语文课重在对字词句篇章的分析，而道德与法治课侧重在对学生进行思想价值引领。学生在语文课中对该文章有了一定了解，会感到熟悉亲切，一材多用，在学科融合中实现育人合力。

（四）活动设置、任务驱动

本课在三个环节分别设置了"回顾自身家庭生活，诉说分享""剖析生活、解读经典《诫子书》、分享家规家训""分享典故、深度辩论、观看视频、解读《论语》""写一封家书或诫己书"等活动，在活动中培养学生深度思辨能力、合作沟通交往能力。

二、本课如何体现"教—学—评"一致性？

本课中课堂的评、教师的教、学生的学均指向素养目标的培育，注重显性评价和隐性评价、政治性和价值性（政治引导；价值引领，从分数到素养发展及促进价值认同，评价重点）、持续性与长期性。

显性评价和隐性评价（学生参与程度、学习状态等可观测的显性评价及内在价值观、道德品质、法治观念等隐性评价相结合）——课堂评价：比如，第一篇章，基于学生真实生活情境，通过师生、生生之间的交流、谈话、讨论等方式，监测学生以现有生活经验对于"家"的意味的基本感知，及体验父母之爱的程度，引导学生领悟"家"的真正意义。第二篇章，基于疫情生活真实情境及传统文化资源，通过师生、生生之间的交流、谈话、讨论等方式，引领学生树立家国情怀，初步感知中国的孝文化，这些都属于隐性评价。第三篇章，辩论和小组合作探究活动。通过辩论活动，在辩论中，通过学生呈现的观点、论据等，来评价学生对于"孝文化"的认知理解水平，属于隐性评价；通过显性评价"学习评价量表"来评价学生的学习状态、合作探究的参与度、表达交流能力、成果展示等方面，引领学生辩证看待传统文化和社会主义核心价值观、道德修养与法治观念的关系，实现核心素养的整体性培育。

政治性和价值性——比如在"品读家书"中，通过师生互动，在谈话交流中，测评学生的家国情怀等政治认同素养，根据学生的发言内容进行及时反馈引导，实现正确的价值观引领，树立家国情怀。

持续性与长期性——作业评价：本课作业是课堂学习的自然延伸，指向行为表现，有差异、分层级，学生有选择性，有助于获得成就感、自信心，发挥作业引导、激励功能，下节课展示成果，是评价的持续性体现，教学行为与学习行为是持续发展的，教学评价也应具有持续性。

综上所述，本课是以素养目标为引领，通过将显性评价和隐性评价、政治性和价值性、持续性与长期性相结合的方式，实现教师的教、学生的学、课堂的评的一致性。

二、研究教材，融会贯通

"求木之长者，必固其根本；欲流之远者，必浚其泉源。"教材是教师教学、学生学习之根本，是师生进行教学互动必不可少的工具。它能提供丰富的阅读材料，营造自主学习的情境，促进学习方式的改变。在教学过程中学生通过教材能够学习系统的知识、启迪美好的情感、陶冶高尚的情操，同时树立正确的、科学的世界观、人生观和价值观。

我们为什么要重视教材研究？在研究教材时都要关注哪些内容？现行道德与法治教材有哪些优势与不足？我们如何开发利用教材？如何辩证使用教材？等等一系列关于教材研究的问题，值得我们深思。

（一）教材研究的重要性和必要性

1. 教材研究的价值意蕴

（1）具备研究价值。首先，教材是学习之本源所在。教材是依据课程标准编制的系统反映学科内容的教学用书。学科教材是最正统、最标准、最规范的学习标本。其次，教材是最直接体现学科素养和学科课程标准思想的科学范本，是中高考命题的重要依据。再次，教材是全国顶级学科学者集体智慧的结晶，是各个学科最基础的知识和基本能力，是满足所有学生学习的核心材料。从次，教材是体现学科知识的逻辑联系的系统，熟悉教材就是熟知学科知识体系，更是对学科最基础知识的建构。最后，教材的深度学习、全面掌握才是学习之本质，需要老师和学生极其重视，将教材吃透嚼烂，完全消化，完全吸收，方可真正走进该学科，成为学习的高人，才能对学科学习进行进一步的提高和深化。

（2）有助于理解新课标。现行道德与法治教材虽是在 2022 年课程标准制定之前就编写实施的，但其是在 2011 年课程标准指导下编写的，并且对 2011 年课程标准有所超越。两版课程标准与现行教材既有共性，一脉相承，又有差异性，有所创新与发展。

北京师范大学马克思主义学院李晓东教授认为应用"守成与创新"的态度来对待新课标与教材。教材与课标在内容上并不是简单的一一对应的关系，研究教材有助于我们发现现行教材中体现新课标理念、符合新课标要求的精华部分，从而在教学中加以应用落实。同时，通过研究也能够发现教材中不符合新课标精神的内容，从而引发我们思考如何改进完善现行教材，如何补充教材，如何创造性地使用教材。因此，对现行教材的研究，有助于我们理解课程标准内容，使新课标精神通过教材这一桥梁联通学生，落实到日常课堂教学中去。

（3）有助于提高教学实效。实践证明，相较于旧教材和以往其他版本的教材，现行道德与法治教材结构更科学、内容更系统、活动更生动、教学效果更显著而全面。

教材结构更科学。现行教材由正文、辅文、栏目等构成，且各部分比例适中，正文与栏目交叉融合、栏目与栏目边界明晰；逻辑严谨、条理清楚、层次分明；语言简洁精当、亲切自然。整个义务教育阶段的教材基于学生生活，通过结构性的整合，为道德与法治教学提供了更加具有综合性与实践性的实施路径。

内容更系统、活动更生动。现行教材具有更加丰富、生动和系统的学习活动设计，能有效带动师生教学方式的转变。通过教学方式的转变，实现教学效益和效率的提高。新的教学方式不仅能有效促进学生的知识掌握及素质与能力发展目标的达成，而且能使师生获得更多的课堂成功体验，形成良性的课堂情意。变"教材"为"学材"。传统的"教科书"是较为典型的"教师教的材料"，新的教材则体现了"学生学的材料"的特点。它是教学内容与完整的学生生活的统整，使"教"与"学"都能有更直接的凭借和便利。

教学效果更显著而全面。新教材所形成的更加丰富、生动和系统的学习活动设计，使教师的"教"与学生的"学"有可以直接使用的资源。因此，教学行为的转变成为一种可能，显著而全面的教学效果就会变成"以学生学习活动为主体"的教学行为的结果。

（4）有助于提升驾驭教材能力。目前，现行教材已经使用了7年。在刚开始使用统编教材时，许多一线教师觉得与旧教材差距较大，在教学中有些内容学生难以理解，某些活动难以开展；教材立意高，但不知如何落地等问题阻碍着教师对教材的理解与把握。部分教师在使用教材时只想着如何才能讲好教材，把教材内容讲清楚就已经很好了，更谈不上去思考创造性地使用教材。我们之所以在变化中手忙脚乱，不适应新教材的变化，其实是缺少对教材的研究能力。因此，研究教材也是应对教材变化所带来挑战的重要途径。

比如，通过研究教材，我们发现新教材体系中"法治教育"主题七年级为身边的法律、八年级为宪法专册、九年级为依法治国，从法与自身到法与社会，再到法与国家，每个级次都有鲜明的侧重点。同时，法治观念的教育又是一以贯之的。明白了这其中的共性与个性，把握了其螺旋上升的线索，我们在教学中就能做到目标清晰、定位准确，清楚地知道在这一阶段需要带领学生学什么、怎么学、学到什么程度即可，做到有的放矢。在研究中提升驾驭教材的能力，从而提高育人实效。

（5）有助于推动"教—学—评"一致性。2022版课标指出要"坚持以评促学""坚持以评促教""努力实现'教—学—评'一致性"。通过研究2023年河南省中考试题我们发现，在考试题目中第18题和19题，是对教材基础知识、核心概念及小栏目的考查，第18题考查了"关于宪法的核心概念"，第19题取自八年级上册第三课第一框"维护秩序"，是对教材第23页《探究与分享》栏目的改编；第20题取自九年级上册第八课第一框"我们的梦想"，是对教材第110页《相关链接》栏目的改编。此外，2022年第19题和2021年第20题也都考查了"关于宪法的核心概念"；2022年第8题，取自九年级下册第一课第一框"开放互动的世界"《运用你的经验》栏目。可见，河南省中考试题会考查教材基础知识、核心概念及小栏目的运用等。考试评价指向，让我们不得不深入挖掘研究教材，以使学生强基固本。

2.教材使用现状及原因分析

统编《道德与法治》教材实施以来，一线教师经过多次线上、线下集中教材培训以及实践中的具体应用，我们发现存在一些矛盾与困惑之处。

（1）内部因素：

一是欠缺教材研究能力。如前所述，我们提到教师应对新教材变化手忙脚乱，是因为欠缺教材研究能力。比如，在使用教材时，我们发现，部分教师不能处理好课标与教材的关系，不能科学把握三维目标与核心素养目标的关系，不能灵活处理教材与教学的关系，等等。

二是不能处理好课标与教材的关系。目前，教材与课标呈现出"旧课标与新教材""新课标与旧教材"两对矛盾。"旧课标与新教材"是指2011版课标与统编教材，统编教材在遵循2011版课标的理念与原则下编写，又有超越2011版课标之处，因此这两者相对来说就是"旧课标与新教材"的关系；"新课标与旧教材"是指2022版课标与统编教材，2022版课标是在统编教材颁布实施5年后才颁布的，在理念与内容上，两者有共性，但2022版课标又必然有其创新之处，因此两者相对来说就是"新课标与旧教材"。如何把握课标与教材的变与不变、处理课标精神与教学实施的关系、落实新课标等都是我们需要研究之处，但是就目前来说，部分中小学教师在这一方面的能力是欠缺的。

三是不能科学把握三维目标与核心素养目标的关系。自2022版课标实施以来，备受关注的就是学科核心素养的提出与落实。新课标将思政课程的目标以学科核心素养的方式提出来，比如，初中道德与法治核心素养是"政治认同、责任意识、道德修养、法治观念、健全人格"，并就这五大核心素养目标提出了五条课程总目标，在总目标之下，分四学段制定了不同学段对应核心素养目标。这是新课程标准的重大变化与亮点所在。课程目标这个方向性指标变化了，势必引起课程内容、课程实施、教学评价等方面的变化。相比于2011版课标，三维目标在2022版课标中无迹可寻，真的是销声匿迹了吗？其实不然，核心素养与三维目标是继承与发展的关系。核心素养目标是从素养内涵上进行划分，打破了割裂的知识、能力、情感态度价值观三维目标，将其融合在所要培养的人的素养之中。因此，我们要以辩证的眼光看待素养目标，不是摒弃三维目标，而是对三维目标的整合继承、创新升级。

四是不能灵活处理教材与教学的关系。很多教师认为，教学就是教会学生教材上的内容，牢记教材知识点，会做教材习题，等等。教材是教学的根本，其重要性不可否认。但是我们不能为教材马首是瞻，这样就陷入了"本本主义"及对权威的迷信。我们要改变传统教材观念，将教材作为教学、学习的资源，而不是全部，变"教教材"为"用教材"，教师用教材教，学生用教材学，教材是我们教学、学习的一种权威性的资源。缺少资源意识，没有树立正确的教材观，势必会把教材等同于教学。如何把"教材体系"变成"教学体系"是值得我们研究的问题，而研究教材则有助于我们处理好教材与教学的关系。

（2）外部因素。教材本身的"不完美"也在一定程度上给我们的使用造成困扰。白璧无瑕是我们的追求，但现实总是不完美的。新教材在编写理念、原则、架构、内容等方面，较旧教材有很大的创新发展，但也仍然存在些许不足之处。在使用中我们发现，新教材有些内容对学生来讲晦涩难懂，如七年级上册第四单元讲生命教育主题，谈到"向死而生"，这一颇具哲学意味的话题对成年人来说没有一定的经历都很难感同身受，更不用说是刚上初一的学生了，这着实有些深奥。所幸这一内容在后来的教材修订中做了删减。又如，七年级下册第三单元用了六、七、八三节课讲"集体生活"这一主题，这三节课内容上是"集体生活的意义""个人与集体的关系""建设美好集体"，经历了认知——思辨——行动这一过程，脉络清晰。但是许多一线教师在实际授课中发现，有些内容不需要大量篇幅去阐释，如"集体的温暖""集体的力量"其实都是在说集体对个人成长的作用和意义，这一块内容学生结合自身实际是很好理解的，大多数学生也都能够认同集体的价值。因此，第六课的内容可以做适当的压缩，或者与后面的内容进行整合即可。

综上所述，教师自身的研究教材能力欠缺和教材本身的缺陷等内外因素，导致我们在实际教学中使用教材时会存在一定的矛盾与困惑。教材是"死"的，教学是"活"的。教师需要下一番功夫去研究教材，才能让教材发挥它应有的育人价值。

（二）教材研究的主要维度

教材研究在教育教学中至关重要，那我们在研究教材时都要研究些什么呢？哪些方面是我们研究的重难点呢？哪些内容具有研究价值呢？

1.2022 版课标对教材的编写建议

（1）教材编写原则：

一是坚持正确的政治方向和价值导向。教材编写要坚持以习近平新时代中国特色社会主义思想为指导，将坚持正确的政治立场作为首位要求，旗帜鲜明地批判错误观点和思潮，全面落实习近平新时代中国特色社会主义思想，有机融入重大主题教育内容，用正确的理论武装青少年头脑，打造培根铸魂、启智增慧的精品教材。

二是与党和国家重大理论创新同步推进。中国特色社会主义是前无古人的伟大事业，实践发展永无止境，理论创新也永无止境。在教材编写中要充分、及时反映中国特色社会主义实践和理论创新的最新成果，根据时代变化不断充实新的内容。

三是按照大中小学德育一体化的要求建构内容。强化一体化设计，按照小学低、中、高年级和初中四个学段，学习要求循序渐进，螺旋上升，学习内容各有侧重，实现教材内容的相互衔接、层层递进。在教材设计上要关注与学前教育和高中教育的衔接。

四是教材设计要基于学生不断扩大的生活范围，着眼于发展学生的核心素养。充分关注学生可感受、可参与的社会生活，引导学生通过分析和解决现实生活问题，逐步扩展和深化自己的认识，学会正确的思维方法，树立正确的世界观、人生观、价值观。教材的呈现要有利于培育核心素养，有助于学生通过自主探究提高思维水平。

五是教材设计要紧密结合中国社会现实。选取具有时代特色的素材，以符合学生身心发展特点的方式加以呈现，引导学生关注国家和社会发展。

（2）教材内容选择：

一是要重点呈现马克思主义基本原理，以及马克思主义中国化的重大成果，特别是习近平新时代中国特色社会主义思想，充分反映中国特色社会主义重大实践和理论创新成果。

二是要遵循思想政治理论教育规律，充分体现道德与法治课程的综合性。根据学生身心不断发育成长的实际，以道德教育和法治教育内容为主，以生命安全与健康教育、中华优秀传统文化教育、革命传统教育、国情教育为主题，借鉴人类文明优秀成果，有机融入国家安全教育、劳动教育以及信息素养教育、金融素养教育等相关内容和素材，形成主次分明、层次清晰、相互支撑、螺旋上升的内容体系，全面落实道德与法治课程的育人功能。

三是要遵循学生成长规律和认知规律，与学生的认知水平相适应。要着眼于学生的真实生活和现实问题，为学生的自主学习提供有效、渐进的阶梯，实现课程逻辑与实践逻辑、理论知识与生活关切相结合。

四是要注重育人要求的一致性，同时也要适应学生认知水平等差异。既要着眼于学生全面发展，阐述道德与法治课程的基本概念、基本知识和基本方法，符合规定的知识类别、覆盖广度、难易程度等，也要考虑城乡、区域差别。

（3）教材编排与呈现形式：

一是要保持教材整体风格的一致性。各册要保持整体连贯和相互衔接。教材正文与辅文、栏目的比例应适中，栏目之间要分工明确、边界明晰。

二是要注重逻辑性，做到条理清楚，层次分明。合理处理各个教育主题的铺展顺序、层次和逻辑关系。

三是教材语言风格要简洁、精当、平实。语言既要准确规范，简明扼要地表达相关教学内容，又要亲切自然，利于学生接受。各个主题教育的内容要与鲜活生动的社会生活紧密结合，将文件语言转化为教材语言，为教师教学提供引导。

四是要确保适应不同学制的要求。道德与法治教材编写分为"六三"

学制和"五四"学制两种版本。"五四"学制六年级教材体例要求等应符合初中学生学习、生活特点。

以上是 2022 版课标对教材编写提出的建议。

2. 统编《道德与法治》教材的特征

截至 2024 年春季，我国中小学教育阶段所使用的道德与法治教材，是 2017 年改版投入使用的，是在新课标颁布之前。因此，教材编写与课标要求还并不完全一致。2024 年秋季，教材将迎来全新改版。自 2017 版新教材实施以来，笔者在教育教学实践中对教材进行了深入的实践研究，认为统编《道德与法治》教材有如下特征。

在编写原则上，新教材体现新课程理念，指向素养目标的培育，始终贯穿社会主义核心价值观教育，旨在落实立德树人根本任务。

在编写体例上，新教材采用单元主题与课时划分的结构。每一单元，由单元导语和课时内容构成。一个单元主题之下划分 2~4 课，每一课之下划分若干框。具体到每一框，其编写架构大致上由"课时导语——运用你的经验（生活观察）——正文＋探究与分享＋阅读感悟＋方法技能＋相关链接——拓展空间（启思导行）"等几部分内容组成，其中正文与小栏目穿插交替编排，在有活动设置、情境素材、内容解析、知识补充等需求时，编排适当的小栏目，以方便教师、学生理解使用教材。

在内容呈现上，符合新课标要求，以"成长中的我"为原点，由"自我认识"到"我与自然""我与家庭""我与他人""我与社会""我与国家和人类文明"，不断拓展学生的认识和生活范围，以道德与法治教育为框架，螺旋式上升地进行"生命安全与健康教育、法治教育、中华优秀传统文化教育、革命传统教育和国情教育"五大主题教育。突出落实社会主义核心价值观，弘扬中华优秀传统文化，体现思想性、人文性；其文本栏目众多，独具特色，体现综合性、实践性，增强教师、学生对教材文本的理解，为教学搭建脚手架；强调综合性知识，重视学生的学习过程及素养提升。如，七年级涉及身心发展、孝亲敬长、师生交往、集体生活、人生价值等学生自我成长的内容；八年级涉及社会规则、责任意识、集体生活、宪法教育、社会公德等学生在社会生活中需要掌握的基本要求；九年级涉及国家发展、基本国情、国际舞台上的中国等学生作为中国公民的国民教育。

在版面设计上，教材图文并茂、生动形象，符合学生认知发展特点，体现"以人为本"。如，教材中《探究与分享》栏目一般都配有学生讨论、学生活动、师生互动、与人交往、社会生活等与教材内容及学生相关的生活场景。

在情境选材上，教材中小栏目的情境选材紧扣时政热点、贴近学生生活，体现了教学内容从学生中来，到学生中去，服务学生的成长发展。如，教材小栏目《生活观察》，一般都会选取学生生活中的事件及成长中遇到的问题作为课引，以使教材内容走进学生，激发学生学习兴趣。

从上述内容可以看出，现行《道德与法治》教材理念符合新课标要求、框架脉络清晰、内容素材丰富、版面设计形象、情境素材鲜活，具有站位高、格局大、选材活、内容实等特点，这些都是我们在教学中要重视、可研究的内容。那么新教材怎么教？如何创造性地使用教材？如何用好用活教材？如何使教学既基于教材又超越教材？

（三）研究教材的方法及使用建议

在开始阅读这部分内容之前，请读者自答这些问题：教材天天用，我用好了吗？我看到的教材，是它的本来面目吗？还是由于我的局限，限制了它的育人功效呢？

每位教师或许都有自己不同的答案，经过以上内容的分析，结合自身的教学经历，也都能清楚问题及原因所在。关键问题在于如何破解；如何研究教材，使其为"我"所用。本书为读者提供以下六种建议：查阅既有文献、变换研究视角、探寻研究切入点、补充教材资源、开拓研究视域、物化研究成果。

第一，查阅既有文献。

任何研究都要在前人基础上进行，所谓"站在巨人肩膀上"才能看得更高、更远。研究教材我们可以通过查阅既有文献，搜集相关材料，研究已有成果，掌握业内专业人士都对教材进行了哪些研究，哪些内容是重点研究对象，哪些内容目前还没有涉及，他人的研究成果给我们使用教材带来哪些启示。

一般我们可以通过阅读专业书籍、报纸杂志，浏览学术网站等途径查阅资料。专业书籍，我们选取在思政专业内有较高威望、有学术建树的权威人士的著作，如李晓东、顾明远、钟启泉、沈学春等学者的。报纸杂志，一般我们选择《思想政治课教学》《中学政治教学参考》等核心期刊的文章。学术网站，一般我们通过中国知网查询相关硕博论文、公开发表的论文等。笔者在知网用"思政""教材""研究"三个关键词进行搜索，结果有 9055 篇学术期刊文章、5564 篇硕博论文、318 篇会议纪要、59 篇报纸文章、7 本图书。从搜索结果可以看出，目前就思政教材研究已经不少，且研究成果丰硕，这就给我们提供了很多有用的研究教材的资源。

第二，变换研究视角。

"横看成岭侧成峰，远近高低各不同。"教材也是如此，站在专家的视角与教师的视角来看是不同的，站在教师的视角与站在学生的视角来看也是不同的。甚至不同的教师、不同的学生都会有不同的理解。

在日常的教学中，我们经常会陷入当局者迷的情况，对教材的把握仅从教师自身的角度出发去理解运用。我们应当跳出自己的视角，尝试从其他教师视角、专家视角、学生视角来审视教材，会有不一样的发现。从专家视角来解读教材，关键是审视教材的立意与理念，编写内容和规范，等等。从教师自身的视角来审视教材，关键是梳理教材框架脉络，对内容进行整体把握，这样的解读方式能够使我们从宏观层面对教材的讲解内容有大致了解，还可以通过目录的分支形式来发现不同章节间存在的内在关联。从学生的视角来审视教材，关键是要挖掘学习价值，学了这些内容对"我"的成长有哪些意义？这样的解读方式能够让我们发现教材的教育价值，统编版初中道德与法治教材的编写内容就十分符合初中阶段学生的心理特征以及认知程度。

身份视角的变化带来研究方向价值的变化，从而带来研究内容及重点的变化。研究视角的切换，能够帮助我们洞察到单一视角不易察觉的问题，可以帮助我们对教材的研究更加立体丰满和理性深刻。新时代需要新教材，当然也需要我们的新眼光。

第三，探寻研究切入点。

教材研究是个可大可小的问题，说它"小"，是相对于课程、课标来说，教材是其在教学阶段的具体化。说它"大"，是因为一本小小的教材包罗万象，有正文、辅文、插图、小栏目、情境资源等，其背后还承载着相应的教育理念，蕴含着深远的育人价值。对于教材，我们应摒弃教材只是知识载体的观念，要立体、全面地挖掘教材。

在知网搜索"教材研究"相关文献，我们会发现关于教材的研究资料车载斗量。如，道德与法治教材研究方面，有1882篇硕博学位论文、480篇学术期刊、201篇会议纪要、2篇报纸文章。其中，涉及最多的就是对教材小栏目的研究，其次是教材情境资源，还有教材传统文化、法治文化及插图、人物形象、辅助文、文本分析等，这些都能成为我们研究的切入点。

如，对教材传统文化的研究。笔者对初中《道德与法治》教材中涉及的中华优秀传统文化古诗文进行解读，并形成集中资源，在"胡邦霞道德与法治名师工作室"微信公众号上发布。另外，还对教材小栏目进行开发研究，并将研究成果以论文的形式发表在《中学政治教学参考》上等。

第四，补充教材资源。

教材是教师教学、学生学习的第一手资料，紧跟时代、符合学情最重要，我们的教材需要不断更新补充。这是由于，一方面，教材编写出版更新的周期较长，有些时事政治资源无法编进教材，但却是很好的教学资源，这就需要教师事事留意、处处留心，将最新的、最恰当的时事资源作为教材的补充。另一方面，目前全国统一使用统编教材，由于不同省份、不同城市、不同学校、不同学生，学情是不同的，既有共性，又有个性。因此，教师要树立资源意识，不断开发研究教材，根据时代发展变化与具体学情，适当为教材补充合适资源。

如，"中华优秀传统文化"主题教育，教材中只是从普遍意义上来讲中华优秀传统文化组成部分、重要性、如何传承等，但具体到每一座城市，都有其独具特色的文化传承，学生身边的美食、建筑、服饰、习俗、博物馆等，都是非常丰富且实际的文化资源，适当补充本土文化资源，学生感触会更深刻，理解会更透彻。我们的教材需要创新、需要补充、需要贴近学生生活，教师把握这些原则，才能真正地用好、用活教材。

第五，开拓研究视域。

拓展研究视域就是要在大中小思政一体化视域下，进行教材研究。

习近平总书记在学校思想政治理论课教师座谈会上提出："在大中小学循序渐进、螺旋上升地开设思想政治理论课非常必要，是培养一代又一代社会主义建设者和接班人的重要保障。"教材是课程实施的关键载体，推动思政课教材一体化建设对于建设大中小学思政课一体化有重要意义。教材一体化是依据国家教育发展战略目标，在不同学习阶段或连续几个学段围绕相同的根本任务、根本问题，统筹规划教材，形成由浅入深、分层递进、螺旋上升的教学目标和知识框架。贯彻新时代思政课改革创新要求符合中学生认知发展规律，遵循教育教学规律提高思政课效能是中小学道德与法治与高中思想政治课教材一体化的必要性。

如，对初高中思政课教材的对比研究。从对初中与高中课程标准的比较来看，初高中的课程标准结构、课程性质、课程目标和教材编写建议并没有体现系统性和递进性。从初高中思政课教材来看，在编写基本原则上，初中《道德与法治》教材坚持生活化取材、主题式编排的原则；高中《思想政治》教材坚持整体性编排、分块安排教材内容的原则，体现活动型学科课程实施的原则。在教材内容上，初高中教材都重视中华优秀传统文化、革命传统教育、法治教育，而高中侧重的经济要素、哲学要素内容在初中较少涉及。在选材上，初中《道德与法治》选取生活化情境，以生活主题整合；高中《思想政治》教材注重学生探究思维，分知识块安排教材内容。研究发现，初中《道德与法治》与高中《思想政治》教材一体化面临初高中课程标准制定和教材使用未同步、初高中思政课相互协作程度有待提升、初高中思政课教师有关教材一体化建设的素养有待提高等问题。

以上我们分析的对初高中思政课教材研究的一些看法及发现的相应问题，对中小学道德与法治教材的研究也同样重要。站位一体化视域下研究思政课教材，不仅有助于推动我国思政课一体化建设，更直接的作用是能够帮助我们提升分析、运用教材的能力。

第六，物化研究成果。

教师成长少不了研究，课堂是研究的根本，教材是研究的基础。研究教材的途径多样，如做课题、写论文、教学实践等；其内容丰富，如文本研究、资源研究、插图研究等。我们要善于将自己的研究成果物化，成为可看见、可传播、可学习的资源。比如，公开发表论文、出版著作、发布公众号文章等都是我们可以将成果物化的途径。通过物化研究成果，传播成果，能够扩大影响力。

▶▶ 示例

巧用优秀传统文化　浸润初中思政课堂 ①

胡邦霞　河南省三门峡市实验中学

摘要：将优秀传统文化融入课堂，引领学生修身为本，以追求君子品格，学会与人相处以构建和谐人际关系，学会承担社会责任以培养家国情怀，是初中道德与法治课堂教学的应有之义。

关键词：优秀传统文化；君子品格；和谐关系；家国情怀

中华优秀传统文化是道德与法治课教学的源头活水。初中道德与法治课程涉及大量优秀传统文化，内容丰富、形式多样；有隐藏在文字背后的隐性文化，如思想理念；有跃入眼帘的显性文化，如诗词、名言、人物故事、典籍、风俗习惯、传统节日；等等。如何在道德与法治课教学中凸显中华优秀传统文化，让书写在古籍中的文字活起来，以文育人、以文化人，在学生心中留下烙印，增强学生对中华优秀传统文化的认同？试就此谈一点拙见。

一、修身为本，追求君子品格

中华优秀传统文化强调个人当以修身为本，锤炼品德，养成积极进

---

① 本文发表于《中学政治教学参考》2021 年第 46 期。

取、坚韧不拔的人生态度，追求崇高理想、敬业乐业、知行合一的人生境界等。学会正确认识成长中的我，形成健康向上的人生态度，是初中道德与法治课程标准要求之一，这与我国优秀传统文化强调个人修身养性、追求君子品格一脉相承。教师在教学中可巧妙借用诗词歌赋，讲述人物故事，使道德与法治课育人无声。

"天行健，君子以自强不息；地势坤，君子以厚德载物。"统编教材七年级下册第三课第一框"青春飞扬"之《相关链接》栏目列举了苏轼的名言："古之立大事者，不唯有超世之才，亦必有坚韧不拔之志。"教师在教学中应引导学生理解自古以来，成就事业不仅要德才兼备，还要有坚强的意志品质。中华优秀传统文化中关于自强的名言古语不胜枚举，教师在此处还可适当增添关于自信自强的名言警句、诗词歌赋，如曾国藩的"用功不求太猛，但求有恒"等。《拓展空间》栏目提示教师可让学生阅读关于青春的中外文学名著、经典电影或名人故事等。我国古代关于个人品格修养的典籍、典故灿若星河，如《论语》中"其为人也，发愤忘食，乐以忘忧，不知老之将至云尔"等。教师应充分挖掘优秀传统文化中的名言警句、人物故事、诗词典籍，培养学生自强不息的品质。

"勿以恶小而为之，勿以善小而不为。"中华优秀传统文化中对省察克治、慎独自律、积善成德有着极为丰富的论述。统编教材七年级下册第三课"青春有格"中的"行己有耻、止于至善"，正是从中国传统文化中汲取的思想精华，旨在用"行己有耻"规范青春，使青春不出格；用"止于至善"引领青春，使青春有格调，在飞扬的青春里见证最好的自己。本课教材呈现了大量的传统文化内容，包括孔子、孟子、朱熹、龚自珍、司马迁、杨震、梁启超等历史人物，涵盖《礼记》《大学》《史记》《论语》等作品，内容丰富、寓意深刻。在教学中，教师可将传统文化中的知耻、慎独、止于至善等文化理念与孔子、孟子、文天祥、岳飞等历史人物巧妙融入课堂，诠释"青春有格"的教学主题。在教学中，我援用"我愿天公重抖擞，不拘一格降人才""言有物，而行有格"等，引导学生体味"格"的寓意；解读《大学》中的"大学之道在明明德，在亲民，在止于至善"，帮助学生理解"止于至善"的内涵；分享"杨震拒金"的故事，引领学生追求"慎独"的人格境界。

"疾风知劲草，烈火炼真金。"中华民族血脉里自古以来就流淌着坚韧不拔、不畏困难的民族精神。如统编教材七年级上册第九课第二框"增强生命的韧性"，主要培养学生直面挫折和逆境，敢于克服困难的坚强意志。中华优秀传统文化中关于战胜挫折，在逆境中成长的名言、故事数不胜数。如荀子的"岁不寒，无以知松柏；事不难，无以知君子"等。人人都爱听故事，以故事形式呈现教学内容，可以赋予课程灵动性。在教学中，我让学生讲述越王勾践卧薪尝胆的故事，使学生懂得了挫折与人生相伴，具有双重影响，我们要以积极乐观的态度面对挫折，勇敢地战胜挫折。

"丰年人乐业，陇上踏歌行。"劳动是一切幸福的源泉。中华民族自古就有"不劳者不得其食"的敬业乐业精神，崇尚耕读传家，以明事理，修身立世。每一种职业都承担着责任，因而要引导学生树立正确的职业观，热爱劳动，热爱本职工作，脚踏实地，勤勤恳恳，弘扬工匠精神。如统编教材九年级下册第六课"多彩的职业"，旨在使学生了解不同劳动和职业的特点及其独特价值，做好升学和职业选择的心理准备。在教学中，我讲述诸葛亮毕其一生辅佐刘备的故事，吟诵"勤苦守恒业，始有数月粮"等关于劳动的古诗词，援引习近平总书记"劳动最光荣，劳动最幸福"的论述，使学生在日用而不知的状态中，潜移默化地接受劳动教育，培养敬业精神。

"博学而不穷，笃行而不倦。"中国古代哲学强调知行合一，中学生既要学习古圣先贤的优秀文化思想，更要付诸实践，继承和发扬中华优秀传统文化。如统编教材九年级下册第六课第一框"学无止境"，旨在引导学生注重实践，强调学思并重，做到知行合一。对于"学"与"行"的关系，古圣先贤已有很多论述，如荀子说："学至于行之而止矣。行之，明也。"《中庸》有语："博学之，审问之，慎思之，明辨之，笃行之。"道破了"学"与"行"的关系，学习的最终目的是践行。我在教学中讲述"纸上谈兵"的故事，使学生更进一步懂得要将理论与实践相结合，从而培养综合能力。

二、与人相处，构建和谐关系

"和为贵，谐为美。"自古以来，上至邦国相交，下至人际关系，中华民族都崇尚以和为贵，与人相处要讲仁爱、守诚信、尚和合。中学生要健康成长，就要学会与人交往，学会处理亲子关系、朋友关系、师生关系及与社会其他成员的关系，学会在集体中成长。

"露从今夜白，月是故乡明。"中国家庭文化中，特别注重家风、家规、家训的传承，如《朱子家训》《诫子书》等著作，教育子女要具有勤俭节约、忠君爱国、仁孝清廉等品质，"孝"是其中重要的精神内核。教学统编教材七年级上册第七课"亲情之爱"，我选取《论语》中关于孝的名言，如："今之孝者，是谓能养。至于犬马，皆能有养；不敬，何以别乎？""色难。有事，弟子服其劳；有酒食，先生馔，曾是以为孝乎？"让学生在理解古语的同时，进一步明白孝亲敬长是中华民族的传统美德，我们不仅要赡养父母，还要学会和颜悦色地与父母交流沟通，尊敬父母。教师还可以利用重阳节等传统节日开展猜灯谜、对对联等活动，引导学生表达爱家之情，使学生体会父母的辛劳，养成孝亲敬长的品质。

"海内存知己，天涯若比邻。"志同道合的朋友是我们一生巨大的财富。如何结交朋友，建立真挚友谊，是初中生面临的现实问题。中华传统文化中关于友谊的故事令人神往，关于友情的诗句斗量筲计。如统编教材七年级上册第二单元"友谊的天空"，我在带领学生学习这部分内容时，设计了"友情诗句知多少"擂台赛，学生课前多方搜集，课上积极展示，在参与活动中，感受古人与朋友之间的真挚情感。还讲述了俞伯牙与钟子期"高山流水遇知音"的典故等，让学生从中感悟友情的可贵，懂得交友原则，学会建立并呵护友谊。

"古之圣王，未有不尊师者也。"古人称老师为夫子、先生、师傅等，体现对教师的崇敬之情。古诗文中不乏尊师重教的金玉良言，如柳宗元的"举世不师，故道易离"，谭嗣同的"为学莫重于尊师"等，这些至理名言就像一颗颗散落的珍珠，使学生懂得尊师重教的重要性。教学中，我举办了一场以"吾爱吾师"为主题的诗词接龙赛，使学生懂得"惑而不从师，其为惑也，终不解也"。教师可借用《师说》，从道德与法治学科角度探析，让学生体会从师学习的重要性，引导学生善于向教师学习，明白学无常师之道。同时，结合《阅读感悟》栏目中"磨子与耕柱子"对话，使学生明白快马经得起鞭策，黄牛再鞭策也不会跑快，从而在以后的师生交往中能够正确对待老师的批评与教育，建立良好的师生关系。

"仁以为己任，不亦重乎？""仁"既是儒家思想的核心，也是君子品格的内核，更是处理我与他人、社会关系的准则。"仁"不是单一的品德，而是综合道德品质的概括体现，"讲仁爱"在生活中包含多方面内容与形式，如尊重他人、讲求诚信、以礼待人等都是"仁"的体现。统编教材八年级上册第四课"社会生活讲道德"就是对"仁"的一种诠释。教材呈现了大量传统诗词、民间俗语、典故，如第一框"尊重他人"中"己所不欲，勿施于人""尺有所短，寸有所长"，与诗圣杜甫有关的"堂前扑枣"的故事，启发学生推己及人、宽容善待他人。第二框"以礼待人"中"不学礼，无以立""人而无礼，焉以为德"等名言，以及杨时程门立雪的典故。《相关链接》栏目还向学生介绍了"告辞、留步、赐教、拜托、包涵"等传统文化中表达谦虚、恭敬的礼貌用语。在教学中，我组织学生办了一期以"以礼待人"为主题的黑板报，组织了"以礼待人"传统故事会，在活动中培养学生以礼待人的优秀品质。

"独脚难行，孤掌难鸣。"古往今来，中华儿女始终信仰集体的力量，在中国大地上生长出特有的集体主义精神，这也是共产主义能够在中华大地落地生根的文化渊源。学会在集体中成长，是初中生必备之能力。统编教材七年级下册第三单元以"在集体中成长"为主题，帮助学生学会过集体生活。教材在本单元并没有涉及古诗词、典故、古籍等显性的传统文化内容，但其价值理念却来源于传统文化。在教学中，我融入关于集体的古诗文，如《吕氏春秋》中"万人操弓，共射一招，招无不中"，《周易》中"二人同心，其利断金"。教师还可讲述集体团结的典故，如春秋时期，吴国和越国同舟共济的故事。学生在诗词典故的学习中，理解教材知识，增强集体观念，学会过健康的集体生活。

三、社会担当，涵养家国情怀

生命起源于家，理想扎根于国，个人与社会、国家、民族注定有着密不可分的联系。"修身齐家治国平天下"是中国人的生命进阶之路，这种不止于独善其身，更追求兼济天下，崇尚个人与国家、民族休戚与共的社会担当精神，是中国人内心的精神归属。精神有归属，每个人都可以用自己的勤劳与汗水书写不平凡的人生，生命才有意义。

"闲居非吾志，甘心赴国忧"充分体现了中国人的爱国情怀。统编教材八年级上册第四单元"维护国家利益"，引导学生树立国兴我荣、国衰我耻的信念，坚持国家利益至上，以实际行动坚决维护祖国安全、荣誉和利益，为国家繁荣昌盛贡献力量。本单元巧妙地设计了篆书"国"字解析，引发学生思考国家生存发展的条件。《拓展空间》栏目又呈现了三则爱国诗句，教师可以引导学生搜集展示表达爱国情感的诗句并吟诵。我国历史上为维护国家、民族利益而抛头颅、洒热血的仁人志士比比皆是。教师可选取教材中的事迹讲述，也可挖掘中国历代爱国人士的典故，引导学生深刻反思是否具有强烈的爱国情怀，从而树立爱国志、行爱国事。

"知责任者，大丈夫之始也；行责任者，大丈夫之终也。"新时期所倡导的积极承担社会责任、服务社会乃儒家文化精华"积极入世的社会担当精神"的体现。个人品格的完善及良好人际关系的建立，都离不开责任，积极承担责任是个人成长及处理与他人关系的良药。统编教材八年级上册第三单元"勇担社会责任"，旨在引导学生增强社会责任感，做一个负责任的公民，在奉献社会中快乐成长。"天地生人，有一人应有一人之业。"无论何时何地，每个人都要主动承担起自己应尽的责任。在教学中，教师可引用最近热播的综艺节目《典籍里的中国》中有关社会担当的人物典故，如药圣李时珍编写刊印《本草纲目》。此间诸多繁难，一生从未向人低头的李时珍却"千里求序"，弯腰求序比挺腰写书更难，但仍不改他"修本草，以利万民"的医者初心。节目通过演绎典故，穿越古今，形式新颖，学生在节目感染下，兴致盎然，融情于境，不禁潸然泪下，点燃爱国情，践行担当志。

"大道之行，天下为公""美美与共，天下大同"。今天的我们同样向往大同世界。道德与法治课注重培养学生的国际视野、全球意识，引导学生不仅要做合格的中国公民，也要做合格的"地球村"村民，世界的和平发展是我们每个人的责任。统编教材九年级下册第一、二单元旨在引导学生心系祖国、放眼全球，关注国际事务。"物之不齐，物之情也"，中华民族自古以来就尊重文化的多样性，并学习借鉴其他优秀文明成果。在处理国际关系时，我们尊重他国，在文化、政治、经济等各领域，中国始终秉持协和万邦的和平思想，积极构建合作共赢的人类命运共同体，这与"天下大同"思想一脉相承。在教学中，教师可讲述为世界作出巨大贡献、解决世界性难题的人物故事，如杂交水稻之父袁隆平的故事，让学生真切体会传统文化中的立己达人思想。

统编初中《道德与法治》教材中传统文化内容不可计数，内容丰富，形式多样，为教师提供了丰富的教学资源。教师可通过讲好古圣先贤人物故事，使思政课有意思；用好经典诗词歌赋，使思政课有意蕴；传好传统文化理念，使思政课有意义。

三、研究学生，以学定教

"凡事预则立，不预则废。"课前的准备工作对于课堂教学效果的提升至关重要。在教学中，教师除了常规性地对教学内容进行挖掘，还要做到对学生情况了然于胸。每个学生都是独一无二的，需要我们耐心倾听他们的声音。正如世界上没有完全相同的两片树叶一样，也没有完全相同的两个人，更没有完全相同的两个班级。个体之间的现实差异是客观存在的。面对这些现实差异，如果教师采取一视同仁的方法设计教学过程，那么，教学效果自然会大打折扣。为保障教学效果，教师在设计教学目标、教学过程、教学活动、学习任务等时，必须以实际学情为基础，设计出符合学生实际需求的个性化教学设计。

（一）学情分析的重要性

学情分析（也称为学习者分析或教学对象分析），顾名思义就是指对"学情"，即学生情况进行分析，包括学生信息及其身上会影响教学效果的信息。《教育大辞典》中对"学习者分析（教学对象分析）"的解释为："是教学设计过程中了解学习者的学习准备情况（包括学习者一般特征和学习者初始能力）及学习风格的分析工作。"其中"学习者一般特征"包括年龄、性别、学习动机、生活经验和文化背景等在内的生理、心理和社会各方面因素；"学习者初始能力"是指学习者学习某一特定学科之前就已掌握的知识、技能、认知和态度，包含预备技能、目标技能和态度等。[①]

道德与法治课是一门综合性较强的课程，它以当代的方针政策以及时政热点作为自己的基本教育内容，将培养学生正确的思想情感作为课程的重要基础，具有鲜明的理论性。在初中道德与法治课教学中，学情分析是指对学生的身心发展特点（学生在生理和心理上所表现出来的规律及特点）、学生的现实基础（学生在学习过程中已经获得的知识，以及在日常的生活中已经习得的经验）、学生的潜在起点（学生在没有教师的干预下，在课前通过自主预习所能达到的状态）、学生的思想行为变化（学生在教师的干预下及学习发生后所达到的状态）以及对时政热点的关注度等五个方面的分析。

对学情的深入分析、准确把握，一方面，有利于践行新课改理念、落实新课标精神；另一方面，有利于提高教学有效性。对实现道德与法治课程立德树人目标至关重要。

1. 践行新课改理念

对学情的深入分析、准确把握有利于践行新课改理念。新课改从课程的目标、结构、内容等诸多方面强调了学生在教学中的主体地位，要求我们从传统的"知识授受"的教学模式转变为"以学生发展为本"的自主探究式学习方式。

因此，教师作为课程改革的重要实践者和教育活动的指挥者，应该深刻理解学生的发展需求，知道其处于何成长阶段，了解其有什么样的兴趣爱好和经历，以便使教学更加符合学生的实际基础，更好地适应不同学生的发展需求。

2. 落实新课标精神

对学情的深入分析、准确把握有利于落实新课标精神。《义务教育道德与法治课程标准（2022年版）》中指出，道德与法治课需重点凸显学生的主体地位，要以社会发展、学生的实际生活及学生身心发展特点和成长规律为课程的基础，要关注学生在学校、家庭和社会中的言行表现，构建

---

① 顾明远. 教育大辞典[M]. 上海：上海教育出版社，1998：1821.

一门应用性、实践性较强的课程。在教学建议部分强调要密切联系社会生活和学生生活实际，这些都表明了学生逐步丰富并扩展的生活是课程实施的基础和出发点。道德与法治课的理论性、思想性、综合性都要求教育者要重视学生发展的基本规律，紧密贴近学生的实际生活，分阶段、分层次地开展教育。

如何使教学贴近学生？学生的发展基础、身心成长规律及生活实际不是显而易见的，需要教师对学生进行深入了解，掌握学生情况并进行分析，这样才能在教学中有的放矢，落实新课标"以学生为主体"的理念。

3. 提高教学有效性

对学情的深入分析、准确把握有利于提高教学有效性。学情分析是开展有效教学的前提和基础，更是提高教师教学效率的关键步骤和必要条件。实质上，任何一门学科的课堂教学最终追求的都是"有效性"，就是指学生通过学习这门课程最终获得了什么，这堂课的教学是否对学生产生了实际效果，是否在学生的"最近发展区"。

为了提高教学有效性，我们必须在教学设计、课堂实施及课后反馈中及时对学情进行分析，了解学生的知识基础，发现学生的现有经验，满足学生的学习需求。最终，再通过学情分析，确定学生是否达到了预设目标，课堂教学是否产生了实际效果。

总之，在教育教学中对学情的分析是一项至关重要的工作，是践行新课改理念、落实新课标精神、提高教学有效性的关键，不容忽视。

（二）学情分析现状及原因

学情分析对教学设计与教学实践来说至关重要，但在实际教育教学中，对学情的分析还存在重视不足、方法不当、针对性不强等问题，这些都严重影响着教师对学情的把握，不利于教学效果的提升及学生的发展。

1. 重视不足

学情分析的重要性不言而喻，但部分教师在教学设计、课堂教学、教后反馈等环节并不十分重视学情分析，仅仅根据自己的设想与喜好进行教学设计，在课堂教学中也是按部就班地推进教学内容，课后的作业评价、行为改变等都变得无关紧要。部分教师表示，常态课教学中学情分析较少，在撰写教学设计时，会专门进行学情分析。但我们发现，学情分析作为教学设计的一部分，部分教师只是将其作为独立的一部分，并没有与教学内容相结合，说明依据此学情将采取怎样的教学措施，这样做也仅仅是将学情分析形式化。还有部分教师也只是在需要讲公开课、优质课时才重视学情分析，愿意花费大量时间和精力进行学情调查分析。

究其原因，部分教师缺乏学情分析理念，对"以学导教""学生为主体"的理念认识不足，缺少严谨的科学精神；还有就是学校外部的约束力欠缺，一般学校对于学情分析方面并没有相关规定，只看教师所带班级的成绩，这在一定程度上限制了教师的眼界，一切以追求成绩为目的，而忽略了学生其他方面的发展。

2. 方法不当

在实际教学中，部分教师也很重视学情分析，但是缺乏有效的信息获取渠道和科学的分析方法。在进行学情分析时，部分教师表示会在课前利用 5 分钟左右时间和学生交谈，从谈话中了解学生的知识掌握情况。可以看出，常态课中教师进行学情分析的手段是比较单一笼统的，不能全面、充分、深入、详细地了解学生的信息。部分教师表示不知道有哪些学情分析的方法。实际上，学情分析的方法是多元的，如调查法、谈话法、成绩分析法、观察法、抽样法、课堂提问法等，教师可以根据不同学校、班级、教师、学生、课程内容等选用合适的方法。

究其原因，是部分教师缺乏相应的学情分析能力，这就需要教师在日常教育教学中多阅读、多学习，注重提升自身专业能力。

3. 针对性不强

通过多年的教学实践，我们发现，目前中小学教师所进行的学情分析大多数是普遍性的、笼统的，具体在表述上表现为"中学生、初中生、青少年"等具有怎样的身心发展特点，具有怎样的思维发展水平，具有哪些知识经验基础。这样做，能够使教师在整体上把握该学段学生的发展规律与特点，具有普遍性。马克思主义哲学认为，任何现存事物都是普遍性与特殊性的统一。世界上不存在相同特质的人，每个学生都有其独一无二的特性。教师在整体上把握普遍性学情的同时，还要具体学生具体分析，有针对性地进行学情分析。

究其原因，部分教师仅仅是将学情分析当成一种形式化工作应付，还有就是日常工作任务量大、学生人数多等一些客观因素的制约，无法对学生进行有针对性的调查分析。

综上所述，不可否认，我国目前中小学常态课教学中，在学情分析上存在不重视、缺乏科学有效的分析方法、针对性不强等问题，这与教师自身"生本意识"不强、能力欠缺及外部工作任务量大、学生数量多、约束力不足等息息相关。作为一线教师，我们要切实有效地发挥道德与法治课育人功能，准确把握学情是前提。

（三）学情分析方法及建议

明白了学情分析的重要性，清楚了学情分析存在的问题及原因，那我们应该树立怎样的学情分析观？如何进行科学有效的学情分析呢？

1. 树立"将学情分析贯穿教学始终"的学情分析观

根据目前中小学教学实际，学情分析大多数发生在课前教学设计时，如根据学生已有知识经验确定教学目标，根据学生的发展需求安排教学内容，根据学生需要掌握但不易学习的内容确定重难点，等等；或者在课堂教学进行时，根据学生的课堂表现、回答反馈等学情进行教学调整。但在课后，就很少进行学情分析。

《义务教育道德与法治课程标准（2022 年版）》指出，课堂评价、作业评价、考试评价都是教学评价的组成部分。那么教学评价应干什么？其实质就是让教师通过评价更加准确地把握学生发展情况，让学生通过评价更加清晰地认识自身优势与不足，从而改进教学或学习方式。可见，教学评价也在一定程度上发挥着学情分析的作用。既然教学评价贯穿教学始终，不妨也将学情分析贯穿教学始终，避免将两者割裂。通过教学评价分析学情，我们可以科学有效地把握学生学前怎样、学时如何、学后怎样，并通过作业反馈、调查问卷、行为观察等学情分析方法判断我们的教学是否达到预期目标。

2. 学会科学的学情分析方法

学情分析不是空中楼阁，不是教师坐在办公桌前想出来的，而是通过一定的途径获取真实的学情信息，进而用科学的分析方法进行分析，得出能够帮助提升教学实效的真实的学生信息情况。学情分析方法一般包括问卷调查法、作业分析评估法、访谈法、师生共同备课法、学生提问法、课堂观察法等。

（1）问卷调查法。问卷调查法是指教师通过借鉴已有或者专门设计有关学生的现有基础和新教学内容的问卷，来了解班级、学生对新知识的预备状态，对学生进行一个背景摸底的一种方法，也可以说是教师经常采用的方法。问卷调查以数据的形式可以更加直观地展现学生的准备状态。教师可以通过问卷了解学生是否具备了学习新知识的基础，是否有兴趣、是否关注相关时政热点、学生已有的知识经验是否对新课程有迁移等情况，此外还可以用问卷来确定学生的知识储备以及对新知识的预备状态，再根据分析的结果及时调整原先的教学设计，并确定本节课的重难点。

（2）作业分析评估法。之所以把分析及评估作业单独作为一种方法，因为作业是教师了解学情的重点研究对象，也是教师最为熟知和常用的手段。作业作为课堂教学的延续，既是这节课的结果也是下节课的起点，是学情实时反馈最常见、最主要的途径，它能够更加客观以及迅速地反映出学生对当堂课的接受程度，并将分析结果作为下一节课教学设计的重要基础和依据，能够直观地告诉教师"下一节课应该从哪里开始"。同时，作业也是教师和学生之间为数不多的进行"一对一"互动及对话的交流平台，当教师对学生的作业进行"一对一"的批改时，就可以更加直观地了解某个学生，使学情分析更加具有针对性。例如从完成的情况、字迹等方面，分析该生的主动性及学习态度，从对正确率及错误率的分析推导出对知识点的掌握程度等。

（3）访谈法。访谈法是指教师在教学开始前通过与学生进行有关新教学内容方面的沟通与交流，来了解学生的方法。从访谈的对象上来看，教师可以与学生本人、学生父母、同班同学、任课教师以及班委等来了解学生的原有知识、学习态度、思想变化等多种信息。学生是教师的教育对象，直接对学生进行访谈，相对于观察学生的作业、成长记录册等文字性材料而言更加灵活，也会让教师和学生印象更加深刻。访谈前，教师要根据课程标准、教学内容，以及自己对该学生的了解，确定访谈目的和内容。访谈之后，再根据自己所收集的信息，通过分析与处理，适当地根据学生的实际情况对自己的教学预设进行调整。

（4）师生共同备课法。师生共同备课法是相对于传统的教师根据课程标准和教学任务单方面地进行备课而言的。师生共同备课可以打破以往的教师"一家之言"，让学生对自己将要学习的内容有"发言权"，同时也能激起学生的兴趣。教师可以选择不同的教学内容和不同层次的学生，通过询问、采用"建议表"等方式，对即将学习的教学内容与学生进行一次深入的交流。交流内容可以包括对教学重难点的看法，期望获得的学习效果；对在导入过程中运用的案例、讲授新课中运用的方法、讲授内容的顺序进行建议等。最后再根据学生的"建议"以及自己的教学经验，选择最适合班级学生的实际情况和特点的教学内容和方法，这样在满足学生需求的同时，也做到了对症下药。

（5）学生提问法。学生提问法是指学生通过预习教学内容，根据预习中所遇到的困难课前向教师发出提问的方法。部分教师可能会认为面对同样的教学内容，不同的学生会出现不同的问题与困难。但研究发现，当学生在面对同样的教学内容时，因为处在相同的发展水平和背景下，甚至同一个班级内，他们对特定事物的理解及思考方式是有限的，只要教师能够细心筛选，是完全可以对其进行归类总结的。教师可以通过学生的课前提问快速了解学生的困惑所在以及需求，并从学生的提问中筛选出哪些问题是大部分学生的共同点，就此可以确定哪些内容需要重点讲解，哪些内容学生私下就可以自行学习。教师在抓住重点的基础上再进行教学，在解开学生疑惑的同时，也提高了教学效率。

（6）课堂观察法。教师对学生进行观察的主要途径一般有两种，一是在听课时对同行课堂教学的观察，二是教师本人在课堂中对学生的观察。但因本书主要是从教学设计及备课的角度探讨如何分析学情，即仅是教师对课堂教学的预设，还未真正实施，因此此处的课堂观察法主要是从教师听课的角度进行论述。

如今的听课主要就是"观看教师的独人演出或个人表演"，听课的教师大部分精力都用在听上课教师怎么导入的新课、用什么样的教学方法、用的什么案例、怎么做的总结等等，完全忽视了对学生"学"的观察。实质上，听课，除了欣赏及评价同行的"表演"之外，也是教师获取学情的间接渠道。教师可以通过观察同行的教学实践，间接地获取学生对教师所设定的教学目标、采取的教学模式或方法的直观反映，对教学内容的消化状态及对各个教学步骤所用的时间，对运用的教学案例、多媒体视频的兴趣状态，等等。将从对同行课堂教学观察中所获取的学情信息，运用到自己的教学设计中，学习和借鉴同行的经验，再根据自己班级的具体情况，对此进行进一步的完善，即可改进自己的教学设计和课堂教学。

除上述方法之外，在实践中教师调查分析学情的方法还有很多，如：经验分析法，教师可以用自己丰富的教学经验及反思来预估学生的基本情况和将会面临的困难，对之后要开展的教学活动做出假设和预判；课程预习法，在开展新教学之前，教师通过对学生对新知识的预习，推测出哪些内容是学生已经理解的、哪些内容是学生可以自行学习的、哪些内容是学生的共同难点等，并以此在教学过程中确立适合的出发点和固着点；逆推法，通过以新的教学知识点为出发点，反向寻找新知识与学生现有知识的连结点，以此点作为开展新教学的基础，将新旧知识之间建立起连接；资料分析法，通过学生的成长记录袋、成绩单、试卷等文字性信息间接了解和分析学生；等等。

各种分析方法都有自己的优点和缺点，教师在理解并掌握这些方法的同时，既可根据实际教学设计需要有选择性地使用，也可以根据班级和学生的具体情况综合运用。此外，在选用具体方法时，教师要充分考虑道德与法治课的特性，还要考虑学校、班级、大部分学生等大背景，同时还需兼顾个别学生的实际状况，不能以偏概全，也不能忽略少数，更不能"想当然"和"照搬照抄"。不管运用哪一种方法，我们都是为了提高教学的效率和针对性，能够较为准确地找到学生的现实起点和未来落脚点，使教学更加契合学生的现实情况及需求，更好地让"教"为"学"服务。

3. 多角度把握学情

学生是课堂学习的主体，学情分析是教育学目标设定的基础。7—9年级这一初中年级段，是小学高年级阶段的延续，与高中阶段相衔接，是培育道德品格，形成世界观、人生观、价值观的重要时期。本学段的学生正处于青春期，独立思考能力和判断能力进一步增强，情绪波动性大、可塑性强。

对学情的把握可从生理心理状况、现有认知经验、学科能力分析、心智特征分析、个体差异等角度进行分析，预测学生在学习中可能遇到的障碍，预设问题及解决方案，注意挖掘和发挥学生的优势，最终为教与学的目标设定奠定基础，有助于教师精准施教。

在此，书中为大家列举笔者在分析目前道德与法治课学习现状时的学情调查及报告分析，以供读者参阅。

▶▶ 示例 1

道德与法治学习现状调查问卷

1.（单选）你所在的年级是（　　　）。

   A.7　　　　　　　　B.8　　　　　　　　C.9

2.（单选）你喜欢学习道德与法治课吗?（　　　）

   A. 喜欢　　　　　　B. 不喜欢　　　　　C. 一般

3.（多选）喜欢的理由是（　　　）。

   A. 老师讲课有趣　　　　B. 对教学内容感兴趣

   C. 课堂互动多　　　　　D. 其他

4.（多选）不喜欢的理由是（　　　）。

   A. 老师讲课枯燥　　　　B. 课堂缺少互动

   C. 对生活没有作用　　　D. 对教学内容不感兴趣　　　E. 其他

5.（单选）平时道德与法治课的课堂气氛是（　　　）。

   A. 气氛活跃，积极参与　　B. 气氛一般，部分参与　　C. 死气沉沉

6.（单选）你上道德与法治课时一般（　　　）。

  A.老师讲我听

  B.老师讲，我做自己的事情

  C.老师会设计一些活动，我能参与进去

  D.老师会设计一些活动，但我不参与

7.（单选）你是否能通过表格、思维导图等内容来梳理已经学到的内容？（　　　）

  A.完全可以   B.有一定困难   C.完全不行

8.（单选）在上完课以后，过了一段时间，你是否能回忆起学习过的内容？（　　　）

  A.都能记得   B.大部分记得

  C.大部分忘了   D.完全不记得

9.（多选）在道德与法治课中最不利于你学习的是（　　　）。

  A.不知道本节课到底应该学什么

  B.希望多参与课堂活动，但没这个机会

  C.老师总在讲台上讲，听一会儿就不想听了

  D.我认真听完课，但不知道学习重点是什么 E.其他

10.（多选）你认为我们为什么要学习道德与法治课（学习道德与法治课的动机）？（　　　）

  A.对生活有用   B.中招考试需要

  C.提升道德素质与法治意识 D.为人生奠定成长底色

  E.国家规定   F.其他

11.（多选）你在学习道德与法治课中有哪些困惑？（　　　）

  A.知识不易理解   B.背诵任务量大

  C.没有掌握做题技巧与方法 D.教材难懂 E.其他

12.（多选）你希望老师能够提供哪些帮助你学习道德与法治课程的资源？（　　　）

  A.视频微课 B.学习方法与做题技巧 C.背诵技巧

  D.教材解读资料 E.课外拓展   F.其他

▶ 示例 2

初中道德与法治课学习现状问卷调查分析报告

【调查目的】道德与法治学科应时而变，对学生的核心素养提出了要求，了解学生学习道德与法治课的现状，是促进核心素养落地的前提。希冀通过调查掌握学生在本学科学习中的困惑和痛点，准确把握教学中受学生欢迎的教学行为，为助学资源的开发提供第一手资料和数据，使课题研究有的放矢、事半功倍。

【调查时间】2020.6 —2020.9。

【调查对象】本次调查主要选取三门峡市实验中学、西安爱知中学、周口扶沟县中学等课题实验学校七、八、九年级部分在校生，其中七年级占比36.13%，八年级占比17.56%，九年级占比46.31%，此次调查共收集有效调查问卷429份。

【调查方法】匿名填写问卷星调查问卷《初中道德与法治课学习现状调查》。

【调查内容】此次调查主要为选择题形式，共设置12道选择题，有单选与多选两种形式。主要针对学生对道德与法治学习动机、态度、方法、困惑与期待等方面进行调查，以了解学生目前学习道德与法治学科的真实情况。

【结果分析】

具体结果如图23所示。

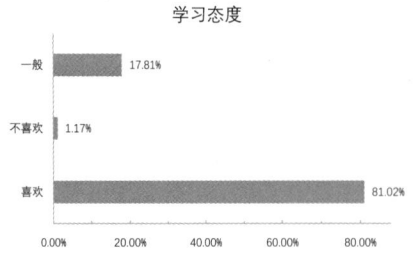

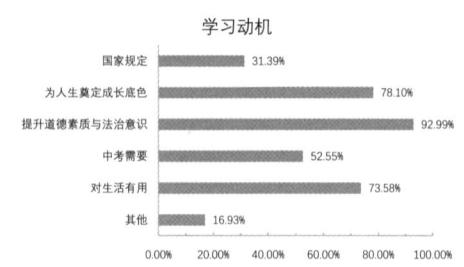

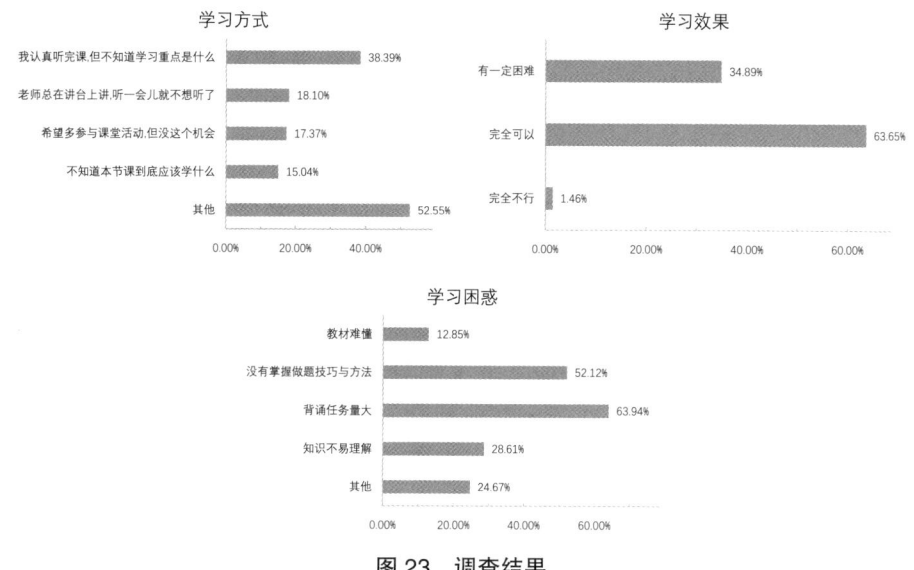

图23　调查结果

1.学习态度方面：通过对调查结果进行分析，不难发现，八成以上的学生还是非常喜欢道德与法治课，尽管理由各不相同，其中占比最高的"老师风趣幽默的讲课"是吸引其学习道德与法治课的重要原因。而在不喜欢道德与法治课的理由中，占比最高的是"课堂缺少互动"。

2.学习动机方面：学生能够正确认识道德与法治课学习对其人生的重要性，并不单纯以升学考试为目的，认为道德与法治课能够帮助提高自身道德素质与法治意识，能与生活紧密联系。

3.学习方式方面：目前部分道德与法治课堂授课形式依然是传统的"老师讲学生听"的被动学习方式。通过调查发现，更多学生期待的是老师能够在课堂上设计一些活动，从而参与进去。

4.学习效果方面：部分学生在课堂上把握不住重难点，不知重点应学习什么。六成学生可以通过图表等形式梳理所学内容，还有四成学生不能完成学习成果梳理任务。

5.学习困惑方面：背诵任务量大与没有掌握正确的做题技巧和学习方法是学生学习本学科最大的痛点所在。因此，也就期待教师能够为其提供科学的学习方法与做题技巧、背诵技巧。另外，学生对课外知识的拓展期待也很高。

综上所述，学生目前喜欢学习道德与法治课，对本学科有正确的认知，并期待幽默风趣、多互动、多活动的课堂。但存在背诵任务量大、没有掌握科学学习方法与做题技巧、把握不住重难点、倾听式的被动学习、缺少课外知识拓展等问题，影响道德与法治课的学习质量。

【研究建议】

在分析本次调查结果以及结合教学经验基础上，参阅相关文献，课题组成员确定出了如下课程资源开发方向。

1. 通过研究，解决学生把握不住重难点知识的问题。由于实际教学课时所限，对部分学生进行个别辅导存在一定困难，因此考虑录制视频微课，专门针对学习中的重难点、易错易混点进行讲解。这样便捷的方式打破传统课堂时空所限，学生可对重难点或课堂上没有听懂的地方反复收看学习，还可以截屏保存，方便记录笔记，变传统课堂的"单曲播放"为"单曲循环"，加深学生理解，方便学生自学。

2. 通过研究，解决学生缺乏科学的学习方法与解题技巧的问题。针对学生存在的这一问题，课题组初步认为亟需撰写一本系统的传授学习方法与解题技巧的著作，不仅对学生，对道德与法治教师来说，也是教学中的重要参考。通过学习方法及解题技巧的传授，教会学生如何学习，在做题中提升思维能力，带领学生跳出题海，不单纯为了考试训练做题机器。

3. 通过研究，解决学生欠缺课外知识拓展的问题。在微课视频及公众号推送文章中进行与学习内容相关的传统文化、新闻时政的讲解，特别是教材中的古诗文非常有必要为学生解读。在即将编写的著作中，也会专门开辟"开卷有益篇""时政解读篇"，从而增强学生的文化底蕴，提高时政敏感度，引领学生关心生活、回归生活。我们道德与法治课非常重要的一个目标就是指导学生更好地生活。

4. 通过研究，解决学生不会梳理所学知识、构建知识体系的问题。在将要撰写的著作中，会开辟"能力运用篇"，不仅讲授有效学习方法与解题技巧，还会对课本小栏目进行归纳整理，对课时、单元、整册书、热点专题等按照新授课、复习课、专题课的课型绘制各种类型的思维导图，从而帮助学生学会构建知识体系，提高学习能力。

5.通过研究，解决课堂缺乏互动，缺少实践活动的问题。针对此问题，课题组成员认为应借助学校的力量，拓展思政课堂，充分利用学校举办的各种实践活动，如校本课程、研学等，挖掘可利用的道德与法治课学习资源。一方面对学生进行价值引领，另一方面带领学生体验真实活动，提高学生学习兴趣，实现活动育人。

综上所述，我们在教学中要高度重视学情分析，将学情分析贯穿教学始终，掌握问卷调查法、作业分析评估法、访谈法等科学的学情分析方法，遵循学情分析三步骤"获取—分析—融合"，从而掌握真实的学情，依据真实学情进行教学设计及课堂实施，践行新课改理念，落实新课标精神，提高教学有效性。

四、研究试题，赋能教学

初中学业水平考试（简称"中考"）是对学生初中毕业以及高中升学水平的一次终结性评价，是对学生完成义务教育阶段学习的一次成果检验。那我们为什么要研究试题？如何能够发挥中考的评价作用？如何能够有效备考？这些问题都值得我们一线教师深思。

（一）研究中考试题的重要性

2019年11月，《教育部关于加强初中学业水平考试命题工作的意见》（教基〔2019〕15号）颁布，对中考命题给出了方向性建议。该文件明确指出："考试命题对学校教育教学具有重要引导作用，是健全立德树人落实机制、扭转不科学教育评价导向的关键环节，对于全面贯彻党的教育方针和发展素质教育具有重要意义。"因此中考命题必须坚持正确导向，道德与法治中考命题则需具备以下两人理念：一是符合课程性质，坚持立德树人；二是依标科学命题，提升学生素养。2021年7月，中共中央办公厅、国务院办公厅印发《关于进一步减轻义务教育阶段学生作业负担和校外培训负担的意见》，明确要"有效减轻义务教育阶段学生过重作业负担和校外培训负担""全面压减作业总量和时长，减轻学生过重作业负担""大力提升教育教学质量，确保学生在校内学足学好"。2022年，《义务教育道德与法治课程标准（2022 年版）》颁布实施，相较于 2011 年版的课程标准，在考试评价方面做出了大量的规定，注重指向学科核心素养的考试评价，使评价改革朝"教—学—评"一致方向发展。这些关于教育教学改革的国家政策和课程标准都在告诉我们，应该转变教育教学观念，转变考试评价观念，树立立德树人、培育核心素养、考查关键能力等的教学评价观念。

研究道德与法治中考试题，是我们一线思政课教师把握考试评价方向最主要也是最有效的途径，对学科教学改进、教师成长、学生发展等都具有重要意义。

1. 有助于推动学科教学发展

研究中考道德与法治试题可以帮助我们从中发现试题命制的优缺点。命题老师大多数是各地有权威性的专家教师，其专业知识、专业能力毋庸置疑，命题质量也不用说是非常高的。因此，研究历年中考道德与法治试题，是一线教师学习试题命制的有效途径。但再厉害的高手也有百密一疏的时候，不可能做到面面俱到、无懈可击。我们是否思考研究过中考试题中有没有诸如此类问题：有哪些题目是不太适宜的？或考查难度过高？或情境创设不佳？如果有，能否加以修正，使其更好地发挥以评促学、以评促教之作用？

例如，2023 年河南省中考道德与法治试题中的第 20 题，旨在考查学生对《习近平新时代中国特色社会主义思想学生读本（初中）》（以下简称《读本》）的学习情况。学习《读本》的重要性不再赘述，其必要性与重要性我们一线教师都非常清楚，将其作为考查内容也是毋庸置疑的。但考什么，怎么考，就需要再三斟酌。相信这道题目也是命题专家经过再三斟酌筛选后才呈现在考生面前的。根据考后评卷分析结果显示，学生得分极低。

从中可以看出，学生主要是对《读本》了解不深，甚至有些学生还不了解《读本》，更不用说让其回答为什么要学习《读本》。反观教育教学现状，造成这种问题的不是学生，而是我们的思政课教学本身。《读本》作为思政课的一部分，某些学校并没有开足开齐《读本》课程或教师根本没有在思政课上对学生进行教学，导致学生对此了解不多。因此，思政课教学不仅需要重视课程主体内容，还要重视《读本》及习近平新时代中国特色社会主义思想的教学。就这道试题本身而言，笔者认为考查形式也不甚合适，《读本》的重要地位及其与道德与法治课的关系，这些内容是教师需要心知肚明的，拿来考查学生未免过于难为学生。就考查学生来说，可以考查某项具体内容或者将其与社会时政、学生生活相结合，将其落小，让其落地会更合适一些。综上所述，研究中考道德与法治试题，特别是进行批判性研究，能够推动道德与法治学科教学与评价的改进与完善。作为一线教师，我们不妨在专业领域多唱唱"反调"，多提提反对意见，始终坚信真理越辩越明，集众人之智，创造"百家争鸣"的学术氛围，促进思政学科不断发展。

2. 有助于教师专业成长

研究中考道德与法治试题能够帮助我们一线教师找寻命题特点，从中把握命题方向、命题原则、命题理念等，从而转变考试评价观念及教育教学观念，有效指导教师教学。《义务教育道德与法治课程标准（2022年版）》明确规定了学业水平考试的考试性质与目的、命题原则、命题规划、题目命制等，指出试题命制原则要严格依标命题，坚持正确的政治方向和价值导向，探索素养导向的命题方式。可见，对中考道德与法治试题的研究催促着我们要研究课程标准，只有深刻理解把握课程性质、理念、目标、内容等，才能在教育教学中践行新课程标准理念，发挥道德与法治课立德树人的作用。

就目前中小学教育教学现状来说，部分教师存在只教不研、研而不深、深而不用的现象。不注重研究中考真题，或者只研究试题的特点，而没有站在更高层次去深入挖掘试题背后所蕴含的命题理念，探索规律性的内容，为教学赋能，提升自身专业能力。

一方面，研究试题为教学赋能。新课程标准的课程实施教学建议部分指出："立足核心素养，制订彰显铸魂育人的教学目标""及时丰富和充实教学内容，反映党和国家重大实践和理论创新成果""把握思想教育基本特征，实现说理教育和启发引导有机结合""丰富学生实践体验，促进知行合一"。同时，又提出要坚持素养导向，坚持以评促学、以评促教，努力实现"教—学—评"一致性。对中考试题的研究，在一定程度上可以推动以评促学、以评促教，通过把握试题特征，挖掘教学启示，优化学习方式。如，教学内容和情境创设等，可以参考中考试题评价内容及情境，将试题情境创编为学习情境，从考试评价内容及方式倒推日常教学内容及方式。

另一方面，研究试题提升专业能力。2017 年秋起使用统编《道德与法治》教材，2022 年颁布实施《义务教育道德与法治课程标准（2022 年版）》，2024 年秋季即将发行新版《道德与法治》教材，这一系列道德与法治学科顶层设计的改变，势必引领一线教学的变化，也对教师提出了更高的要求。如，新教材的驾驭使用能力、教学设计实施能力、命题能力等，这些都可以通过对中招试题的研究去提升。在研究试题时，我们要思考中考是如何评价学生教材运用能力；是以什么样的情境、任务去考查学生的必备品格、关键能力和价值观念；我们在日常教育教学中如何选择、命制试题，使其也能够实现对学科核心素养的评价。教师如果能够有这样的问题意识、研究意识及理性思考，其专业能力会大幅度提升。

3. 有助于学生素养提升

新课程标准要求考试评价应以考查学生的学科核心素养为导向，突出考查学生的关键能力等。而目前部分学生的备考状态及策略，也还是传统的背记知识与刷题，并不是说这样的方式不好，只是在新中考的导向下，这样的方式收效甚微。对学生来说，掌握基础知识与基本的做题技巧方法，形成一定的答题套路是必要的，但不能仅限于此。教师要引导学生跳出题海，去深入探寻问题背后我们需要怎样的思维模式与关键能力；通过试题情境去看待生活情境，思考在生活中我们需要怎样的价值观念。只有引导学生透过知识现象去看解题本质，才能使学生从学会做题走向学会解决问题，从学习知识走向学会生活。

（二）明确试题研究内容

中考是学生毕业与升学合二为一的学业水平考试，其本质还是教学评价的一种形式。许多一线教师也非常重视研究中考试题。但对于研究什么，部分教师可能不太清楚。拿到试题对照答案做一遍，然后查看每道题目都考查了哪些知识点，以什么样的形式考查的，这样做是否是在研究试题？恐怕要打个问号。其未曾跳脱出关注知识的范畴，对试题的研究不仅要关注考了什么知识，怎样考这些知识，还要更多地关注研究更高层次的试题特点、命题理念、理论基础、命题原则、命题规划、命题立意、情境创设、任务指向、评分标准及带给我们的教学启示。研究试题最终目的还是要指导教学，促进学生发展。因此，试题研究也要从知识本位走向以人为本，考虑如何指导教学，促进学生发展。

（三）研究试题的具体操作建议

对于中考试题我们要知道怎么研，如何从试题中挖掘教学启示，指导教学。在此，笔者以 2023 年河南省中考试题为例进行说明。

精准复习的前提，是要从考试评价出发，以评导教，以评导学。这里我们主要针对河南省 2023 年中考试题中学生存在的问题及对今后教学的启示进行探讨。

1. 看得失，知问题

从主观题学生答题及得分情况看：18 题关于宪法的核心内容谈理解，满分 6 分，平均 3.29 分；19 题为辨析题，总分 8 分，平均得分 4.09 分；20 题为关于《读本》的相关问题，总分 10 分，平均得分 4.64 分；21 题暑假作业，三问，满分 12 分，平均 7.20 分。学生存在的共性问题：答非所问，审题能力不足；角度单一，综合思维能力欠佳；层次不清，逻辑思维能力有待提升；答题语言不规范；等等。

这对我们今后的教学启示为：依据课标和教材，夯实基础知识，注重真实情境教学；关注时政、关注学生的生活。以问题为导向，让学生学会逻辑判断和用教材核心概念解释社会现象的能力，达成对知识的深度理解；重视教学中的活动设计与作业创设，引领学生知行合一，提高实践能力；重视引领学生参加实践活动，增加实践作业，加强劳动教育。

2. 析试题，明特点

在这一部分，我们主要分析题目整体特征及学生答题情况，对试题的结构、考点分布、设问方式、选材等方面进行详细剖析解读，以期找寻试题特点，挖掘教学启示。

（1）试题结构及分析。河南省2023年中考试题整张试卷由选择题和非选择题构成。其中，18题为理解阐释类，19题为辨析题，20题为观察与思考题，21题为活动与探索题。18、19有所变化，其余试题无明显变化。

此外，考点分布、设问方式（是什么、为什么、怎么办）、选材等具体情况见表29至表31。

表29　河南省2023年中考试题考点分布

年级	考查内容	考点数量
九上	传承中华文化；促进民族团结、维护国家统一；生态文明建设；依法治国；民主意识、民主参与；习近平新时代中国特色社会主义思想的历史地位	6
九下	人类命运共同体、大国担当；正确对待不同文明；缓解学习压力；实践中学习	5
八上	国防军队建设；社会生活讲道德，尊重他人，以礼待人，诚实守信；集体；承担社会责任；服务奉献社会，亲社会行为；社会规则的改进；遵守规则，他律自律	8
八下	维护公平正义；权利义务，消费者维权，监督权；侵权；宪法地位	6
七上	正视身体变化；正确认识学习	2
七下	生命至上；法律特征、作用；正确对待他人评价；情绪；孝亲敬长；思维成长（批判精神）	5
基础知识为主，没有偏难怪的题目。新课学习或复习注重基础知识的积累巩固		

表30　河南省2023年中考试题设问方式

设问类型	题号	特点	考查能力
开放性设问	1、7、10、13、16、18、20、21	这些题目的设问，没有固定的设问词，"这"是常用的，更多的是直接就材料设问，后面的答案可以是说明的道理、原因、意义、做法等	培养学生多层次、发散性思维能力

设问类型	题号	特点	考查能力
指向性设问	2、3、5、6、8、15	这些题目的设问，从说明道理、启示做法、劝说内容设计，以课本知识或者对课本知识的理解运用为主要答案来源	注重培养学生课本知识的理解和运用
概念性设问	4、12、17、18	直接考查国之大者、亲社会行为，注重课本概念的准确理解	注意课本基础知识的记忆
确定性设问	9、11、14	说法正确与否，直接问正确的是、不正确的是	培养学生的逆向思维能力

表31　河南省2023年中考试题选材分类

选材分类	题号	特点
重大时政背景材料	1、2、3、4、5、7、8、9、18、20	体现学科特色：时代性
地方特色背景材料	7、8、9	体现地方特色：爱家乡
生活化背景材料	10、11、12、13、14、15、16、17、19、21	体现学情特色：生活化

总体来说，2023年河南省中考试题在结构、考点分布、设问方式、选材等方面存在以上特征，在我们常态化教学及自主命制模拟试卷的时候，也要体现这些原则，以中考评价为导向。

（2）试题特点。在对2023年河南省中考道德与法治试题进行整体分析后，我们跳出具体题目，立足新课标，明确出题方向、原则，从中探寻出2023年中考道德与法治试题具有以下六大特点。

第一，坚持价值引领，落实立德树人（方向）。坚持用习近平新时代中国特色社会主义思想教育人，用党的理想信念凝聚人，深入贯彻党的教育方针和党的二十大精神，体现道德与法治是落实立德树人根本任务的关键课程，突出政治性、思想性。试题注重考查学生正确的价值观、必备品格和关键能力，紧紧抓住"落实立德树人"这一根本任务，将其贯穿于试题立意、素养、素材、情境、设问、选项、答案之中，发挥培根铸魂育英才的作用，启智增慧，培养有理想、有本领、有担当的时代新人。试题材料选择上的突出特点见表32。

表32　试题材料选择上的突出特点

选材	特点
人类命运共同体理念提出十周年	选材丰富，上至国际时事、下至学生生活，从宏观和微观层面引导学生厚植家国情怀，拓宽国际视野，强化责任担当等，彰显了道德与法治学科的育人导向
党的二十大报告	
河南三大考古新发现	
12355公益服务热线	
"花长""桌长"等班干部岗位设置	
向雷锋同志学习	
《习近平新时代中国特色社会主义思想学生读本（初中）》学习情况	

第二，聚焦五大主题，考查核心素养（内容）。试卷以考查学生核心素养形成和发展为目标，充分体现基于核心素养的命题导向。试卷结构合理，考查内容全面。涉及"道德品质、心理健康、法律常识、国情知识"四大板块内容；考查"生命安全与健康教育、法治教育、中华优秀传统文化教育、革命传统教育、国情教育"五大主题内容；涵盖七、八、九年级的课程内容，通过对学生知识、能力及价值观的考查，培育学生政治认同、道德修养、法治观念、健全人格和责任意识等核心素养，促进学生身心健康发展。部分试题涉及内容及素养指向具体见表33。

表33　部分试题涉及内容及素养指向

题号	试题情境	素养指向
1	习近平主席的演讲	考查我国的外交政策、国际地位、国际影响等知识，引导学生深刻理解人类命运共同体理念
5	展示澳门发展成就	引导学生体会"一国两制"的优越性。聚焦国情教育、增强政治认同
10	点赞交警柔性执法	强化生命至上、尊重生命的理念，体悟人性化执法的价值，助力学生形成正确的生命观，聚焦生命安全与健康教育、法治教育，培养学生健全人格、法治观念
11	"剩菜盲盒"话题	引导学生能够选择正确的措施维护消费者合法权益，增强法治观念、责任意识
12	选择具体生活情境	引导学生在实际生活中学会做社会主义道德践行者，培育学生道德修养

第三，关注家国变化，紧跟时代发展（选材）。试题以国家各领域发展变化为情境，如政治、军队、民族、法治等，紧扣时代发展变化，旨在引领学生关注国家发展变化，拥有国际视野，投身国家建设，增强政治认同、责任意识。具体见表34。

表34　部分试题中的时政题材及素养指向

题号	试题情境	素养指向
2	党的二十大	引导学生正确对待中华文化及不同文明，增强学生政治认同、责任意识
3	国防军队建设	引导学生了解我国国防军队建设及国家安全相关国情。聚焦国情教育、增强政治认同
4	民族平等、团结、互助、和谐	促进民族团结、维护国家统一，聚焦国情教育，培养学生政治认同
18	立法应当符合宪法的规定、原则和精神	引导学生理解宪法是我国的根本法，具有最高法律地位、法律效力、法律权威，增强法治观念
20	《读本》学习情况调查	引导学生认识到学习"习思想"的重要性，培育学生政治认同、责任意识

第四，立足教学实际，选取教材资源（选材）。试题立足教学实际，开发创造教材栏目板块，具体见表35。用好教材、用足教材、用活教材，落实好各项规定性动作，才能切实发挥学科独特的育人功能。我们要引导学生摆脱对速查等辅导资料的依赖，认真学习教材、掌握教材，提高学科能力，培养学科素养。

表35　选取教材资源试题

题号	试题情境	资源选取
3	国防军队建设	八年级上册第100-101页，全面推进国防和军队现代化的目标
12	尊重他人、以礼待人、诚实守信	八年级上册第四课，社会生活讲道德（生活情境）
14	12355共青团公益服务	八年级上册第83页共青团；七年级上册，正视身体变化；九年级下册，缓解学习压力；八年级下册，维权；七年级下册，正确对待他人评价

题号	试题情境	资源选取
15	情绪对比赛的影响	七年级下册：正确调节情绪
16	"花长""桌长""廊长"	八年级上册：集体
19	给交通管理部门写信反映情况	八年级上册第三课第一框：《探究与分享》栏目"校门口的交通乱象"（七年级下册，思维成长；八年级下册，公民权利；九年级上册，民主；七年级上册，正确认识学习；九年级下册，实践中学习）

第五，紧贴学生生活，强化实践育人（选材）。试题着眼于学生的真实生活和长远发展，素材贴近学生生活，创设具有真实性、典型性、适切性的试题情境，在综合性、探究性任务设计中，引导学生关注社会实际，考查学生认识的深度、视野的广度；引导学生综合运用观点多角度、多层次分析和解决问题，考查学生在问题解决中提升道德理解力和判断力。具体见表36。这些都在引导我们在教学中，要关注家乡建设、立足学生实际。

表36　部分试题选材学生生活

题号	试题情境	素养指向
12	尊重他人、以礼待人、诚实守信	客人来访、买早餐、朋友间的争执、面对老师的批评。引导学生学会尊重他人、以礼待人、诚实守信，提升道德修养
13	电信网络诈骗犯罪	解决生活中电信诈骗问题的立法。引导学生正确认识法律的特征与作用，增强法治观念
14	12335共青团公益服务	长痘痘、学习压力、照相馆侵权、认为别人议论自己。引导学生关注身边小事，学会运用所学知识帮助身边人，增强责任意识，提升道德修养
15	情绪对比赛的影响	情绪对运动员的影响。引导学生认识到情绪对自身的影响，学会正确合理地调节情绪，做情绪的主人，培育健全人格
16	"花长""桌长""廊长"	班级班干部的创新设置。引导学生认识到集体对个人的影响，增强责任意识

续表

题号	试题情境	素养指向
17	向雷锋同志学习	打碎玻璃主动承认错误、帮妈妈做家务、帮助腿部骨折的同学、帮患病同学募捐。引导学生关注生活，服务奉献社会，增强责任意识
18	修改《立法法》	法律的制定修改。引导学生认识到宪法是国家根本法，具有最高法律地位，是其他法律的立法基础与依据，增强法治观念
19	校门口交通拥堵问题	针对校门口交通拥堵问题，向有关部门反映情况。引导学生关注生活，分析解决生活问题，增强责任意识、主人翁意识
21	暑期作业设置	劳动体验、参观博物馆、坚持适量运动。落实"双减"，传承中华文化，参与社会实践等，引导学生在实践中学习，知行合一，提高实践能力

第六，着眼本省发展，彰显河南特色（选材）。试题紧扣时代脉搏，选取具有时代精神和河南特色的话题和素材，展现新时代河南发展新成就，学生在阅读和分析解决问题中，感悟河南的变化，体悟新时代全省人民团结奋斗、不断创造美好生活，具体见表37。

表37　部分试题选材河南本省资源

题号	试题情境	素养指向
7	河南三大考古新发现	九年级上册，中华文化。河南文化中偃师二里头、安阳殷墟商王陵及周边遗存、开封州桥及附近汴河遗址。引导学生了解中原文化，坚定文化自信，增强政治认同、责任意识
8	河南省污染防治攻坚战	九年级上册，生态文明建设。河南生态文明建设成就，引导学生感受河南在国家生态文明建设中的贡献及成就，增强家国情怀、责任意识
9	河南省小麦等农产品产量全国占比	河南省小麦和火腿、方便面等农产品产量。引导学生认识到河南省作为农业大省，对全国粮食安全所做的巨大贡献，增强家国情怀、责任意识

3. 精教学，提素养

出题的方向与特点等理论内容相对来说容易把握，但如何将其落实在教学、复习课中，就需要我们"上下求索"，以实现高效备考。

从前面两部分内容可以看出，考试评价正在变革，表现在考试评价政策及评价理念发生变化。《教育部关于加强初中学业水平考试命题工作的意见》（教基〔2019〕15号）指出："试题命制既要注重考查基础知识、基本技能，还要注重考查思维过程、创新意识和分析问题、解决问题的能力。结合不同学科特点，合理设置试题结构，减少机械记忆试题和客观性试题比例，提高探究性、开放性、综合性试题比例，积极探索跨学科命题。拓宽试题材料选择范围，丰富材料类型，确保材料的权威性，杜绝政治性和科学性错误。充分考虑城乡学生学习和生活实际，增强情境创设的真实性、典型性和适切性，提高试题情境设计水平。规范试题语言文字，防止出现表述错误和歧义。客观性试题要有确定的答案。"《义务教育道德与法治课程标准（2022年版）》指出："要对学生核心素养的综合发展状况进行评价，兼顾学生学习态度、参与学习活动的程度以及对课程内容的理解应用水平；要着重评价学生在日常生活与学习中表现出的思想政治素养、道德品行、法治观念，以及在真实情境与任务中运用所学知识分析问题、解决问题时所表现出的核心素养发展综合水平。"

由此可见，考试评价理念的变革倒逼我们要转变教育教学理念。以记忆、理解为出发点的教学，将走向以问题解决为出发点的教学；以先学后用为特点的能力培养观念，将走向以做中学、用中学为导向的能力培养模式；以先零后整、碎片积累的组装式学习，将走向应用驱动、且做且学的整体性学习；将从关注知识学习的系统性、准确性，走向更关注观念领悟的深刻性、迁移性；将从看重学习的结果水平，走向更看重学习的过程特点。

根据2023年河南省中考道德与法治试题呈现出的六大特点，我们挖掘出对教学的七大启示。

1）精研课标明方向

（1）新课标的考试要求。《义务教育道德与法治课程标准（2022年

版)》指出："学业水平考试以考查学生核心素养形成与发展为目标。依据学业质量标准，充分体现基于核心素养的命题导向与立意，正确处理核心素养与课程内容、任务、情境之间的关系，有效测评学生学业成就，落实素养导向的课程改革要求。"

（2）把握命题三原则。《义务教育道德与法治课程标准（2022 年版)》指出：命题原则一为"严格依标命题"，要"根据所要考查的正确价值观、必备品格和关键能力，选择测试内容"。命题原则二为"坚持正确的政治方向和价值导向"，要"坚持正确的政治方向；积极培育和践行社会主义核心价值观"。命题原则三为"探索素养导向的命题方式"，要能够综合考查学生核心素养的发展，考查学生道德认知、价值判断等方面的表现。

（3）精准命制题目"四要求"。研究中考试题，把握新课标命题要求及命题原则等，就是为了能够给我们日常教学以启发，指导我们在中考复习备考时，如何精选试题，高效命制试题。主要有四个方面的要求：命题立意、情境创设、任务指向、评分标准。

命题立意。核心素养是立意的核心，立意是命题的灵魂。命题应从课程性质、时代要求、学生发展三个主要维度体现考查核心素养立意。关注学生全面发展，特别是学生思想政治素质、道德修养、法治素养和人格修养的发展，体现考试促进学生发展的功能。

情境创设。《义务教育道德与法治课程标准（2022 年版)》指出："试题情境创设要考虑情境的真实性、典型性、适切性、复杂性等，考查多层次、多角度分析和解决问题的能力，引导学生学会生活、学会思考、学以致用。情境素材选取要源于真实的社会生活，情境的描述和展开要符合生活常识。情境既要具有一定的复杂性，又要符合学生的认知发展水平。情境类型多样，能多角度、多层次反映道德与法治学习主题的要求。情境呈现方式多样，充分利用文字、数据、图片等表达形式。"

情境创设是培养学生核心素养的重要途径。核心素养具有内在性、综合性、情境性等特征，以此为育人目标的新课程在课程内容的组织上增强知识之间的联结，加强综合性与情境性，能培养学生在真实情境中解决问题的能力。坚持以问题解决为出发点，坚持学习开始于知识正在发生或正在应用的真实境况中。命题改革的方向就是，减少裸考知识现象，让测评发生在知识处于生成状态或应用状态的情境之中。

依据"教—学—评"一致性要求，命题应坚持：无应用情境就无知识测试。不论是客观性测试还是主观性测试，考点必须"生长"在产生知识或应用知识的"土壤"之中。这种命题思想与"无应用即无学习"的教学原则完全一致。

任务指向。《义务教育道德与法治课程标准（2022 年版）》指出："依据学业质量标准和学习内容的不同特点，综合考查学生面对真实问题情境，在完成相应的学习任务过程中，展现出的核心素养达成情况，以检测课程目标实现的程度。任务应具有多样性，如描述特征、论证、辨析、评价、制订方案等，完成具体任务所需的知识、能力和方法不能超出要求。任务设计应具有合适的思维水平层级，以考查学生视野的广度以及多角度、多层次分析问题和解决问题的能力。"

命题改革的方向就是，强化对思维过程、探究过程的测量和评价，从注重考查记忆理解的结果到注重考查思维过程、探究过程的发展水平。试题任务所要驱动的，不是单纯的记忆和理解，而更关注思考、探究、做事的开启、过程和结果。可见，教学重心将从重结果回到重过程，学生的思维能力培养、探究能力培养和做事能力培养将成为最重要的教学任务。

评分标准。《义务教育道德与法治课程标准（2022 年版）》指出："评分标准要清晰，便于阅卷操作；能根据答案的开放度、探究性等因素，合理拟定评分标准；评分标准在基本立场、观点上要坚持统一尺度，鼓励学生运用不同素材，提出不同的问题解决方案；能根据试题难度和思维含量，通过等级描述等方法，评价学生的思想政治素养、道德品质和价值取向。"

一线教师研究试题评分标准，并非是都要去命制中考试题。研究评分标准，主要是让我们在日常教学中能够关注学生思维的发展。思维发展具有内隐性，而答案在很大程度上体现了学生的思维发展水平及价值观念。我们在改卷过程中会发现，有些学生答案与参考答案不相同，但是却能透过答案看出该学生已经具备我们所要求达到的水平。比如，辨析题所采用的 SOLO 分层赋分评价方式：水平一，观点错误或只判断不作分析，给 0 分；水平二，观点模糊，层次不分明，逻辑不严密，表述不流畅，给 1~2 分；水平三，观点正确，层次比较分明，逻辑比较严密，表述比较流畅，给 3~6 分；水平四，观点正确，层次分明，逻辑严密，表述流畅，给 7~8 分。不同的评分等级对应的是不同思维层次及能力水平，而非简单的知识点呈现。因此，我们不能仅仅教会学生用知识点做题，更重要的是让学生能够清楚自己处在什么样的思维层次及能力水平，从而有意识地去提升思维、能力水平，而非单纯记知识点。

2）挖掘教材固根本

教材虽不是教学的全部，但却是教师教学、学生学习的重要抓手。在中考中有部分试题选自教材，或是对教材核心概念的考查，或是对教材小栏目的改编等，在复习备考时，我们要重视教材、用好教材，稳固教材根本，夯实基础知识。

（1）教材核心概念考查。2023 年中考试题第 18 题，即考查了关于宪法的核心概念；2022 年中考试题第 19 题和 2021 年中考试题第 20 题，也都考查了关于宪法的核心概念。如，宪法是国家的根本法，在国家法律体系中具有最高的法律地位、法律权威和法律效力；宪法是其他法律的立法基础和立法依据，其他法律是根据宪法制定的，不得与宪法的原则和精神相违背；国家的一切权力属于人民是我国宪法的基本原则，尊重和保障人权是我国宪法的基本原则；等等。

（2）教材小栏目改编。教材小栏目是统编教材的一大亮点，与正文内容相契合，融知识于情境，可帮助学生加深知识理解，在问题解决中提升能力，培育素养。教材小栏目也成为中考的选择，如：2023 年中考试题第 19 题，取自八年级上册第三课第一框"维护秩序"，是教材第 23 页《探究与分享》栏目的改编应用；第 20 题取自九年级上册第八课第一框"我们的梦想"，是教材第 110 页《相关链接》栏目的改编应用；2022 年中考试题第 8 题，取自九年级下册第一课第一框"开放互动的世界"一课《运用你的经验》栏目。

无论是对教材核心概念的考查，还是对教材小栏目的改编应用，都启示我们在日常教育教学中要重视教材，引导学生在使用教材中固本强基。同时，教师还要加强对教材的研究，深入挖掘教材的教育理念、育人价值，思考如何用好、用活教材。如，笔者在 2017 年版新教材开始使用之后就对教材的古诗文、小栏目等内容进行挖掘，先后出版如"指向核心素养的初中道德与法治教学设计"丛书等图书，发表如"活用《探究与分享》 培育学生关键能力"（后文作为示例展示）等系列相关论文，以期给予读者些许启发。

3）关注时政选素材

道德与法治课是一门时政性很强的学科。无论是在教材中、教学中，还是在考试中，都会涉及时政热点内容。在 2023 年中考试题中就选取了人类命运共同体理念提出十周年、党的二十大报告、河南三大考古新发现、《习近平新时代中国特色社会主义思想学生读本（初中）》学习情况等时政内容。可见，我们要在常态课教学中有意识地将时政热点与教学内容相融合，创设教学情境，引导学生关注时事政治，提高学生时政敏锐性。新课标中教学建议部分指出，要"把握思想教育基本特征，实现说理教育与启发引导有机结合""要注意使用可以激发学生兴趣的素材和问题引导学生自己主动思考领会"。可见，我们在教育教学中要选取的是能够激发学生兴趣、引领学生思考的时政素材。

在此，列举几个不同课型运用时政素材的课例（均为黄梦溢老师所授），见表 38，仅供读者参考。

表 38　运用时政素材的课例

课题	课型	时政资源
坚定文化自信　弘扬民族精神（九年级上册第三单元第二课时）	新授课	三门峡庙底沟仰韶文化元素亮相春晚"C 位"；2023 年苏丹撤侨行动
国潮风起　文化大美——中华优秀传统文化专题复习	复习课	河南近年出圈的文化节目"中秋奇妙游""端午奇妙游"等
创新永无止境（九年级上册第一单元第二课第二课时）	新授课	透过"美国制裁华为"事件，思考创新强国的建设

课题	课型	时政资源
正确行使权利　自觉履行义务 （八年级下册第二单元"理解权利与义务"）	复习课	疫情下小明的生活

此外，关于党的二十大的时政热点，我们也应该有意识地将其引入课堂，使其与教材知识相融合。如，习近平总书记在党的二十大报告中强调："广大青年要坚定不移听党话、跟党走，怀抱梦想又脚踏实地，敢想敢为又善作善成，立志做有理想、敢担当、能吃苦、肯奋斗的新时代好青年。"这既是习近平总书记在新时代对全体青年的嘱托，更是在新时代对全体青年的要求。同时，习近平总书记还指出："青年时代树立正确的理想、坚定的信念十分紧要，不仅要树立，而且要在心中扎根，一辈子都能坚持为之奋斗。"作为当代中国青年，不能否认自己的力量和影响，勿以善小而不为，应当将个人理想追求融入党和国家的事业中，紧随国家民族奋进的脚步……，这些内容可以与教材知识进行链接，如：

（1）少年的梦想，与个人的人生目标紧密相连。

（2）少年的梦想，与时代的脉搏紧密相连，与中国梦密不可分。我们应当成为担当民族复兴大任的时代新人。

（3）青年兴则国家兴，青年强则国家强，青年一代……

（4）实现中华民族伟大复兴的中国梦终将在一代代青年的接力奋斗中变为现实。

（5）编织人生梦想，是青少年时期的重要生命主题。

（6）梦想能不断激发生命的热情和勇气，让生活更有色彩。有梦想，就有希望。

（7）努力，是梦想与现实之间的桥梁。努力，需要立志，需要坚持，需要掌握方法。

总之，关注时事政治，将其与教学内容相结合，引入课堂，激发学生兴趣，引起学生思考，是道德与法治中考评价给我们的教学启示之一，是道德与法治教学的必然选择。

4）走进生活重实践

《河南省初中道德与法治学科课堂教学基本要求（试行）》在教学方法部分指出："坚持学为中心的理念，贯彻习近平总书记提出的'八个相统一'要求，依据课程标准、教材内容和学情，因材施教，科学选择教学方法，重视学科思想、学科方法的培育，积极探索基于情境、任务驱动、高阶思维、积极参与、真实体验、深度学习、素养提升的课堂教学，开展项目化学习、研究性学习、议题式学习，激发学生学习主动性，突出实践体验，引导学生在体验感悟中提升道德与法治课程核心素养。"在日常教学中，我们也要积极探索"基于情境、任务驱动、高阶思维、积极参与、真实体验、深度学习、素养提升"的课堂教学。

新课程标准中课程理念第三条指出，思政课"应以社会发展和学生生活为基础，构建综合性课程"。陈友芳教授认为，"学科核心素养实际上就是一种把所学的学科知识和技能迁移到真实生活情境的能力和品格"。统编教材的编写也是按照学科逻辑（教材正文）与生活逻辑相融合（《探究与分享》等小栏目）的思路进行编写的。

在教学中，我们要善于将学科逻辑与生活逻辑相结合，将真实生活情境融入课堂，创设真实学习情境。如八年级下册"公平正义的守护"一课指向素养目标，实施大单元教学；设计思路清晰，情境创设鲜活；充分挖掘学生资源，巧妙融入社会热点，增加课堂时代性，提升学生法治观念。本课站位大单元，创设大情境，引导学生在完成大任务的过程中，树立大观念。以"中学生平平的校园及社会生活"为大情境，设置三个环节"单元整体把握，洞悉内在联系""平平生活第一幕校园生活——考试风波""平平生活第二幕社会生活——公交见闻"，以中学生平平日记为明线，以对公平正义的"感性认知——理性思辨——知行合一"为暗线，将本课教学内容巧妙融入学生真实生活事件中。在文献阅读、观点思辨、对话交流、角色带入、案件剖析、书写判决等活动中，完成大任务，从而学习本课时相关知识，树立"自觉坚守公平、维护正义，崇尚法治精神"的大观念。将理论灌输与启发诱导相结合，让学生在参与体验中感悟公平正义的重要价值，坚定法治信仰，辩证看待生活事件，对我国法治建设充满信心，有效达成了教学目标。情境创设见表39。

表39 "公平正义的守护"真实情境创设

情境线	任务线	知识线
单元整体梳理	探寻自由、平等、公正、法治的内在联系	自由、平等、公正、法治的关系
第一幕校园生活 ——考试风波 （公平我坚守）	1. 平平懊恼的同时也很困惑：考试该不该作弊呢？ 2. 如果你是监考老师，怎么办？ 3. 你赞同平平的做法吗？为什么？ 4. 结合视频，谈谈国家是怎样保障公平的。 5. 张三被指高考作弊，其父亲恰巧是法院的审判长，他的父亲可否审判他？	1. 坚守公平的原因 2. 坚守公平的做法
第二幕社会生活 ——公交见闻 （正义我守护）	1. 你认为平平可能会怎么做？请为平平提供两全之策。 2. 假如你是法官，请查阅刑法第二十条审理此案（小组讨论，填写判决书）	1. 守护正义的原因 2. 守护正义做法

5）本土资源巧运用

教师在常态课中应有意识地将本土资源与教学内容相融合，创设教学情境。

如前所述，河南省中考试题中有多处选用河南省本土素材。《义务教育道德与法治课程标准（2022年版）》也指出：课程资源是提高教学质量和增强教学效果的重要支撑，要调动多元主体，丰富课程资源，增强课程资源意识，重视发现、利用学生中间和本地区的先进模范等榜样资源，挖掘和利用中华优秀传统文化资源和红色资源，如故居遗址、馆藏文物等。因此，充分挖掘和利用本省、本市（县）优质资源势在必行。

例如，黄梦溢老师在"胡邦霞道德与法治名师工作室"送教下乡活动中的"国潮风起 文化大美——中华优秀传统文化专题复习"一课的情境创设见表40。作为河南省三门峡市的教师，黄梦溢老师的这两节课充分挖掘了河南省甚至三门峡市的优秀传统文化资源，引导学生了解家乡、热爱家乡，培育学生的家国情怀。

表40 "国潮风起　文化大美——中华优秀传统文化专题复习"情境创设

环节	主题	情境	任务	知识
一	共鸣——汲取自信之力量	端午奇妙游	自主思考交流展示	1. 中华文化的特点。 2. 文化自信的重要性
二	解密——揭秘出圈之密码		小组合作	1. 中华文化虽历经沧桑仍薪火相传、历久弥新的原因。 2. 中华文化的价值
三	传承——提升文化之影响	中秋奇妙游	观点思辨自主思考方案规划	1. 文明交流互鉴，正确对待不同文明。 2. 民族精神的内涵及重要性，弘扬和传承民族精神。 3. 社会主义核心价值观的内涵及重要性。 4. 继承和发展中华优秀传统文化

6）单元教学建体系

通过研究中考试题，我们很清楚中考试题不会是某一道题只考查某一个知识点，往往具有高度的综合性，需要学生对所学知识具有系统性的掌握，综合运用多种知识，多角度分析、解决问题。目前各学科都在倡导"大单元教学"，它是基于系统性思维的一种教学方式，旨在引导学生将零碎的、片段的知识进行整合，形成系统的知识体系。

大单元教学的关键是帮助学生建立相对系统完整的知识体系，思维导图就是一种常用的、简单易操作的梳理知识体系的方式。

思维导图借助关键词、图形、符号等信息，逐级表现相互联系的知识，运用图文并茂的方法呈现学习思考的过程。作为一种直观的思维方式，思维导图通过连点成线、扩线成面、叠面成体，在关联知识之间建立记忆链条，使知识体系化、思维可视化。思维导图的绘制，一般可从以下三种维度进行绘制。

（1）按核心概念进行绘制。核心概念是思维导图的核心。在教学中要想精准确定核心概念，首先要知道核心概念的内涵及其都有哪些类别。核心概念（也称大概念）是诠释学科本质、居于学科中心、具有生活价值、可迁移的概念、原理等。一般可根据形式（一个词、一个短语、一个句子或一个问题等）、内容和主题进行划分，以统编教材八年级下册为例具体划分情况见表 41 和表 42。

表 41　根据形式划分核心概念

分类	具体核心概念	
概念类	社会规则（权利、义务）	规则种类、法律的特征与作用、社会生活讲道德等
命题类	依法行政（依法行使权利、自觉履行义务）	宪法、权力机关、行政机关、法治政府等
观点类	公民的基本权利与义务是宪法的核心内容	公民的基本权利与义务、权利与义务的关系、依法行使权利及履行义务的要求等
主题类	自由与规则（权利与义务）	自由与规则的关系、遵守规则的要求、自由与法治的关系等

表 42　根据内容和主体划分核心概念

分类	举例
内容	法律、法律特征、法律作用、宪法、权利、义务、法治、法治精神、依法治国等
主体	国家、社会、公民、人民等

以统编教材八年级下册第二单元大单元复习课"正确行使权利　自觉履行义务"为例，其核心概念层次如图 24 所示。根据其内容、主体绘制的核心概念思维导图如图 25 和图 26 所示。

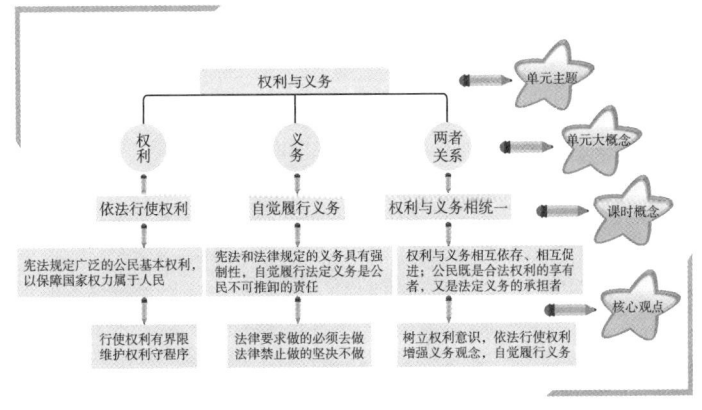

图 24　"正确行使权利　自觉履行义务"大单元教学核心概念层次图

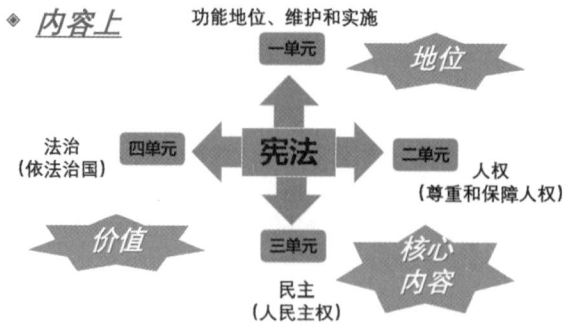

图 25 根据内容绘制的"正确行使权利 自觉履行义务"核心概念图

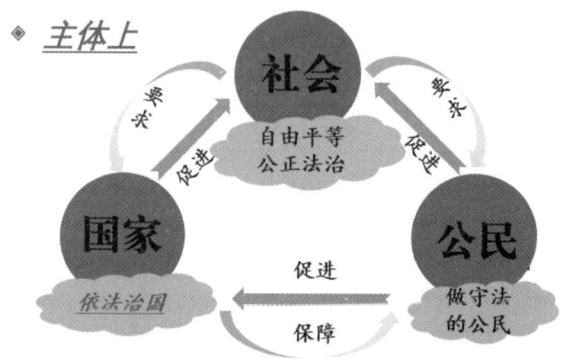

图 26 根据主体绘制的"正确行使权利 自觉履行义务"核心概念图

（2）按册目进行绘制。一般是在学习整册书之前和之后，帮助学生进行整本书的梳理与架构，使学生清楚整册书的知识体系及其内在联系。作为教师，我们要清楚全册教育目标是什么，教育落点在哪里，知识体系怎么建。以统编教材八年级下册为例，其知识体系如图 27 所示。

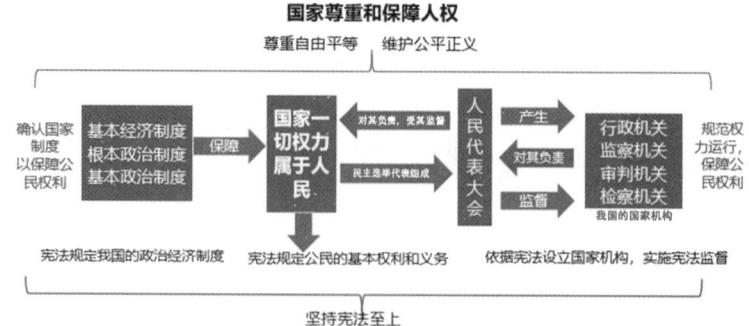

图 27 统编教材八年级下册知识体系

（3）按主题进行绘制。无论是中考的需要，还是学生能力发展、素养提升的需求，都要求我们在日常教学中要实施大单元教学。教师要深刻理解大单元教学的必要性和重要性，能通过绘制思维导图帮助学生构建系统知识体系，提升系统性思维能力。以中学教材为例，其法律知识体系梳理结果如图 28 所示。

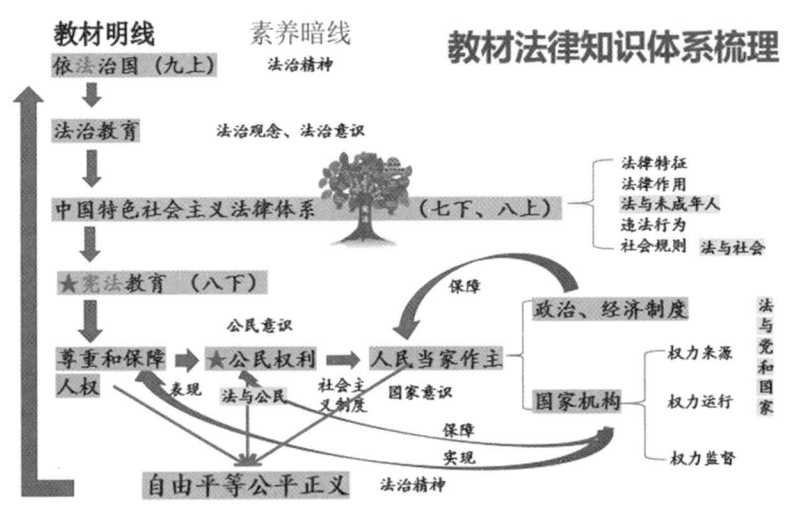

图 28　中学教材中法律知识体系梳理

7）方法引领提能力

前面六项教学启示适用于新授课、复习课等多种课型，比如基于真实情境、关注时事热点，这是新授课与复习课同样需要重点实践的内容，两者存在一致性。但是，相较于新授课，复习课则更侧重于对中考试题真题的演练与变式训练，注重对学生解题方法技巧的指导，促进其解决问题等学科关键能力的提升。道德与法治学科需要学生具备哪些关键能力？如何培养这些能力？如何科学选题练题、对学生进行方法指导？

（1）道德与法治学科能力。道德与法治学科能力包含学科思维能力、学科表达能力、学科实践能力等。

学科思维能力又包括价值思维、逻辑思维、辩证思维、创新思维等。

价值思维，即学生根据怎样的价值观念进行价值判断与价值选择。如政治思维——能够以马克思主义、毛泽东思想、中国特色社会主义思想为指导，以党和国家的路线方针政策为遵循，坚持"四个意识""四个自信""两个维护"，做到政治认同、党的领导、人民立场、国家意识、民族意识、历史文化认同，践行社会主义核心价值观；法治思维——能够从科学立法、严格执法、公正司法、全民守法的角度分析、解决社会生活问题，能够从学法、尊法、用法、护法的角度认识解决个人学习生活问题；道德思维——遵循道德规范，能够理解认同践行个人品德、家庭美德、社会公德、职业道德等方面的基本道德原则。

逻辑思维，如定义域判断、比较与归类、归纳与抽象、演绎与具体化、综合分析法等。

辩证思维，如整体性思维、动态思维、矛盾分析法等。

创新思维，如逆向思维、聚合思维、发散思维、批判性思维等。

学科表达能力又包括口头表达能力和文字表达能力。口头表达能力，如叙事——说好中国故事，辩论——思维审辩能力，应答反馈——评价质疑能力，等等。文字表达能力，如提案书——政协提案撰写，倡议书——志愿者倡议书，计划书——圆梦计划书，等等。

（2）端正题型意识，科学选题练题。中考试题主观题包括辨析题、观察思考题、活动探索题等，有题型之分，但生活是没有题型的。因此，我们在日常教学中除了教给学生必要的不同题型解题方法之外，要淡化题型意识，坚持学习与真实生活实践的密切联系。教材知识理念源于学生生活实际，因此，还要回归生活、指导生活，让学生在真实的生活情境中去体验、去感悟、去提升、去成长。

选题练题，是中考复习备考中常用的策略，是一项常规性操作。但如果题目选不好，则会浪费学生时间，事倍功半。如何精选试题？哪些试题值得练习？作为教师，我们需要谨慎思考。科学选题练题，要研究课标、研究中考真题，从真题出发，以真实情境为基础，融合知识、学科思维及学科能力于其中，善于将试题情境改编为教学情境。

根据中考试题题目命制策略，我们在选题或命制试题时要参考中考试题，坚持育人导向，试题立意突出价值性；贴近学生生活，情境创设体现生活性；凸显学科能力，任务设计强化学科性；考查主干知识，答案制定确保科学性。整体上来说要遵循"一核三层四翼"（如图 29 所示），基于真实情境——培育学科核心素养；系统性思维统领知识——建构知识体系，形成大观念；回归生活重实践——促进知行合一。具体从能力提升、情境创设、素养指向、大概念考查、答案组织、评分标准等方面进行分析筛选。

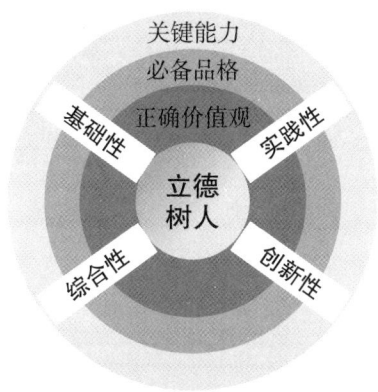

图 29　一核三层四翼

在此，以 2023 年河南省中考道德与法治主观题为例进行阐述。

例如，第 19 题（辨析题）：

能力提升：学生失分多数是因为理解能力欠缺、知识整合能力不够、逻辑思维能力不强等，我们在选题时就应该多考虑所选题目是否对学生提升这些关键能力有帮助。第 19 题，能够提升学生的多视角思维、辩证思维等深度思辨能力，帮助其形成"是什么——为什么——怎么做"的基本思维框架。

情境创设：基于真实生活情境"交通信号灯时间设置不合理，给交通管理部门写信反映情况，并提出了改进措施"。

素养指向：责任意识——关心集体，关心社会（主人翁意识）；具有民主与法治意识，能够依法依规参与公共事务，根据规则参与校园生活的民主实践（有序参与）。增强学生担当精神和参与能力。健全人格——有效学习，能够主动适应社会环境（积极向上）。使学生学会学习、学会生活、学会合作。

大概念考查：正确认识学习；培养批判精神，积极改进社会规则；增强民主与责任意识，依法行使监督权；养成亲社会行为，在社会实践中实现人生价值；等等。

答案组织：

观点——生活中点点滴滴都是学习。

理由——提出合理化建议，是具有批判精神的表现；为社会规则的改进和完善提供方案，行使了监督权，是民主意识较强的表现；为道路交通畅通与安全贡献了智慧，积极承担社会责任，他的做法是亲社会行为；发现、探究、体验、感悟、经验，也是有意义的学习收获。

结论——怎样学习，服务社会，实现人生价值。

评分标准见表43。

表43　评分标准

等级层次		等级描述
水平四 关联结构	7—8分	观点正确，能够结合情境，用辩证眼光综合（整体）分析小治行为和小丁观点，并得出正确看待学习、在实践中学习、学会解决问题等结论。层次分明、逻辑严密、分析透彻、表达流畅 （这种结构学生能够在设定的情境下利用相关信息进行全面、整体的回答）
水平三 多点结构	3—6分	观点正确，从小治行为分析承担社会责任、亲社会行为、正确看待学习、社会实践中学习等，对结论做法中两项或三项进行阐释等。层次较分明、逻辑较严密、分析比较透彻、表述较为流畅 （这种结构用上了若干，但不周全）
水平二 单点结构	1—2分	观点模糊，仅对小丁观点进行个别评析、片面分析或仅有结论做法缺少论证分析。层次不分明、逻辑不严密、分析不透彻、表述不流畅。 （这种结构回答用上一项相关素材将问题与解答建立联系）
水平一 前结构	0分	观点错误，或只做判断不做分析，或应答与题目无关（如：通篇写的是校门口交通拥堵的危害等） （这种结构层次，学生试图用一些与问题不相关的东西来回答）

第 20 题：

题型：观察与思考 + 活动与探索。本题并非严格意义上的纯观察与思考题，因此我们要适当地淡化题型意识，不要局限于某种题型的练习，而是着重于学生思维能力的提升、价值观念的确立。

第（1）问原因类：学习《习近平新时代中国特色社会主义思想学生读本（初中）》的原因。

①认识到习近平新时代中国特色社会主义思想的重要性（九年级上册第 110 页）。

②理解《读本》与道德与法治课程、习近平新时代中国特色社会主义思想的关系（《读本》能促进学生学好道德与法治课；引领学生感受习近平新时代中国特色社会主义思想的时代魅力）。（从 A 到 B；从 B 到 A）增强政治认同，自觉做到"两个维护"。

第（2）问建议类：更好地推进《读本》学习走深走实、入脑入心。

①开足开好《读本》课；在校内设置《读本》课学习宣传栏等；②举办《读本》演讲比赛。③到红色研学基地开展《读本》现场教学。（学习形式）

促进学生将《读本》思想内化为自己行为的指导思想，外化于行动，知行合一。

情境设置：基于真实学习情境学习《读本》。

大概念考查："习近平新时代中国特色社会主义思想""道德与法治课程""党的领导""政治认同"等。

素养指向：政治认同 + 责任意识。

第 21 题：

题型：活动探索题。活动探索题是围绕某一主题，创设贴近学生生活的活动情境，将学生代入一系列探究任务中，在学生分析解决问题的过程中考查、培育其核心素养。遵循"基于活动主题——搭建活动平台——设计活动任务——引领活动探究——考查活动素养"基本路径，其具有主题性、活动性（实践性）、探究性三大特征。所要解决的问题都是开放灵活的真问题——设问新（源于实践）、答案活（不唯教材）、评价易（标准明确），或是素养导向的好问题——价值引领、知识依托、任务导向、探究未知、注重过程。

基于活动主题（主题性）：活动不是漫无目的，任务不是一盘散沙，而是紧紧围绕"自主设计暑假作业任务单"这一特定主题展开。

注重任务设计（活动性）：不是坐而论道，而是学生在实践中设法解决一系列问题，如"暑假作业内容设计""完成暑假作业要求设计"等。

突出实践探究（探究性）：不是肤浅的纯知识性问题，而是在火把的引导下探索夜行。强调深度参与（学生是活动主角，而非旁观者），问题解决（不仅解决问题，也关注探究过程），鼓励创新（需要理论逻辑，更需要生活逻辑）。

系统性思维能力考查：

大情境——"暑假作业"实践，坚持"双减"的导向，坚持内容形式相统一，坚持质量效果并举的原则，以实现自我"健康全面发展"为核心概念。

大任务——任务一：补充两条内容；任务二：两条内容的具体要求；任务三：设计两条督促自己完成任务的方式，阐述其优点（自我评价）。

大观念——"热爱劳动""传承中华优秀传统文化""养成健康的生活方式""遵守规则，严格自律""学习规划""合作学习"等等。

综上所述，三大主观题各有侧重。辨别与分析题重在辩证思维，针对观点材料，判断分析说理，澄清错误认识，学生充当调解员角色；观察与思考题重在知识迁移，观察社会生活，链接所学知识，分析解决问题，学生充当评论员角色；活动与探索题重在实践探究，走进主题活动，主动实践探究，完成系列任务，学生充当迎检员角色。

我们在日常教学复习备考中，应端正题型意识，科学选题练题，将中考试题作为参照，把握中考试题命制理念、原则、特点等，有的放矢进行练习提升，不能盲目选题练题，进行题海战术。

▶▶ **示例**

活用《探究与分享》 培育学生关键能力 ①

胡邦霞　黄梦溢

摘要：思政课教学是落实立德树人根本任务的关键课程，无论是"立德"还是"树人"，都要以人为本。统编《道德与法治》教材《探究与分享》栏目，以学生真实生活为情境载体，分为经验感受、观点思辨、行动指导等类型，符合课标要求及中考命题导向。在教学中，教师应重视该栏目的使用，发挥育人价值，着力培养学生认知能力、合作与探究能力、创新能力，提高分析问题、解决问题的能力，形成个人成长与社会发展所需要的职业能力，促进学生全面发展。

关键词：探究与分享；价值分析；存在问题；基本要求

一、《探究与分享》栏目价值分析

统编初中《道德与法治》教材最大的特色是增加了《运用你的经验》《探究与分享》等六个栏目，其中《探究与分享》栏目数量最多、占比最大，是教材的主体栏目，用以辅助学生理解教材正文，是教材的有机组成部分。该栏目最大的特点是创设情境，引导学生在情境体验中加深对教材知识的感知与理解。

《探究与分享》栏目呈现的观点、情境、材料、对话等，成为学生学习的载体。教学应以栏目为主开展活动，为学生学习搭建脚手架，引导学生通过自主思考、合作探究、分享交流，生成观点、得出结论，在探究中获得新知。区别于传统的教师给出结论，然后举例说明的教学方式，运用《探究与分享》能够充分发挥学生的主体作用。学生不再是被动学习者，而是作为活动的参与者或情境的主角，融入真实情境，通过独立思考与合作探究，最终达成共识，完成知识的内在生长及能力培养。有探究，有分

---

① 本文为教材小栏目《探究与分享》的研究成果，发表于《中学政治教学参考》2021年第3期。

享，在探究中深化理解，在分享中开拓思维，创新观点，激发兴趣。探究性教学和探究性学习逐渐成为课堂的主要形式。

《探究与分享》栏目大致可分为经验感受类、观点思辨类、行动导向类、综合类。经验感受类，引导学生反观自身，注重自身体验与感受，唤醒已有社会经验，直面成长过程中的矛盾与困惑，反思过往，立足当下，直面未来，做更好的自己。观点思辨类，设置两种或两种以上不同且有矛盾冲突的观点，引导学生从不同角度深入思考问题，学会用客观全面的观点，辩证地看待学习与生活中的问题，培养辩证思维能力。行动导向类，从行为角度出发，引导学生学思行结合，超越认知层面，完成从认知到行为的跨越。综合类，融经验感受、观点思辨、行为导向于一体，具备综合性、立体性、实践性等特点。《探究与分享》栏目因其种类多样，可采用独立思考、合作探究、分享交流、角色扮演等多种教学方法，在独立思考中提升学生的思维品质，在合作探究中培养学生的合作品质，在分享交流中提升学生交流与表达能力，在角色扮演中提高学生的参与度，增强学生的感受，培养学生的行动力。

《探究与分享》栏目情境真实，多以学生自身或同龄人为主体，涉及学生生活、学习、交友、交往、生命价值思考等一系列困惑矛盾。问题设置角度多样，答案灵活开放，具有思辨性、行为指向性等特点，对学生独立思考能力、合作创新能力、分析解决问题能力有较高要求。

二、《探究与分享》栏目运用中存在的问题

1. 不顾学情，不加选择

《探究与分享》栏目数量较多，为广大一线教师提供了丰富而真实的教学素材。然而，在现实中，是否每一个探究活动都有开展的必要呢？是否每一个探究活动都符合本班学情呢？教学面对的是一个个具体的学生，教材活动只是参考，而并非唯一。如教学七年级上册第七课第二框"爱在家人间"第一个《探究与分享》——找一找你认为重要的家人，尝试和他一起完成"亲情三碰撞"活动。教师在执教中对这个活动要加以选择。一是时间，这个探究设计三个活动，而且每个活动都需要学生回忆后书写，如果在课堂上不加选择地运用，时间不允许；二是学情，活动中需要学生回忆与家人相处的一些细节，教师要了解本班学生是否有单亲或隔代抚养情况，涉及家庭问题的活动，必须考虑学生的心理感受。

2.设问难度与学生认知水平不符

有些《探究与分享》设问难度超过学生原有认知水平。如七年级下册第九课第一框"生活需要法律"第二个《探究与分享》——列举生活中的一些权利和义务，让学生将权利义务和相应的法律连线，并说明哪些是权利，哪些是义务。"权利义务"是法律术语，学生如果平时不接触法律方面的知识，对这两个词是没有清晰认知的。且权利与义务是八年级下册的学习内容，教师对这类超过学生认知水平的设问予以相应解读，给学生思考搭建脚手架。

三、《探究与分享》栏目运用的基本要求

栏目是教材知识的辅助，处于次要地位。在实际运用中既要防止知识化，又要避免去知识化，突出学生主体地位，摆正教师主导地位，依据学生实际情况对栏目进行删增改合，在栏目活动中培养学生的关键能力。

1.注重思考辨析，提升认知能力

认知能力是一个人必须拥有且最重要的能力，是一切其他能力的前提，决定着对事物认识的清晰程度和掌握事物本质的深浅程度。因此，在教学中，要充分发挥《探究与分享》栏目的作用，培养并提升学生的认知能力。

如七年级上册第63页《探究与分享》——我喜欢的老师，列举了甲乙丙丁四位同学的观点，留有一空待学生填写。设问"分享我喜欢的老师，比较各自喜欢的老师在风格上的差异"属于体验反思性的问题设置，完全出于学生成长体验。设问"如何看待这些差异"，引导学生在反思体验的基础上进行思维拓展，深入思考"为什么会产生这些差异？这些差异给我带来哪些影响？如何面对不同风格的老师？"。遵循"分享差异—比较差异—看待差异"的思维演进路径，层层递进，引导学生懂得喜欢的老师各不相同，在风格上存在差异，学会承认接纳并尊重不同风格的老师。笔者在教学过程中增加设问"列举你不喜欢的老师，他（她）_____"。此问看似不太恰当，引导学生"数落"教师。其实不然。教师传道授业解

惑，学生亲其师才能信其道。学生与教师之间存在距离，学生对教师有意见也不会当面提出来，教师不如借此机会认真倾听学生心里话，知道什么样的教师是不受学生欢迎的，从而检讨自身，调整教育教学方式，这是教师了解学生内心世界的良好契机。随后，笔者增设观点辨析——喜欢哪个老师就喜欢他（她）的课堂。引入观点思辨，引导学生认识到学习是自己的事情，人生是自己的，教师是辅助，自己要对自己的人生负责；面对不同风格的教师，我们要学会接纳并尊重，深入了解教师，进而发现教师身上的优点，由不喜欢逐渐转变为接纳并欣赏该教师。由此，不仅能增进师生情感，而且能培养学生的思辨能力。

2. 创设小组活动，增强合作能力

在日常生活中，与他人共事时经常会出现意见不统一的情况。一旦沟通不畅，就会导致各方争论不休，从而引发矛盾。因此，表达、交流、共享，是学生提升未来生活幸福指数的关键能力。但现实情况是，学生面对中考压力，将注意力集中在提高学习成绩上，缺乏在社会生活中生存所必须的沟通与交往能力。扭转这一局面，需要我们在教学中引导学生合作探究，培养沟通与合作能力。

《探究与分享》栏目的设置，为我们组织学生合作探究提供了丰富素材。如七年级上册第55页《探究与分享》——设计班徽。在教学中，我们可以组织学生小组合作共同设计并创作班徽。在小组创作中融入自己与集体的智慧，在交流中形成思维碰撞，使学生学会自我表达，学会倾听他人的想法，学会理解并尊重他人，最终形成作品，提升沟通与合作能力。

3. 思维拓展训练，培养创新能力

统编初中《道德与法治》教材虽与时俱进，符合学生与时代发展，但事物总是在不断发展变化，因而教师在引导学生使用教材时，应该有善于发现变化与创造的眼光。

七年级下册第91页《探究与分享》——我国还可以在哪些方面加强立法，保护公民权利？活动中展示了两个学生的观点，认为人格权和个人信息保护方面需要加强立法，继而追问学生：你认为还有哪些公民权利需要立法保护？笔者在教学本课时，学生分别回答说在"私有财产、离婚、赡养老人、个人隐私、知识产权、人身安全"等方面需要加强立法保护。学生在课前搜集到的相关法律资料基础上，通过讨论交流，一致认为现行法律存在某种程度的不足，许多关乎老百姓具体生活的实际问题，难以通过法律保障公民合法权益，因此国家应该更加细化法律，尤其是针对现实社会生活的困境，如高空抛物致人死伤这类问题。笔者继续追问：如果你们是立法机关代表，会如何完善法律以保障公民权利？学生表示可以通过专门针对社会生活困境的问题进行立法，出台综合性较强、与老百姓生活密切相关的法律，一是对法律的完善，二是增强老百姓的法律常识与法治意识，促进依法治国。2020年，全国人民代表大会审议并通过了惠民利民的民法典，就为解决诸多现实困境提供了法律依据，是我国法治建设的一大进步。这与当时课堂上学生的设想不谋而合。可以预见，七年级下册教材这部分内容应该会因民法典的出台而有所调整变化。因此，在教学中，教师不能用既定的眼光看待教材。现实世界各领域都处在不断变化发展之中，教材只是学生发现世界的载体，也在不断变化发展，教师应引导学生用变化的视角学习教材、用发展的眼光看待问题。

4. 解决实际问题，塑造职业能力

无论从事何种职业，面对的都是复杂的现实问题。出现问题随时反思、及时改进，不仅是一种能力，更是对待工作、生活的一种积极态度。因此，要培养学生胜任职业要求的综合能力，即语言表达与人际交往能力、团队协作能力、环境适应能力、承受挫折能力、反思与改进能力等。职业能力综合性较强，众多《探究与分享》栏目最终都指向学生分析解决实际问题以应对复杂变化的社会生活的能力。

七年级上册第80页《探究与分享》——改善与增进亲子关系。栏目设置了二个问题，学生回忆具体生活情境中父母对自己的态度，进而反思父母为何会有这样的态度，此种情境下希望从父母那里得到什么，最终引导学生改善与父母的关系。这个《探究与分享》是融经验感受、观点思辨、行动导向于一体的综合性探究，遵循"回忆—反思—改进"的思路，由经验到思辨再到实践，让学生感受父母态度背后隐含的情感，体会亲子冲突难以避免，直面这一现实问题，指向行为塑造。

《探究与分享》栏目具有独特的育人价值，是在思政课堂培育学生关键能力、落实立德树人根本任务的重要抓手。我们应充分重视该栏目的价值，并结合学情灵活运用，引领学生逐步提升认知能力，增强合作能力，培养创新能力，塑造职业能力，为培养全面发展的人奠定基础。

五、研究课题，专业成长

课题研究的最终目的是提高课堂教学效益，推动教师专业成长，促进学生全面发展。在进行课题研究之前，我们首先要明白无论什么内容、何种形式的课题研究，都应该立足课堂。课堂是课题研究之树生长的土壤，只有扎根课堂土壤，课题研究才能有源源不断的营养供给，才能枝繁叶茂。在开始课题研究之前，不妨先问一问自己："我在做课题的过程中遇到的最大困惑是什么呢？"

为什么要做课题研究，怎样做课题研究，一直是困扰许多一线教师的问题所在。在中小学教师群体中，部分教师认为做课题研究是职称评定的条件之一，所以才做课题研究。不得不说这是很现实客观的一个因素，但如果仅仅将目光放在职称评定上，那就有些舍本求末了。真正的课题研究对我们来说意味着什么？选题难、立项难、各种报告撰写难、论文发表难等，各种各样的难困扰着一线教师，部分教师有心做课题研究，但由于畏难情绪，望而却步。因此，我们需要不断加强学习，破解各种困难，明确课题研究的意义，了解课题研究的基本程序，学会正确选择课题研究，撰写课题立项申报书及课题开题报告、中期报告、研究报告，等等。

（一）基于问题场域明确研究意义

基础教育教学研究，就是针对在基础教育教学实践中发现的、真实的、主要的、需要研究解决的、能够解决的问题进行研究。基础教育教学研究课题的重要意义主要体现在两个方面：一是真实用。从客观功利的层面来看，课题研究是教师职称晋升的需要。比如，河南省关于一级教师职称评定的部分业绩条件为：教师实施素质教育、推行课程改革、开展教育教学研究等方面取得以下业绩之一，第（4）条城市学校教师在教学研究、改革和实践中成绩突出，作为主要完成人（限前 6 名），获得省辖市优秀基础教育教学成果奖，或作为主要完成人（限前 6 名）参与并完成市级教科研课题研究；农村学校教师在教学研究、改革和实践中成绩突出，作为主要完成人（限前 6 名），获得县级优秀基础教育教学成果奖，或作为主要完成人（限前 6 名）参与并完成县级教科研课题研究。可见，课题研究是朴素的、功利的。二是真有用。课题研究能够有效提高课堂教学质量，促进教师专业发展。为了进行课题研究，教师必然会查阅大量的文献资料，了解相关的文件政策，学习名家的教育教学思想，并结合自己的教育教学实践进行思考、实践、探索，并在一次次的研究——实践——修改——再实践——得出成果——推广实践等一系列过程中，提升自身的理论水平、科研能力及知行合一的能力。当我们在教育教学中发现凭一己之力无法解决的疑难困惑问题时，就需要团队协作，探寻解决之法，就需要进行课题研究。比如，笔者发现，在初中道德与法治课堂教学中，存在课程资源不甚丰富的问题，于是于 2020 年 6 月—2022 年 6 月进行了为期两年的"助力学生发展的初中道德与法治课程资源开发研究"，主要针对学生群体进行助学资源开发，以助力学生轻松学习道德与法治课程，促进其对学科本质的理解，充分认识学习道德与法治课对自身成长的意义。通过本课题研究，最终形成了《法治护航 健康成长：初中学生法治素养培育》（学生法治学习读本）《初中道德与法治学习指南》（学生读本）等著作，出版以来，分别销往郑州、深圳、西安等地的相关学校，受到好评，对学生学习道德与法治学科大有裨益。在此基础上，笔者又于 2023 年 6 月成功立项"初中道德与法治助教助学课程资源开发与应用研究"，在开发助学资源的基础上，重点开发助教资源，在立项前期就发表了《活用〈探究与分享〉 培育学生关键能力》《巧用〈拓展空间〉 助力学生发展》《以优秀传统文化助推思政课一体化建设》《"尊重他人"教学设计》等多篇助教方面的相关论文。这两个课题都是基于初中道德与法治学科教学中出现的现实问题而进行的课题研究。基于真实问题的课题研究，更能有效发挥课题研究对提升课堂教学实效，促进教师专业发展的推动作用。

（二）名实相副调研，了解研究程序

关于课题研究，相信许多教师并不陌生，对课题研究的一般流程也都了如指掌。比如，如何选择课题，填写立项审批书，撰写开题报告、中期报告、结项鉴定审批书及研究报告等。关于课题管理的一般流程，我们也要有所了解。比如，发布课题指南，组织申报——申请立项、通过评审——开题研究、中期检查——结题验收、成果鉴定——成果推广应用。关于教育科研课题研究流程，有如下七个环节，前期调查、确定课题——撰写方案、论证课题——申报立项、评审课题——开题论证、启动研究——实验研究（中心环节）——检验验证、结题评审——成果推广、滚动研究。关于个人课题研究有五个阶段，发现问题——剖析原因——设计方案——实验改进——成效分析。

在此，重点需要给大家强调的是个人课题研究的五个阶段。这五个阶段其实分别对应了我们进行课题研究的基本程序及整体思路。首先，发现问题。善于发现在教育教学中存在的问题或找出自己感兴趣、想研究的问题，这一步就是选择研究课题。其次，剖析原因。针对所确定的问题进行深入思考分析，查阅相关文献资料，将其与实践对接，归纳问题症结所在，找出可供研究的切入点，论证课题研究的可行性及研究意义，这一步其实就是在为立项工作做准备。再次，设计方案。针对所选择的研究课题，分析期望通过研究解决哪些问题，要解决这些问题就要研究哪些内容，准备对此进行怎样的研究，选用什么方法，大致分为哪几个研究阶段，在每个研究阶段具体要做哪些事情，预期在研究完成之后取得哪些成果，等等。这些都要在研究之前进行充分论证设计，这样研究才能有的放矢、有章可循，否则就像无头苍蝇乱撞。这一步主要涉及开题工作的进行。然后，实验改进。在这一阶段主要是将开题中的设计方案具体实施到教育教学实践中去，通过理论与实践相结合，将研究蓝图具体落地，并在实践中发现新的问题，比如方案设计的问题、实施的问题等。具体工作有：对新发现的问题进行分析，修改完善设计方案，改进阶段性成果，等等。这一步主要涉及开题至结题的全过程，是课题研究的主体。最后，成效分析。对课题研究最终取得的研究成果所产生的效果进行分析，这一阶段主要涉及课题研究的结题及结题后一到两年内的成果推广影响。

课题研究的基本程序及阶段任务如上所述，进行课题研究时，我们又多了一个研究者的身份，这就意味着我们要用研究者的广阔视角、深刻思维、严谨态度与求真作风去对待课题研究。作为课题研究者，要对课题研究的整体架构、阶段任务、预期成果等做到心中有数，始终把握好课题研究方向与内容，最终解决问题。

（三）精准把握原则，正确选择课题

研究课题的选择对接下来的课题研究至关重要。可以说，选择研究课题是课题研究的"头"，研究内容则是"肢干"，所有的研究内容都要在"头"的引领下进行。所以，选题选得好，切合实际，才能在研究中有挖掘点，有创新点；选题不好，影响研究深入，或者研究成果对教育教学没有实际效用，根本无法解决实际问题。

但在实际课题研究中发现，很多教师在做课题研究时不知道如何选题。其实，研究课题的选择是有一定规律可循的，掌握了科学合理的选题方法，对我们选择研究课题大有裨益。

首先，要牢记选题标准"十二字诀"，即"真问题、有意义、切口小、能驾驭"。

其次，要把握选题的原则。简单来说，就是"有价值、有创新性、有前瞻性、有可行性"。所谓价值性，就是所选课题应有需要背景，针对实际和科学发展的需要，即应有实际效益或学术价值。所谓创新性，就是所选课题要有新的见解，要做出新成果，即能在内容、方法、理论应用上创新。所谓前瞻性，就是前人没有专门研究过或虽已经研究过但尚无理想的结果，有待于进一步的探讨和研究；或是学术界有分歧，有必要深入研究探讨。所谓可行性，就是选题的内容要有科学性，难易程度和工作量要适当，充分考虑在一定时间内获得成果的可能性。

再次，要熟知选题来源。牢记寻找课题"十六字诀"，即"教学实践、课题指南、政策文件、学术期刊"。

第一，从教学实践中提炼课题。在教育教学实践中，会存在许多问题，有专业的问题——观念的问题、知识结构的问题、方法的问题、教学能力的问题；有学生的问题——如何帮学生发现问题、如何让学生解决问题、师生关系问题；有学科的问题——学科建设的问题、作业的问题、合作的问题；有管理的问题——班级建设的问题、教师管理的问题；等等。对于这些真实存在的问题，我们作为教师要善于观察发现、琢磨思考，最终从这些问题中选取你最感兴趣的、最想解决的、最有心得的问题进行研究，这些都是我们从提炼课题最基础的场景，最具有典型性、真实性，符合真问题、有意义、切口小、能驾驭的选题原则。

第二，从课题指南中筛选课题。2024 年河南省基础教育教学研究项目课题指南中，关于政治学科有如下选题：

1）大中小学思政课一体化建设实践研究

2）思想政治（道德与法治）新版课程标准解读与实施研究

3）初高中思政课新教材使用有效性研究

4）初高中思政课课程资源开发研究

5）初高中思政课课程实施问题与对策研究

6）初高中思政课教学方式（学习方式）转变研究

7）初高中思政课学业水平考试试题命制研究

8）初高中思政课教—学—评一致性研究

9）初高中思政课教学典型课例研究

10）中学思政课教师专业发展案例研究

11）初中道德与法治基础性作业设计与实施研究

12）中学思政课培育学生政治认同（道德修养、法治观念、健全人格、责任意识、科学精神、公共参与）素养的行动研究

13）基于情境（任务驱动、高阶思维、积极参与、真实体验、深度学习、素养提升）的中学思政课参与式（启发式、探究式、体验式、项目

式、议题式、跨学科）课堂教学实践研究

14）中学思政课教学促进学生深度学习的实践研究

15）中学思政课校本教研改进策略研究

16）中华优秀传统文化（革命传统、红色文化）融入中学思政课程的实效性研究

17）"三新"背景下思政课中高考复习备考学与教的策略研究

18）中学时事政策教育（法治教育）实效性研究

19）中学思政课地方课程（校本课程）开发与实施研究

20）中学思政课渗透劳动教育（安全教育、美育）的实效性研究

以上课题指南中的研究课题都是可供我们参考的选题，结合具体的教育教学实际问题及自身的擅长之处及兴趣点做选择即可。但需要注意的是，这些选题只是供选题参考，有些并不适合直接拿来做课题研究的题目。比如选题第 4 个"初高中思政课课程资源开发研究"中课程资源的研究是一个大的问题域，而我们每一个课题研究一定是要真而小，解决的是一个个问题。因此，我们就可以将其再细化为"助力学生发展的初中道德与法治课程资源开发研究"（2020.6—2022.9 胡邦霞主持河南省重点课题成功结项）或"初中道德与法治助教助学课程资源开发与应用研究"（2023.6 胡邦霞主持河南省课题成功立项）。

第三，从政策文件中提炼课题。国家关于基础教育教学的正式文件、政策方针等也可以是我们选题的来源，如《教育部关于全面深化课程改革落实立德树人根本任务的意见》（教基二〔2014〕4 号）等。《中国学生发展核心素养》提出，中国学生发展核心素养，以科学性、时代性和民族性为基本原则，以培养"全面发展的人"为核心，分为文化基础、自主发展、社会参与三个方面，综合表现为人文底蕴、科学精神、学会学习、健康生活、责任担当、实践创新六大素养，具体细化为国家认同等十八个基本要点。根据这一总体框架，可针对学生年龄特点进一步提出各学段学生的具体表现要求。我们可以从中思考如何在实际教育教学中培育学生核心素养，如以"初中道德与法治课培养学生公共参与素养的课例研究"为研

究题目（2019.6—2021.6 河南省重点课题成功结项）。

第四，从学术期刊中触发课题。本学科的权威期刊是我们进行课题研究不可或缺的重要工具，比如政治学科的全国中文核心期刊《思想政治课教学》《中学政治教学参考》等，其中都有可供选择的研究课题。

最后，要学会提炼课题名称。课题名称一般要求要准确、规范、简洁、醒目。能清楚表达研究对象、研究内容、研究方法、研究手段、研究目的、研究依据及研究背景。课题名称的书写一般有以下五种模式：模式一，研究对象＋研究内容＋研究方法，如"初中数学教学方法优化的实验研究"；模式二，理论依据＋研究目的＋研究方法，如"运用多元智能理论激发学生学习兴趣的案例研究"；模式三，理论依据＋研究对象＋研究内容，如"基于建构主义的小学道法课堂教学模式的研究"；模式四，研究对象＋研究手段＋研究目的，如"初中数学利用变式练习巩固学习效果的研究"；模式五，研究背景＋研究对象＋研究内容，如"新课程背景下农村小学语文教学设计研究"。这五种模式几乎涵盖了所有的课题名称书写形式。在提炼课题名称时还要注意"六大注意事项"：第一，不喊口号。有些题目如"精彩总在反思后"之类的就属于喊口号，无具体研究对象、内容、方法等。第二，不炫文采。如"实验设计让学生的思维张开翅膀"，这一类文采很好，但是缺少研究方法、依据等，导致研究问题不可操作。第三，不用问句。如"作业量对小学生英语成绩有何影响"，以问句的形式极大地限制了课题研究的内容，偏离了课题研究的目的。我们做课题研究目的一定是解决一种或几种教育教学中的实际问题，是破解"怎么办"的问题，"影响、作用、意义"等"为什么"问题的研究是为"怎么办"服务的，并不是我们研究的目的，因此这一课题名称可提炼为"提升小学生英语成绩的作业开发设计与应用研究"，既表明了研究的对象、内容、方法及目的，也拓宽了研究的内容，直指研究目的就是通过作业设计来提高小学生英语成绩。第四，不做价值判断。如"综合实践活动应回归原生态"，这一个题目仅仅是在做价值表态，而没有表明回归原生态的综合实践活动有何意义，如何使其回归，缺少研究方法和目的。研究本身是通过理论与实践的结合，去解决一定的教育教学问题，需要有一定的价值理念、价值判断做支撑，但那是研究背后的东西，需要我们通过研究去证实，去投入应用，去解决问题，而非仅仅是在题目中做价值表态。第五，不要字数太多。课题的名称一般不要超过 20 字，过长的名字显得拉杂，无法突出研究重心。第六，不要有逻辑错误。如"初中语文活动课研究和实验"，研究本身就包含实验的意思，并列书写，语义重复。

以上就是我们在选择研究课题时需要掌握的一些常识性原则与方法，期望读者能够借此学会正确选择研究课题，助力课题研究事半功倍。

（四）规范程序步骤，撰写立项报告

立项工作对课题研究至关重要，不能成功立项就意味着我们前期所有的准备工作将付之东流，接下来的设计蓝图也无法如期绘制。那如何才能使我们的课题成功立项呢？我们需要一份怎样的立项申报书来帮助我们成功立项呢？

首先，我们要清楚立项申报书的评审标准。立项申报书一般包括选题意义、研究基础、课题设计、研究方法、研究条件等五个部分。其中，选题意义占 20%，主要评价研究选题是否有重要创新性或应用性等；研究基础占 15%，主要评价关于本课题是否已有相关丰富的研究成果，研究人员是否熟悉研究现状，所列参考文献是否具有代表性，等等；课题设计占 40%，主要评价研究目标是否明确、内容是否充实、思路是否清晰等；研究方法占 15%，主要评价课题研究方法是否适切等；研究条件占 10%，主要评价课题组是否具备完成本课题研究的条件，包括人力、物力、财力等。

显而易见，其中占比最多的是课题设计，这是立项申报书撰写的重难点所在，也是决定课题是否立项成功的关键所在。因此，我们在填写立项申报书中课题设计论证部分时需要注意以下问题。

第一，问题的提出及研究价值。本部分主要是阐明我们为什么要研究这一课题。在撰写时应写清楚问题研究的背景及研究价值。研究背景主要考虑近年来国家关于本课题研究方面的教育教学方针、政策文件、课程改革等，并且要简明清晰地列出教学实践中存在的问题（最好分条目）以及解决它们的必要性、重要性和迫切性等。研究价值，主要包括课题研究的理论意义及实践意义。理论意义是从人类认识的角度对有关命题的知识范围和适用性进行的研究并得出的成果。实践意义是利用该理论中的思想方法、观点、规律或论断，指导、分析、判断人们在具体实践活动中遇到的问题和现象。简言之，即本课题研究在相关理论发展方面有哪些价值，在实际教育教学应用中将会有哪些价值。把这些内容说清楚讲明白，就是解决了"为什么"研究的问题。

第二，核心概念界定。我们清楚自己为什么要研究之后，还要很清晰地表述"研究什么"。部分教师认为，核心概念的界定不重要或只是立项申报书中的一项形式性工作，这样的认识是错误的。核心概念界定不清楚，会导致接下来的研究出现偏差，使研究不严谨，影响到研究目标、内容及研究范围的确定等。所谓核心概念界定即对课题中涉及的新概念及其内涵进行界定和说明。一是对课题名称的界定：研究的对象、问题；二是对本课题有关的理论、名词、术语、概念的界说。但在实际课题研究中，会出现厘清核心概念意识不强、概念前后游移、界定不准确、界定空泛模糊等误区。那如何清晰准确地进行核心概念界定呢？在目前中小学课题研究中常见的方法是从课题题目中摘取几个关键词，通过查阅工具书、搜集相关专家观点或参考相关文献，将其中所提出的核心概念直接作为自己课题研究的核心概念进行界定。这样做使得核心概念的界定游离于具体的课题研究之外，在界定核心概念时应注意将普遍性与特殊性相结合，将普遍性的概念界定与具体的课题研究情况相结合。一般遵循"文献检索、实践需求调研——核心概念的提炼——核心概念的完善——课题目标——课题内容"这样的基本流程，使核心概念的界定既有理论支持，又有实践支撑，从而能够准确界定课题研究的目标、内容及方法等。

第三，研究文献综述。在实际课题研究中，部分中小学教师不会写文献综述或者撰写不规范。经常是从网上搜集相关研究后，不加以对比总结，仅是将大段的文献材料进行堆砌。这样做只是在形式上完成立项申报这一部分的内容，而没有真正发挥文献综述对课题研究的作用。实际意义上的文献综述是要分析国内外研究的状况，谁最著名，成果怎样；这些成果所表达出来的观点是否一致；如有分歧，它们的分歧是什么；存在什么问题和正在向什么方向发展，是为了梳理过去有关研究，从中找寻自己课题研究的切入点和突破点。研究文献综述在内容上包括已经发表的与本研究密切相关的研究成果或没有形成文献却正在进行、较有影响的研究。在引用原则上，坚持用一手、名家权威的资料及正式出版的、直接的资料。

在撰写文献综述时要避免述而不评、文不对题的材料堆砌，对相关研究成果的梳理归纳是文献综述的主要部分，但更为关键的点在于研究者本身对于相关研究成果的对比分析及综合评价。而部分教师在写作文献综述时缺少了对相关研究成果及现状的个性化评价，没有个性化评价，就很难从既有成果中发现优势及不足，从而无法为自身的课题研究提供突破口。因此，研究者必须重视对相关研究成果的分析评价。如笔者 2023 年 6 月主持立项的省级课题"初中道德与法治助教助学课程资源开发与应用研究"中的国内外研究现状述评撰写内容如下：

国内外学者对课程资源做了大量研究，成果颇丰。但仍有些许地方需要关注完善。首先，相关研究多聚焦宏观理论，实践应用较少。基于此，本课题将聚焦具体学科、学段的微观实践研究。其次，2014 年教育部提出中国学生发展核心素养；2017 年秋，统编初中《道德与法治》全国使用；2021 年国家全面实施"双减"政策；2022 年《义务教育道德与法治课程标准（2022 年版）》颁布实施。但就如何通过现行教材落实新课标精神、培育核心素养、减轻学生学业负担的课程资源研究较少，这为本课题研究提供空间和可能性。再次，相关成果多为文本，鲜有微课等电子课程。基于此，本课题将对电子课程进行开发探索。最后，通过对教师专业发展理论基础、学科视野及方法论的文献进行梳理整合，如何把教师专业发展与基础教育课程改革联系起来成为值得研究的切入点。基于此，本课题以课程资源开发为依托，开辟出助力教师专业成长的课程资源及开发路径，启发教师专业成长的自主性、持续性。

从上述内容可以看出，研究者对现有研究成果的评价在文献综述中不可或缺。基于此，研究文献综述的写作模式一般包括三部分：一是分主题梳理、阐述既有研究成果，其主要流派、主要代表人物及主要观点分别是什么；二是对已有的研究进行概括、评价，其优点、缺点、分歧点或未解决的问题各是什么；三是结合既有的研究阐述已有研究对自己的启发，说明本研究的必要性及要解决的问题。总的来说，文献综述的写作模式可以概括为"文献综述＝梳理、阐述＋分类、概括、综合、评价＋启示、突破点"。在进行文献综述写作时，要注意文献综述都不是一次成型的，对以往研究的不足之处需要进一步细化，内容较多。还应注意文献综述与本课题申报中的对应关系，即他人不足对应"我"的研究，对"我"的研究有何启示。最终通过对既有文献的综述和评价，说明"我"准备研究的内容。在文献综述的最后，还要清楚地提出我们自己的研究问题，先提出研究主问题，再将研究主问题分解成一个个子问题，最后形成问题链。

▶▶ 示例

课题"助力学生发展的初中道德与法治课程资源开发研究"的
文献综述

课程资源的开发与研究在国内外均取得了重大进展。当前，如何在初中道德与法治课程中落实核心素养，如何辐射带动更多的思政课教师讲出铸魂育人的"金课"，如何引领学生正确认识初中道德与法治课程，掌握适合学科特点的学习方法，成为当务之急。因此，初中道德与法治课程的教与学、教师专业素养的提升、学生学科核心素养的落实，都需要在一线"摸爬滚打"中成长起来的教师总结分享经验、开发课程资源。

1. 国外研究的现状

课程资源开发研究，离不开课程理论的研究。把科学知识定义为课程（斯宾塞），在当时是一种进步；教师如何将教材变成学生经验的一部分，让学生在实践中收获知识，这对学校课程的形成产生了重要影响（杜威）；把适应社会所需要的知识、能力及情感态度作为课程的基础（博比特）；提出了弥补学生经验缺陷的课程编制模式（查斯特），它们为课程资源研究奠定了课程理论基础。

"现代课程之父"泰勒，将课程资源作为独立的研究对象，真正意义上开始课程资源的严格研究。他在 1949 年出版的《课程与教学的基本原理》中提出课程资源的定义，指出：要对课程资源进行研究首先得从课程来源入手，在规划任何综合课程计划时，必须考虑到各种来源。课程目标的来源包括三个：对学生的研究、对当代社会生活的研究以及学科专家的建议。对于课程资源利用，他提出：要最大限度地利用校内资源；加强校外课程；帮助学生与学校以外的环境打交道。泰勒为课程资源研究奠定了理论基础。

泰勒之后的研究，是对课程资源研究的深化。杜威形成了自己的课程资源观，认为课程来源于学习者的经验、社会生活和活动；信息、通信与技术为当代课程的发展提供了更大的发展可能（亚历克斯，学校、社会与课程）；组织课程时应围绕当代的社会问题及学生关心的社会现象，从而促进学生在社会方面的发展（弗莱雷）。坦纳夫妇丰富了泰勒的课程资源来源理论，认为课程资源的来源，应考虑社会、知识世界和学习者这三个因素。学生是课程最核心的资源，只有和学生联系起来，课程内容才是更有价值的资源（罗杰斯）。

2. 国内研究的现状

2001 年，教育部印发的《基础教育课程改革纲要（试行）》提出课程资源的定义，指出要合理开发校内外可利用的课程资源。自此，我国的教育学者开始了对课程资源的研究，研究成果相继出版发表。目前，课程资源基本研究有了较为统一的认识。在概念界定方面，主要形成了以下几种观点：有顾明远的"教育资料说"、徐继存的"载体媒介说"、吴刚平的"课程因素说"、范蔚的"课程条件说"、张廷凯的"教育信息来源说"。

徐继存、段兆兵等多数学者认为课程资源具有多样性、客观性和潜在价值性的特点；大多学者认同开放性、适应性和因材施教的开发利用原则，认识到开发利用的主体是学校、教师、学生和家长等。可喜的是，有一小部分一线教师自发总结经验形成论文，如孙建祥、赵思维、陈刚、吴元彬等人分别从校本课程资源、网络资源、微课等角度开发初中道德与法治课程资源。

近些年，国内外理论研究不断细化，随着信息技术发展，课程资源研究内容逐渐丰富，涵盖了网络资源、电子课程等。

3. 国内外研究现状的述评

从本课题目前搜集到的文献资料来看，国内外众多学者做了大量的研究，成果颇丰，但我们发现还有一些地方需要关注和完善。

首先，国内外的课程资源开发研究多聚焦于理论研究、宏观层面，实践中的应用研究相对较少。基于此，本课题将聚焦具体学科、学段微观层面的实践研究。

其次，2014年教育部提出中国学生发展核心素养。2017年秋，统编教材初中《道德与法治》全国统一使用。但现行的教材对落实核心素养课程资源的开发研究相对较少。在中国知网的检索中，与本研究相关的数据显示只有12条，专门的研究则更少。这给本课题的研究提供了一些空间和可能性。基于此，本课题计划就此进行相应的拓展和研究。

最后，课程资源开发多为文本成果，鲜有微课等电子课程。基于此，本课题将在电子课程开发中进行实践研究和探索。

由此可见，文献综述就是要通过分析对比总结评价国内外相关研究状况，从中找到可供本课题研究的内容，把前人的研究作为我们研究的踏板，使其为我所用，可谓站在巨人的肩膀上进行研究。

第四，研究设计（目标、内容、创新点、方法、技术路线等）。研究设计是立项申报书的主体内容，主要说明课题研究的研究目标、研究内容、研究创新点、研究方法和技术路线等内容，可以说是整个课题研究的骨架蓝图。课题研究设计是否合理，是否具有较强的理论支撑、较强的实践操作性及方法是否恰当，都关系到接下来的研究工作开展，因此，本部分内容不可不加以重视。

首先，明确研究目标。课题研究目标是指课题研究预期要达到的结果，是整个课题研究的核心、出发点和归宿。研究目标要具体、清晰、有条理、适度。中小学教育科研多是基于理论的实践探索，主要是解决操作层面的问题。每个课题研究都有其特定的研究目标。在总目标之下，我们可以将主题词分解成相关因素，将整体目标分解成各个阶段的子目标，如层次目标、平行目标和综合目标。研究目标贯穿了课题研究的始终，在课题研究的每个阶段都应时时对照目标，对实践研究进行及时调整。在开题工作中，我们要依据目标做方案；在中期工作中，我们要围绕目标选方案、设行动；在结题工作中，对应目标理结论、做分析、出成果。

▶ 示例

"初中道德与法治议题式教学课例研究"的研究目标

1.逐步探索出一套符合本校学生和教师实际的，比较完善而又注重实效的，适合学生形成主干知识建构、正确价值观念、关键能力和必备品格的教学模式、教学流程和教学策略。

2.形成系列优质的议题式教学课例，丰富教学资源和教学素材。

3.通过设计实施议题式教学，道德与法治学科教师转变知识观和学习观，追求教学的发展性，增强学生知识学习的意义感和获得感。

4.通过活动体验，学生自觉思考质疑，主动接受加工，形成积极的态度和正确的价值观。

其次，制定研究内容。研究内容是研究方案的主体，回答的是研究什么问题及问题的哪些方面。研究内容要与目标对应，一个目标可能涉及几个内容。要尽可能使研究的内容可操作化，并且做适当阐释，确保读者明白你要通过研究哪些内容来达到研究目标。

▶ 示例

课题"初中道德与法治议题式教学课例研究"的研究内容

（1）根据议题式教学的操作原则，研究初中道德与法治课开展议题式教学的实施路径。

（2）教学议题在设置过程中需要遵循"核心指向、真实可议、适度封闭和深层可叹"的原则，根据这四条原则，研究初中道德与法治课的教学议题的命制特点。

（3）围绕议题式教学具有的议题、情境、活动、任务四要素，根据学科核心素养对应统编教材国情教育、法治意识培养、道德教育、心理健康四大板块的内容进行整合，选取议题式教学的场域，完善议题式教学课堂架构，形成课例。

（4）沈雪春《议题式教学简论》告诉我们：议题式教学评价的指导方针应该是"教、学、评相一致"的教学思想和评价机制。根据议题式教学的评价量表研究初中道德与法治课开展议题式教学的评价方式。

（5）以议题式教学为中心进行课例研究，基本操作步骤为：确定教学内容——备课和说课——上课和观课——形成教学课例——组织互动、对话式评课。

再次，找寻研究创新点。研究的创新点包括研究选题的新颖、研究方法的创新、研究思路的创新、研究见解的独特及研究成果的创新等。研究创新点是课题研究的生命，是区别于以往相关研究的地方，关乎到我们研究的价值性与必要性。研究的创新点应该秉持真实原则，部分教师在写立项申报书的创新点时束手无策、无从下笔，不知道有哪些创新之处。归根到底是部分教师为了凑够职评申报的条件而进行课题研究，对理论知识缺乏学习，对身边的实际教育教学缺乏思考。故而，在写创新点时要么照着别人的立项报告抄抄改改，换件"新"衣服；要么文不对题，东拼西凑；要么堆砌各种理论，晦涩难懂。这些做法都难免有些为赋新词强说"新"

的感觉。创新点的挖掘一定是建立在前期大量的准备工作基础之上的，广泛涉猎、阅读文献、学习前沿，对比分析既有相关成果，从而发现我们研究应该在哪些地方进行改进创新。

在立项阶段，我们主要关注的研究创新点在于研究选题及研究目标是否具有创新性。如，研究选题是否符合时代发展需求，是否紧扣国家教育教学改革政策，是否是我们在教育教学实践中亟待解决的真实问题等；研究目标是否指向解决研究问题，是否小而精准，是否可以通过一定程度的研究得以实现等。

▶ 示例

课题"初中道德与法治议题式教学课例研究"的创新点

（1）理念新：关注国家战略，紧跟时代步伐。2019 年 4 月，习近平总书记在纪念五四运动 100 周年大会上的讲话中指出："青年是整个社会力量中最积极、最有生气的力量，国家的希望在青年，民族的未来在青年。"可见青年之重要性。中学生正处于拔节孕穗期，扣好人生第一粒扣子，是迈出青年第一步的关键。加之，2021 年 7 月，"双减"政策全面实施，减负成了时代课题。2022 年，新课程标准也颁布实施。道德与法治学科天然承担着立德树人根本任务，本课题研究紧跟国家教育改革步伐，落实"双减政策"及新课标精神，通过在初中开展议题式教学研究，从而减轻学生学业负担，提升其高阶思维，培育学科核心素养。

（2）途径新：立足学生特点，融合多种课型。关于议题式教学的理论与实践研究在高中阶段较多，本课题在高中议题式教学研究基础上，探索议题式教学在初中道德与法治课中的实践。因此，不能完全采用"拿来主义"，而是从初中学生主体出发，设计符合初中阶段学生学习特点及成长经验的议题式教学。最终帮助学生轻松学习道德与法治学科，助力学生思维及能力提升。在研究过程中，课题组成员，尝试将议题式教学融入新授课、复习课、讲评课等多种课型，针对不同课型、不同年级学生的特点，有针对性地开展议题式教学。比如，九年级学生相较于七、八年级学生，心理更加成熟，高阶思维能力有所提升，更关注社会时事热点，因此，对于九年级学生就可以设置与社会热点密切相关、思维能力要求较高的议题。

（3）适用性强：成果易于推广，有较强普适性。本课题研究指向培育学生学科核心素养，借助课题组成员一线教学的优势，着力开展实践操作层面的研究。所研究的议题式教学能够切实解决学生学习困惑，满足学生学习需要，是一线教师实用有效的资源，既可以拿来就能用，也可给教师探索新的教学模式以启发，易于学习借鉴。

然后，选择研究方法。研究方法是课题研究的必要手段，主要回答"如何研究"的问题，要求研究方法要与研究内容相匹配。一般的研究方法有文献分析法、观察法、调查问卷法、经验总结法、访谈法、实验法、案例法、行动研究法等。这么多的研究方法，我们在课题研究中都要用到吗？或者我们可以在这些研究方法中任意选取吗？答案都是否定的。不同类型的课题及不同的课题研究，都有着不同的研究目标、研究内容，因此应采用不同的研究方法。这里着重介绍几种常用的研究方法。

行动研究法，即在具体的行动中开展研究，它是一种融教育研究和教育实践活动于一体的科研方法。基本程序是，一计划，二实施，三反思和评价。

文献研究法，即从所要研究的课题的历史出发，搜集整理与该课题有关的文献资料，从中抽取出有规律性的内容为我所用，并在此基础上，进一步调查或者比较分析，展开深层次的研究（任何研究的前提都要用文献研究法，除特殊情况外）。

个案研究法，即通过研究个体反映总体的方法，本质是透过个别现象研究整体规律的方法。它是以某个具体的单位为研究对象，通过解剖麻雀的方法，考察其具体的状态、发展变化的过程，从中总结出规律性的东西，作为研究相同、相似或相对的问题的范本或借鉴。

调查研究法，即在一定教育理论、思想的指导下，通过各种手段，搜集资料，对教育某方面问题的现状做出比较客观的分析，或提出具体的解决方案的一种研究方法。常见的有访谈法、问卷调查法。如：调查问卷法，向学生、老师发放统一问卷，了解学生对待英语写作中错误的态度以及所犯错误的类型和改正错误的方法。

经验总结法，即通过对实践活动中的具体情况进行归纳与分析，使之系统化、理论化，上升为一种经验。

在撰写研究方法时，一要注意具体问题具体分析，根据所做研究课题来选择恰当的研究方法，避免张冠李戴。二要注意结合本课题研究对研究方法进行简要阐述，使读者能够清楚知道你将如何在研究中运用此种方法。

▶ 示例

课题"初中道德与法治议题式教学课例研究"的研究方法

（1）文献法。课题组成员主要采用搜集、鉴别、整理文献，研究新时代议题式教学开展的前沿理论和创新做法，为课题研究提供有效指导。

（2）观察法。本研究以教师设计的教学和专题教育案例为依据，将教师在道德与法治课堂教学中的师生互动行为作为观察对象，进行持续、完整的观察与记录，以此获得教师教学反思相关资料，具体的观测点有课堂中的教学问题和矛盾的产生及如何解决等。

（3）行动研究法。在常态化教学和系列不同层级的活动中融入课题研究。围绕教学案例，开展课例研修活动，以解决教育实际问题，从而改变教学策略，借以检验研究方向的正确性。

（4）经验总结法。把反思、改进、完善贯穿于课题研究的始终，不仅形成初中道德与法治议题式教学实践经验和理论主张，而且凝练出自己的教学风格和教学见解。

最后，绘制技术路线图。技术路线图以图表的形式形象清晰地表达了研究者的研究思路，包括阶段安排、研究方法及具体方案设计等，使读者一目了然。

▶ 示例

课题"初中道德与法治议题式教学课例研究"的技术路线图

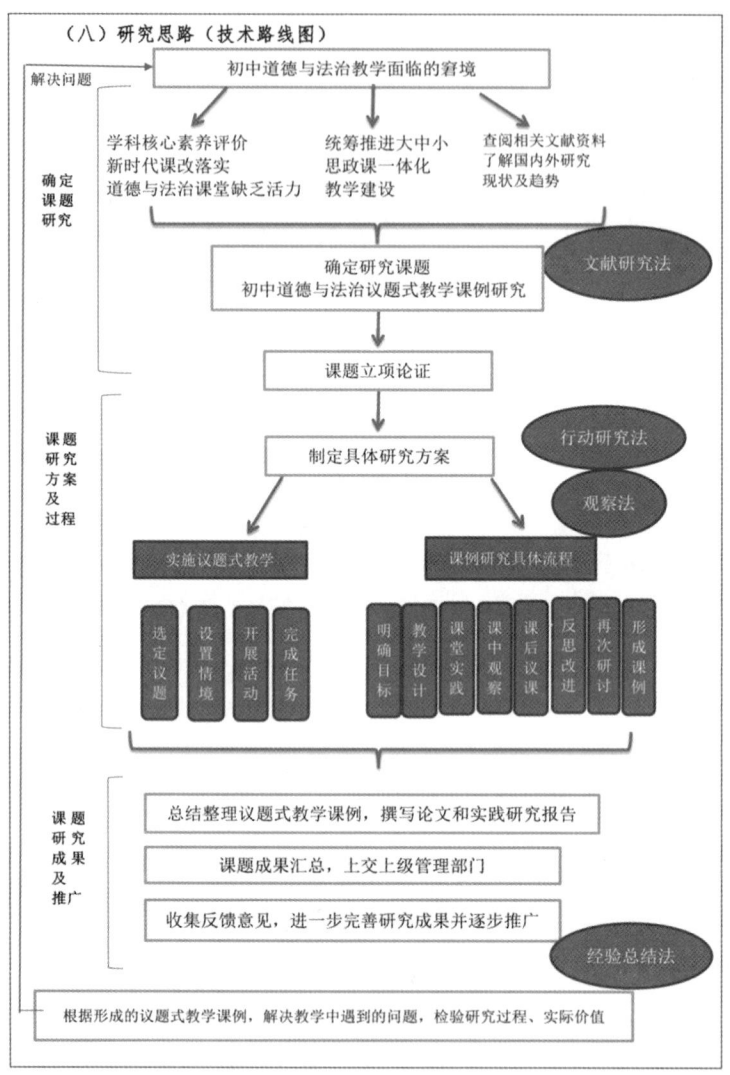

（八）研究思路（技术路线图）

第五，实施步骤。实施步骤主要是通过文字进一步具体明确研究思路及研究计划安排，即课题研究在时间和顺序上的安排。其大致分为课题前期准备阶段、实施阶段及总结阶段。在前期准备阶段，一般是选定课题组成员；广泛涉猎、查阅资料，学习理论知识，结合具体教学实际问题确定选题，初步制定课题研究计划；填写立项申报书，进行课题立项申报等。在实施阶段，一般是根据初步课题研究方案，通过调查、分析，在教育教学中进行实践操作，并在实践中发现问题、改进研究，再次进行实践总结的过程。在总结阶段，一般是收集整理课题研究的过程性资料及研究成果，撰写研究报告，进行结项申报等。

▶ 示例

课题"初中道德与法治议题式教学课例研究"实施步骤节选

课题前期准备阶段

1. 成立课题研究小组

2. 制定课题研究计划

3. 选择课题研究的内容和主题

（三）课题研究过程安排

课题研究分准备、实施、结题三个阶段。

1. 准备阶段（2021年1月—2021年3月）

（1）组建领导小组，确定研究的主要成员。

（2）组织课题成员培训、学习。采用集中和自由选定的学习方式，主要学习沈雪春的书籍《议题式教学简论》和《议题式教学例论》，明确了研究的方向和内容。研究国内外相关研究理论及成果，了解与本课题相关的研究现状，认识本课题的研究价值，做好研究准备工作。

（3）制定课题总体实施计划。

（4）填写课题申报书，报上级领导和专家组审批。

2. 实施阶段（2021年4月—2022年4月）

（1）2021年4月—2021年6月阶段：重点研究课标，个体确立研究主题，着重筛选适合议题式教学的教学内容；召开课题组开题会议，统一思想，明确研究目标和内容；实验教师研讨课，根据观测点有效观课、议课，探索课程整合框架、模式。

（2）2021年7月—2021年12月组内研究阶段：结合道德与法治教材"道德、法律、国情、心理健康"四个维度、核心素养"政治认同、理性精神、法治意识、公共参与"四个角度以及议题式教学"议题、情境、活动、任务"四要素整合教学内容。召开阶段性总结会，进行交流；课题组成员通过观察、问卷、课堂教学实验，找出道德与法治课高耗低效的成因，撰写研究反思、相关论文或案例分析，上交阶段性材料。

（3）2022年1月—2022年4月推广研究阶段：教师经验总结，逐步推广成果。加强教师反思，总结教学方法，提升教师教学艺术。

3. 结题阶段（2022年5月—2022年7月）

运用经验总结、案例研究等方法，对研究材料进行收集整理，撰写课题研究论文，加工修改研究案例，完成结题报告。具体做法：

（1）进行研究资料分析，撰写相关论文、案例并汇编成册，整理课题研究资料，完成课题研究报告。

（2）申报结题。

（3）总结、推广研究成果。

成果形式：课题研究报告；科研论文；系列议题式教学课例。

第六，完成课题的条件和保障。完成课题的条件及保障主要包括课题组成员的研究基础和分工、研究安排、预期成果、实验设施与经费保障及参考文献等。其中，课题组成员的研究基础与分工，应着重说明课题组成员具备完成课题研究的学术水平，并非是所获荣誉的简单罗列；分工应将任务具体到研究成员，避免出现分工不明、推卸责任等现象。研究安排见上面的实施步骤，这里不再赘述。预期成果，主要有主件——研究报告（必须），附件——论文、课例、课件等。按照成果性质划分可以有实物形态的成果（包括著作、研究报告、论文、文集、教案、课件、工具、数据库等），机制形态的成果（科研成果转化为课程管理、课堂教改的制度规定）及决策形态的成果（为上级领导决策提供依据和素材）。实验设施与经费保障，包括是否有足够保障课题顺利进行的经费；是否有必要的图书与电脑等基础设施；是否有完善的组织制度，实行上级领导分级管理，并通过课题简报、例会、课题组成果定期自检等形式保证课题研究的方向性与实效性；参考文献见第七项，这里不赘述。

第七，参考文献。参考文献一般放在立项申报书的末尾，是立项申报书中文献综述等内容的佐证与参考出处，特别要求要真实、规范。部分教师在撰写参考文献时，不注重其真实性，认为这一部分内容不重要，故而在网上搜索跟课题相关的关键词，摘取搜集到的参考文献。而实际上，有些文献在写作中并没有参考到。另有些教师在撰写参考文献时，格式错误，不规范。以上问题都是在实际课题研究中容易出现的。

在这里，我们有必要弄清楚参考文献都有哪些，分别都有着怎样的标识。据《基础教育教学课题研究十八问：方法篇》中提到："根据 GB/T 7714—2015《信息与文献　参考文献著录规则》（中华人民共和国国家质量监督检验检疫总局、中国国家标准化管理委员会于 2015 年 5 月 15 日发布、2015 年 12 月 1 日实施）规定，文献类型和标识代码分别是：普通图书：M；会议录：C；汇编：G；报纸：N；期刊：J；学位论文：D；报告：R；标准：S；专利：P；数据库：DB；计算机程序：CP；电子公告：EB；档案：A；舆论：CM；数据集：DS；其他：Z。"[1] 参考文献一般采用"［序号］主要责任者.题名：其他题名信息［文献类型标识/文献载体标识］.出版地：出版者，出版年."的形式呈现。

期刊类为"［序号］作者.篇名［J］.刊名，出版年份，卷（期）：起止页码."。例如：

［1］王向阳.论中考思想品德试题的社会责任担当［J］.中学政治教学参考，2014（8）：51-53.

专著类为"［序号］作者.书名［M］.出版地：出版社，出版年份：引用页码."。例如：

［2］沈毅，崔允漷.课堂观察走向专业的听评课［M］.上海：华东师范大学出版社，2008：241.

综上所述，课题立项工作是课题研究的起始，对课题研究至关重要。课题立项论证要逻辑严谨，要说清楚为什么要研究，其理论依据，现实意

---

① 杨伟东，胡新颖.基础教育教学课题研究十八问：方法篇［M］.修订版.郑州：大象出版社，2022：65.

义，研究现状如何，这是课题研究工作的前提；说清楚研究什么，其目标、内容、对象、创新点各是什么，这是课题研究工作的目标；说清楚怎么研究，其方式、方法、路径、步骤各是什么，这是课题研究工作的路径；说清楚有什么结果，其成果是什么，形式如何，这是课题研究工作的结果。美国学者苏马克曾说：研究是为某一目的而收集、分析信息资料的系统过程。可见，内容、方法、实施、成果都应围绕目标展开，形成一个严密的体系。因此，在立项申报书中阐述课题研究的前题、目标、路径、结果时必须保持一致性。

（五）开展过程研究，及时归纳整理

1.关于开题

开题是课题研究的正式启动研究，是课题研究的重要环节，是获得立项许可后研究组织的可行性研究，关系到研究的方向和进程，最终关系到课题研究的质量。开题不是一种简单的形式，而是一项实质性的研究工作。按照管理规定，自立项通知书下发之日起，要求三个月内组织开题。开题主要是强调课题研究的可行性。开题报告主要包括课题名称，背景、解决问题及意义，国内外研究现状，课题界定，研究目标、内容，研究重难点、创新点，研究方法，研究进度安排及预期成果，主要参考文献，专家评议要点，等等。

在实际教育教学课题研究中，部分教师认为立项与开题报告没有很大区别，甚至是在撰写开题报告时采用将立项申报书复制粘贴的克隆式写作。这样做是没有认清开题的重要性，不明确开题是什么。开题主要包括以下内容：一是研究立项申请报告，收集研究资料，修改研究方案，撰写开题报告。二是组织开题会议，邀请同行专家参与。三是听取专家意见，修订开题报告。那么我们如何做好开题工作，撰写一份好的开题报告呢？

首先，我们要区别立项与开题。立项工作如前所述，主要是让读者特别是评委明白你选择的这个课题值得研究，并能够研究。而开题则是在立项的基础上，对前期所做的研究设想进行进一步的论证。论证研究思路是否扣题、开阔、清晰；论证前期所制定的研究目标是否科学合理，是否能够通过研究实现；论证研究内容与研究目标是否一致，每一项研究内容要解决哪些问题；论证研究方法是否贴合目标，是否具体可操作；论证研究进度安排是否合理、具体，明确成员责任，使成员能够清楚干什么，怎么干，干到什么程度，达到什么目标。在立项的基础上，经过进一步的理论学习、查阅文献、设计论证，初步撰写开题报告。

其次，邀请相关专家，组织召开开题报告会。通过专家指导、会议交流，听取专家对本课题研究设计的一些意见与建议，解决一些研究中的困惑与疑难点。

最后，结合专家的建议与自我设计论证，对开题报告进行修改完善，完成开题报告并按要求提交开题报告等相关资料，完成开题工作。

2. 关于中期

中期是对课题研究前一阶段工作的检查，是课题研究必不可少的关键环节。一方面，可以督促课题组成员进行课题研究，避免懈怠，使课题研究能够按照计划正常进行；另一方面，通过汇报工作可以反馈课题研究中存在的问题，及时改进调整研究工作。那么课题研究中期我们要进行哪些工作？如何撰写一份高质量的中期报告呢？

在课题研究的中期阶段，我们一般要进行中期检查，大多数研究者是在学校统一组织下召开中期报告会议。在此之前，我们首先要做好前期准备工作，如搜集整理前期研究的资料、阶段性成果等，进行自查自纠，察看是否有偏离研究目标、不按计划进行研究等情况；初步撰写中期报告。然后，在中期报告会上，对课题前期所做工作进行详细汇报，提供相关的课题研究材料及阶段性成果，以便于评委查看（必要时可制作视频、图片、PPT 等形式进行汇报）；对课题研究中存在的问题及改进设想、课题研究的创新之处、下一步的研究计划等进行详细的介绍；听取专家评委的意见或建议，请专家评委解答在课题研究中存在的困惑。最后，参考专家评委给出的意见或建议，结合自我检查中需要改进之处，对中期报告加以修改完善，并完成中期相关工作。

中期报告一般包括研究工作主要进展（研究进展介绍要翔实）、阶段性成果（阶段性成果概括要全面）、主要创新点（本课题的新见解、新方法、新途径等论述要精当）、存在问题（存在问题阐述要清楚具体）、下一步计划（后期工作计划条理要清晰）、可预期成果（可预期成果表述要科学规范）、主要阶段性成果及影响、专家评估要点、主持人所在单位教科研管理部门意见、重要变更（重要变更要报批）等要点。

3.关于结题

结题也称结项，是课题研究的总结阶段。课题组经过一年或两年的实践研究，在这一阶段就是结果的时候。那如何能使课题顺利结题呢？俗话说"行百里者半于九十"，在这一阶段需要我们理性思考、谨慎对待，对所做的研究资料和阶段性成果进行分析综合、整理提升，形成科学的、普适的、有效的研究成果。

以河南省为例，根据河南省基础教育课程与教学发展中心（原名为河南省基础教育教育教学研究室）相关管理条例，课题结题一般要做好以下工作：结题前期准备、撰写研究报告、装订上报结题材料等。关于结题前期准备，研究者要做到"三明"：明晓材料上报时间，明晰材料上报内容，明确材料呈送流程。关于撰写研究报告：一要整理分析材料，提炼研究成果；二要考量研究成果和研究目标的吻合度；三要整体构思，条分缕析，构建基本框架；四要研究报告的撰写原则；五要充实并完善研究报告的基本结构。关于装订结题材料，一般建议装订成册，档案袋上标注课题重要信息，按照结项课题材料上报清单装订。①

目前，部分中小学教师在撰写研究报告时还存在这样那样的问题，在这里对于如何撰写一份高质量的研究报告做简要阐述。首先，我们要明确研究报告需要回答的问题是什么。研究报告要清楚地说明研究者为什么要进行本课题研究；经过课题研究，取得了哪些研究成果；是怎样取得这些成果的（研究理论依据、目标、内容、方法、步骤），这些是研究报告所要回答的问题，不是对前期立项、开题、中期报告的复制粘贴。

其次，要知道课题成果的主要形式有哪些。研究报告、研究论文、调查报告、教育案例、经验总结等都是课题成果的呈现形式。一个课题研究

---

① 杨伟东.基础教育教学课题研究十八问：案例篇［M］.郑州：大象出版社，2019：200-206.

可以有多种形式的成果，其中研究报告是课题成果的主要形式，必不可少。研究成果在内容上，可以是对现状进行归因研究的理性分析，可以是研究过程中的教育教学规律，也可以是创造的教学模式、总结的教学方法，还可以是对策研究时所提出的有效措施与对策。研究成果的社会影响可以是学术报告、成果转载或获奖情况等。

再次，要掌握研究报告的撰写技巧。研究报告的主体内容主要包括：研究概况（简写）、研究成果及社会影响（详写）、主要结论及研究局限（详写）、参考文献、附录等。摘要与关键词：摘要一般要高度概括，300字以内为佳。一般采用"通过……方法，研究了……对象，结果显示（表明）……"的句式表述，关键词为3~5个词语。研究的主要结论及研究局限（详写）：研究的主要结论包括研究中获得的经验、发现的规律。在写法上主要是理论阐述，结论要与研究目标对应，有论点、有论据、有论证。具体事例只能当论据使用，不宜展开描述。研究局限在于：简明扼要地写出研究中还存在哪些不足及今后打算。字数要求：重点课题的研究报告不少于20000字，一般课题的研究报告在8000~10000字。研究论文发表要求：论文内容必须与课题有关，要在课题研究的时间范围内，而且必须是主持人发表的，其字数不少于3000字。在文末要有明确的标识，如："本文系××年度河南省（××市）基础教育教学研究项目（重点）课题'课题名称'研究成果（或阶段性成果），课题编号：×××"，没有明确标识的不列入课题的研究成果。

最后，注意立项申报与研究报告的区别。研究报告不是立项申报的复制粘贴，立项申报重在问题描述（分析问题现状—明确问题表现—指出问题意义）、原因剖析（分析问题成因）、方案设计（目标设计—对策设计—步骤设计），主要是说明你想解决什么问题，为什么要解决这些问题，这些问题能解决吗，你准备通过什么方法研究什么内容来解决这些问题。而研究报告重在实践改进（将方案付诸行动）与成效分析（分析实践结果，形成结论成果），主要是说明经过一年或两年的实践研究，你解决了什么问题，具体是通过什么方法研究了什么内容解决的这些问题，在解决问题的过程中你得出了哪些结论，形成了哪些成果，这些成果初步有哪些影响。两者的区别就在于立项申报是"想为",研究报告是"已为"。因此,两者在写作表达上的侧重点和口吻是不一样的。除此之外,研究报告也不等于工作总结。部分教师把研究报告写成了工作总结,简单地罗列在课题研究中做了哪些工作,只有事实描述,没有理论总结提升。只有经过总结分析、抽象提炼,形成理论成果、操作模式、实践途径等具有可借鉴的普适性规律的内容才是研究报告要突出表达的内容。

除上述注意事项之外,还有些许细节问题,部分教师在写研究报告时也容易出错。比如,各级标题符号运用,一般一级标题为"一、二、三、……";二级标题为"(一)(二)(三)……";三级标题为"1.2.3.……";四级标题为"(1)(2)(3)……";五级标题为"①②③……"(一般不另起行)。这些细节问题也影响着研究报告的质量,读者需注意。

课题研究本身就是一项科研工作,教师必须具有科学家、学者的精神,勤思考、善钻研,秉持谨慎对待、严谨求证、踏实实践的精神,精益求精,这样才能做出一项高质量且真实有效的课题研究项目,从而助力自身、学生、本学科及教育教学的发展。我们要守着校门,精于耕作;守着讲台,乐于播种;守着科研,精心品味;心怀热望,且行且歌。

▶▶ 示例

课题"助力学生发展的初中道德与法治课程资源开发研究"研究报告节选

一、课题研究目标

依据国家基础教育课程改革发展要求,落实"双减"政策,结合教师教育教学情况及学生学习道德与法治学科现状,课题组成员通过对"助力学生发展的初中道德与法治课程资源开发"的研究,旨在达成以下研究目标。

1.研究本体目标

通过对初中道德与法治学科教材、相关文献及学生学习状况的研究,针对学生学习困惑,开发出一系列助力学生发展的道德与法治课程资源,有效帮助学生轻松学习道德与法治学科，切实减轻学生学习负担。

2.学生发展目标

通过科学、系统、丰富、有效的系列助学资源的投入使用，学生在学习过程中，逐步减轻学业负担，提高学习效果，培育思想政治学科核心素养，助力学生发展。

3.教师发展目标

在系列助学资源的开发研究中，促进教师转变教育理念，紧跟时代步伐，以研究的态度、发展的眼光看待日常教育教学工作，提升教师专业素养，促进教师可持续发展。

4.学校发展目标

通过本课题研究，丰富学校道德与法治学科学习资源，为教师提供诸多可供借鉴的课程资源，提升学校教育教学发展质量。

5.学科发展目标

总结本课题研究经验，推广本课题研究成果，提炼出学科助学资源开发的理念、方法、原则等基本遵循，促进道德与法治学科发展。

本课题研究要达到的重点研究目标为本体研究目标与学生发展目标。

二、研究方法

1.文献研究法

课题组采用文献研究法，广泛收集整理各方面与课题相关资料，如国家教育方针政策、习近平总书记关于教育的重要论述、思想政治教学课程标准、教育学及教育心理学著作、核心期刊论文及相关硕博论文等，只有在充分的学科理论指导下进行研究，才能保证课题研究有理可循，有据可依。根据本课题初步确定的研究内容，搜集、整理国内外课程资源开发研究的相关文献，分析其研究的历史和现状，探索本课题可实施的空间，确定课题最终研究目标及相关内容。

2.经验总结法

课题组成员均为教学经验丰富的一线优秀教师，自统编初中《道德与法治》教材实施三年来，已经在"摸爬滚打"中成长起来了，总结整理其共性经验，编纂成册，并在教学实践中修正完善。

3.观察法

课题组采用观察法，在课堂上对学生学习道德与法治学科的实况进行观察分析，发现学生实际存在的困难，例如学生不会有效阅读，从教材中提取有效信息的能力不足，针对此问题课题组初步制定研究内容，在《初中道德与法治学习指南》一书中，着重开发助力学生学会阅读《道德与法治》教材的篇章。

4.行动研究法

在初中道德与法治课堂教学中，挖掘教师资源、学生资源、教材文本资源，以及灵活运用时政材料、优秀传统文化、贴近实际的生活素材而形成课程资源。课题组成员将已经初步形成的课题研究成果运用到教学实践中，在实践中进行检验，逐步对研究成果进行调整完善，在不断地"研究——实践——调整——再实践"中，增强课题研究成果的可操作性与可持续性。

三、课题研究取得的主要成果

本课题研究经过课题组成员两年多的潜心研究和实验，已经圆满完成了预期任务，达到预期目标，取得了如下成果。

（一）建立根本理念，形成基本遵循

课题组成员本着"学生是学习主体""以生为本、助生发展"的理念，基于"帮助学生轻松学习道德与法治学科"的初衷进行助学资源开发。课题组经过两年实践研究，经历"研讨——开发——应用——修改——应用"这一行动研究历程，总结助学资源的开发研究经验，提炼出"生本＋生活""传统＋现代""课内＋课外"的助学资源开发理念，形成助学资源开发实施的基本遵循，在课程资源开发中，无论何种形式、何种内容的具体资源研究与应用都应始终坚持如下基本原则：

1.坚持"把握教育政策、遵循教育规律"的正确方向指导

任何研究都应呼应时代的要求，国家教育教学方针政策、基础教育改革发展及思政课教育改革发展等为我们教育教学实践及教科研指明方向，教育发展自身规律为我们提供理论指导，助学资源的开发应充分落实我国教育政策方针精神，遵循教育教学及学生身心发展规律，才能有的放矢。

2.坚持"以生为本、为生服务"的助学理念

学生是学习的主体、发展的主体。教师应始终清楚教学是为了谁，助学资源的开发是为了谁，搞清楚服务对象，才能有针对性地提高研究实效。

3.坚持"从学生中来、到学生中去"的研究应用路线

助学资源的开发不可离学生太过遥远，要近距离、看得见，给学生以亲切感。

4.坚持"来源生活、回归生活"的真实取材原则

资源的选择应真实鲜活，才有说服力、感召力，来源于生活一线的真实案例是最灵动的学习资源。

5.坚持"继承传统、开创未来"的文史育人精神

传统文化蕴含着大量育人资源，有效开发传统文化资源，让学生感受古典文化的魅力与精神，达到"随风潜入夜、润物细无声"之效。传统而不固守，还应与时代特征相结合，使助学资源展现出"传统＋现代"的双重吸引力。

6.坚持"从思政小课堂到思政大课堂"的活动体验方式

传统课堂有其优势，但思政课是一门体验性较强的课程，如缺少课外活动体验，很容易使思政课变成"长短腿"，长期来看不利于学生发展，因此要特别注重"课内＋课外"的助学资源开发。

7.坚持"凸显特色、普遍适用"的资源应用特点

具体助学资源的应用一定是特定区域内的学生，每个区域，甚至每个学校，学情校情都相去甚远，因此，在开发助学资源时应特别凸显地域特色，"一方水土育一方学生"。虽有特色，但是道德与法治学科在育人要求上有其一致目标、统一要求，因此，助学资源还应遵循学科育人规律，具有普遍适用价值。

基于本课题研究，课题组提出课程资源开发需遵循的"以生为本、助生发展"根本理念与"七大基本原则"。本课题研究成果为一线教师提供的不只是可以直接拿来用的课程资源，更重要的是，广大一线教师能够以本课题为契机，有所思考、有所启发。教师只有明白"为了谁"，才能知

道"怎么做",清楚"做到什么程度",把握好"七大"原则,做好助学资源开发研究,助力学生轻松学习道德与法治课堂,提升育人实效。

(二)万事功到自然成,助学育人细无声

本课题研究基于现有国内外道德与法治学科助学资源基础上,总结课题组教师多年教学经验,主攻解决学生学习本学科的困难之处,研究开发系列助学资源,并经过反复实践应用与修改完善,有效地提高了学生学习实效。

1.摆脱学习道法之困境,渐入"能、会、想、乐"之四境

王国维认为,古之成大事者、大学问者必经过三种境界,"昨夜西风凋碧树,独上西楼,望尽天涯路",此乃第一境也;"衣带渐宽终不悔,为伊消得人憔悴",此乃第二境也;"众里寻他千百度,蓦然回首,那人却在灯火阑珊处",此乃第三境也。感之怀之,"知之者不如好之者,好之者不如乐之者"。最好的学习在于以此为乐,不觉其苦也。课题组秉持使学生会学、乐学、爱学之心,在成员两年多携手奋斗中,开发系列助学资源,逐步带领学生达到"能学——会学——想学——乐学"之学习四境,带着乐学、爱学之心,永攀道德与法治学习高峰。

(1)开发生活资源,关注时政热点,走入"能学"之境。"生活即教育""教育即生活",那么"生活也即学习""学习也即生活"。学习在某种程度上来说是为了让个人、国家、社会及整个人类过上更好的生活,而学习最好的、最可靠的资源也来自生活。生活的场景最真实,真实才能感人,感人才能育人。纵览初中道德与法治学科教材,内容涵盖"心理健康、道德、法律、国情"四大内容,涉及"个人与自我、与他人和集体、与社会和国家"三大关系,无不来自学生生活,无不需要学生学会应对。时政新闻、社会热点是学习道德与法治学科必不可少的学习资源。道德与法治学科与其他学科最大的不同就是其具有强烈的政治性、时效性。开发时政热点资源有利于培养学生捕捉时政新闻学习素材的敏锐眼光,用道德与法治学科眼光与思维看待周围世界。

因此,开发生活资源、关注时政热点成为课题组开发助学资源的起点与落脚点。学习来源于生活,必将回归于生活。为有效帮助学生轻松学习道德与法治学科,课题组在准确把握教材知识及学科核心素养目标的基础

上，注重联系学生现实生活，开发学生熟悉的生活资源，使学生对所学内容产生天然的亲切感。比如，课题组对教材小栏目的开发，其中《探究与分享》《拓展空间》两个栏目是课题组目前已经有所研究的内容。在研究使用中，我们秉承"贴近学生、为生所用、为生服务"的开发理念，对其进行再处理，将教材原有不符合学生实际生活的案例替换为真实案例，融入本班、本校、本市、本省等具有本土特色的资源，让学生在真实的生活情境中感悟"所学即生活，生活即所学"。又如，课题组着力编写《道德与法治学习指南》一书，专设时政解读篇，给学生提供关注寻找与道德与法治学科相关的时政热点的原则、方法，使学生学会依据热点内容对其进行归类整理，尤其是助力九年级学生热点专题学习有用有效的学习资源，也能够提升七八年级对生活、对时政的敏感度，懂得道德与法治学科不是"冰山美人"般可望不可即，而是真正的生活，使学生走入"能学"之境。

（2）掌握科学方法，深度学习教材，渐入"会学"之境。"工欲善其事，必先利其器。"在学习的过程中，无论哪一门科目，都有自己独特的学习方法、解题思路和答题技巧，道德与法治也不例外。从教材角度看，对教材的学习是学生学习道德与法治学科的根基。教材不仅是教师"教"的资源，更是学生"学"的资源，相对合理的教材内容选择以及编排方式的设置，对道德与法治课的教学意义重大。伴随着新课程改革的深入推进，核心素养时代的到来，初中政治教材方面也进行了重大革新。2016年统编教材《道德与法治》的革新顺应了新课程改革的基本要求，并坚持"立德树人"这一教育的根本任务。其内涵与旧教材相比充实且丰富，行文特点更加符合学生的认知规律。教材的编排形式主要由正文和栏目两个部分构成。正文是学生需要重点理解与掌握的主体性知识，六个栏目穿插其中，为学生提供探究实践、拓宽视野、理性分析的平台。从中考角度看，道德与法治的开卷考试在贯彻新课程理念的前提下，注重考查学生双基，考查学生灵活运用所学知识去分析问题、解决问题的能力，注重对其正确价值观的培养与学科核心素养的考查。教会学生答题方法与技巧，帮助学生轻松在考试中取得优异成绩，也是应国家"双减"政策的要求。

因此，课题组在《初中道德与法治学习指南》一书中，专设第一篇章"教材梳理篇"，为学生解读教材呈现方式和基本架构，引领学生围绕"三W"（即"是什么、为什么、怎么做"）的思维路径去感知理解教材，并介绍了几种供学生学习教材的具体实用方法：如何分析正文，提炼核心观点；恰当使用小栏目，深化理解教材；运用思维导图，架构知识体系。学生通过学习使用教材梳理篇，对教材的解读能力有所提升，对小栏目的重视程度有所提高，掌握了绘制思维导图的方法技巧，通过绘制思维导图整理汇总知识体系，这既是学生自主学习的资源又是有效检测学习成果的方式。又如，专设第二篇章"能力运用篇"，为学生提供了"比较与选择""辨别与分析""观察与思考""活动与探索"等各类中考常见题型的方法技巧，并结合2018—2021年近四年中考典型例题加以解读。考虑到初中生的思维发展及记忆特点，课题组在编写该篇章时，集思广益将解题方法与技巧编成朗朗上口的歌诀，方便学生运用。学生通过学习本篇章，普遍反映在答题时有思路可循、有角度可想、有方法可依，锤炼学生思维，大大提高做题速度和质量。学生在指南的引领下，掌握科学的学习方法，会自主解读教材，渐入"会学"之境。

（3）广泛阅读经典，传承优秀文化，深入"想学"之境。"江河万里总有源，树高千尺也有根。"以文育人、以文化人是道德与法治学科育人一大特色。中华优秀传统文化是道德与法治学科学习资源的源头活水，离开传统文化的滋养，道德与法治课堂教学就成为无本之木。习近平总书记曾经说过："不忘历史才能开辟未来，善于继承才能善于创新。"中华优秀传统文化是中华民族的精神命脉，是涵养社会主义核心价值观的重要源泉，也是我们在世界文化激荡中站稳脚跟的坚实根基。中国传统文化博大精深，学史可以看成败、鉴得失、知兴替；学诗可以情飞扬、志高昂、人灵秀；学伦理可以知廉耻、懂荣辱、辨是非，学习和掌握其中的各种思想精华，对树立正确的世界观、人生观、价值观很有益处。美国社会学家爱德华·希尔斯将教育的基本存在样态，视作一种有效延续传统文化的过程，并认为反其道而行之的教育是对受教育者的戕害。因此，教育在某种程度上可以理解为是对本民族优秀传统文化的延续与发展，而道德与法治课天然就承担着这一重要使命。如何在道德与法治课堂中凸显中华优秀传统文化，让书写在古籍中的文字活起来，以文育人，以文化人，在学生心中留下一道道中华民族的烙印，增强对中华优秀传统文化的认同感。因此，课题组致力于开发传统文化中与道德与法治相关的学习资源，如通过微信公众号推送教材古诗文解读；学生自主建立经典诵读档案；以传统文化主要理念"修身、处世、爱国"为主题，结合具体课例讲授，总结授课经验，撰写相关论文。经过一系列传统文化资源的开发，及其在学习实践中的应用，学生对于中华优秀传统文化的认同度、自信感明显增强，能够自觉在生活中以传统文化优秀理念修身处世，深入"想学"之境。

（4）组织实践活动，凸显地域特色，融入"乐学"之境。课堂学习内容要与课外实践活动有机结合，理论联系实际，知行合一，对提高学生学习效果更有成效，使学生在真实的体验中增强理论说服力。因此，教师不仅要把道德与法治学科作为重要的日常教学组成部分，更要积极拓展"思政大课堂"，与社会各职能部门合作，开展形式多样的社会实践活动，让学生在特定的环境和形式多样的教育载体中潜移默化地提升学科核心素养。课题组积极组织涵盖各种主题的实践活动，增强育人实效。

为更加精准地对青年学生开展思想政治教育，将思政小课堂同社会大课堂有效结合，课题组将思政课实践课程与主题活动、社会实践有效结合，构建"行走的思政课"，发挥学生主体性，增强体验感与实效性，如"共游一座城""共读一本书""经典诵读""法治之家"等活动。课题组教师带领学生畅游三门峡本土历史文化资源——仰韶文化遗址、虢国文化遗址等，追溯古人之遗迹；观赏黄河大坝，体悟先人奋斗开拓之精神；欣赏美丽白天鹅，感悟人与自然和谐共生之理念；游走函谷关，品读《道德经》，传承老子之天地人生观念；等等。在活动中，提高对中华优秀传统文化的自主学习和探究能力，深刻认识中华优秀传统文化的精髓，辩证看待中华优秀传统文化的当代价值，树立为国尽忠的坚定信念，将个人的前途命运与祖国紧密联系在一起。自觉树立社会主义法治精神，树立法治信仰。用参与活动的深切体验感战胜理论学习的枯燥乏味感，使学生融入"乐学"之境。

2.借鉴传授道法之资源，渐入教研一体之境界

（1）提供可供借鉴的课程资源，启发教师自主开发研究。本课题着

力开发助力学生发展的道德与法治学习资源。对象是学生，主要解决学生的学习困惑点。但这并不代表此系列课程资源仅限于学生使用，对广大一线教师也有极强的指导性。比如，针对教材小栏目《探究与分享》《拓展空间》的开发研究，在相关论文中提供了许多创造性使用小栏目的方法技能——为更好服务学生，教师可对教材栏目素材进行删改替换，补充与学生生活密切相关的材料（从生活出发），这些方法可对一线教师在处理教材时提供参考。又如，系列线上"微课"的推送，给教师提供了丰富的备课资源，节省了教师的备课时间，同时还可帮助教师准确把握教学重难点，起到事半功倍的效果。使用过此系列助学资源的一线教师，反映良好，很多教师从中得到启发，摸索出了适合自己教学风格的课程资源。

（2）转变囿于传统的教学理念，提升教师教育科研能力。教书育人是教师的天职，只教不育此不为教师。"十年树木，百年树人。"可见，育人是一项长期工程。如果承担育人职责的教师缺乏科学育人理念与教学研究精神，只停留在为教而教、为考而教的境地，则无法承担起教书育人、立德树人这一事关国家民族兴旺、人类文明进步的重大教育工程。课题组教师在研究过程中牢固树立"教、学、研、思"一体化和"以学生为本"的教育教学理念，教科研能力逐步提升。课题组教师在系列助学资源的研究开发过程中，大量参阅国内外文献、研读国家教育政策文件、解读课标教材等，提升了教育科研能力；在系列线上"微课"视频的录制过程中，能够熟练掌握现代信息技术与课程融合的技巧与方法，这是"互联网＋"时代新型教师的必备能力；在助学资源的实践运用中，组织开展多轮"观议课"，一改过去平面的听课为立体的全面观察，重点观评教师与学生对助学资源的实际应用与效果反馈，课后有针对性地评课、反思改进，不仅能够完善助学资源，更能提升讲课、观课教师的教学研究水平。

总之，通过一系列助学资源的开发研究与实践应用，学生摆脱了学习道德与法治学科的困境，逐渐走入"能、会、想、乐"学习之四境，在解决知识学习之困的同时，更为思维成长及素养提升之难提供可借鉴的资源；教师拥有了丰富的可供借鉴的课程资源，提升教育科研能力，由教学走向教研，实现了自我的突破和升华。本课题研究成果在三门峡市实验中学、市外中等学校起到了示范引领和辐射带动作用，受到一致好评。

勤于写作　固化成果

朱永新、管童在《新教育视角下教师写作的意义价值、理论框架与实践路径》一文中谈道："教师写作是指教师对一切有意义的教育现象和教育问题进行反思、提炼经验，从而形成文本的过程。"[①]可见，写作是教师通过反思问题、总结经验、物化成果，形成自己对教育教学独特的见解、理念、思想等，并在此过程中，发展自身的专业素养。

我们知道，阅读是教师专业成长的重要环节，缺少阅读的教育人生不能称为完整意义上的教育人生。同样，缺少写作的教育人生也不能称其为完整意义上的教育人生。如果阅读是输入，那么写作就是输出。没有输入，自然没有输出，或输出缺少深刻性；反之，没有输出的需求，教师自然也不必去寻找输入。可见，阅读与写作两者相辅相成，其在本质上是为解决同一问题的两个方面。当我们在教育教学实践中遇到问题，就需要通过大量阅读去寻求解决之道；而当我们解决了这一问题后，可以通过写作去总结反思解决问题的过程与经历，从而形成我们自己独特的解决之道，继而影响他人。

一、教师为何要进行写作

1. 教育写作的必要性

世界没有灵魂，而写作就是赋予世界以灵魂。对于教师的教育生活来讲，教育写作赋予了其灵魂。写作是我们符合国家对思政课教师专业素养要求的必然选择，也是我们完成工作任务及实现自身成长的必要途径，更是我们保持理性思考的必经过程。

（1）教育写作是我们符合国家对思政课教师专业素养要求的必然选

[①]朱永新，管童.新教育视角下教师写作的意义价值、理论框架与实践路径[J].中国电化教育，2023（2）：1.

择。思政课是"立德树人"的关键课程，国家对思政课教师综合素质也提出了更高的要求，特别是对其科研能力。《关于深化新时代学校思想政治理论课改革创新的若干意见》明确提出，要"全面提升每一位思政课教师的理论功底、知识素养"，"将思政课教师在中央和地方主要媒体上发表的理论文章纳入学术成果范畴"，"切实加强思政课课题研究和成果交流"，加大对思政课教师科研能力的重视。[1] 要提升思政课教师的理论功底、知识素养及研究水平，一方面要加强理论学习及实践探索，重视阅读与培训；另一方面，也是更为重要的，就是提升专业写作能力。在写作文章、发表论文及出版著作的过程中，教师要大量搜集整理研究相关文献、阅读相关专业书籍、思考教育实践问题，并提出解决问题的办法，最终形成自己的教学主张、教学思想及教育理念，从新手教师成长为具有研究意识及研究能力、葆有研究成果的专家型教师。如，笔者在多年教育教学实践中总结经验，结合教育教学理论，形成了自己独特的"简约本真"的思政课教学主张[2]；"润泽生命，追求本真"的教育理念，该理念自形成以来，一直是"胡邦霞道德与法治名师工作室"在初中道德与法治教学中的不懈追求。这些教学主张及教育理念，都不是凭空产生的，也不是短期内生成的，而是在多年的教育教学实践中，经过不断地思考、实践、反思、阅读、写作等一系列复杂且持久的过程才最终形成的具有理论指导意义的物化成果。也希望更多的思政教育同仁能够交流研讨、学习借鉴及评判指正，共同推动思政课教师专业成长，促进思政教育事业蓬勃发展。

（2）教育写作是完成工作任务，实现自身成长的必要途径。在我国中小学教师群体中，有出自热爱以及专业成长自觉而自主写作者，也有因工作需求、职评需要而不得不写的被动写作者。无论是主动或被动，我们的实际教学工作都离不开写作。本书大致将教师写作分为实用性写作、成长性写作、文学性创作等三大类。实用性写作包括：平时的工作汇报、教改

① 王园园.五个维度提升教师科研写作素养［J］.思想政治课教学，2021（6）：87-90.

② 相关内容已写成《"简约本真"的思政课教学构建》一文，于2021年发表在核心期刊《思想政治课教学》。

总结、会议纪要、美篇和公众号文章、演讲和发言材料等。成长性写作包括：课题研究报告、论文、教学设计、教育叙事、育人故事等。文学性创作包括：诗歌、散文、小说等。以上三种类型的写作中，文学创作更多出现在语文学科教师群体中，他们作为语文教师，有文学创作方面的专业素养；而实用性写作与成长性写作，则是所有科目教师在工作及专业成长中必然要用到的，是教师完成工作任务及自身成长需求的必经之途。

（3）教育写作是我们保持理性思考的必经过程。笛卡尔的哲学命题"我思故我在"就说明人的思考与怀疑非常重要。人要保持理性的思考，而非简单地接受外部世界赋予你的一切。与其他行业不同，教师是人类灵魂的工程师，特别是思政课教师，更承担着立德树人的关键职责。因此，我们必须保持清醒冷静的头脑，时常客观理性地思考，而教育写作就是一个帮助我们保持理性思考的必要过程。写作是一个安静独处的过程，表面上看是一个坐冷板凳的寂寞状态，而实际上，处于写作状态中的教师则是在进行自我反思、自我表达、自我创造的火热旅途。写作的过程中，我们的思想在生发、观念在更新、疑惑在消除，不断反思、不断校正、不断创造，是一个自我对话的过程。在写作中我们能更清楚地认识到自己内心真正的困惑及想法，是真正处在自由的状态中。一个会写作的教师，必定是会思考、会阅读、会改变、会接纳的人，在写作中发现自己、发现问题，同时也是在教育自己、治愈自己，从而使自己从教学者走向研究者。

2. 教育写作的重要性

1）促进专业成长

人类文明的传承需要靠教育，而教师是专门从事教育教学工作的专业人员，其使命就是教书育人。但在现实生活中，总会听到一些声音"当老师多容易啊，到了上课时间拿着书进教室，就是那些知识，讲了那么多年，随便给学生讲讲就下课了，都不用备课""现在教师重点内容在上课都不讲，要留在辅导班讲"……这些负面的言论在一定程度上说明社会大众对教师行业的了解并不深入，仅仅是看了一些关于教师群体中不负责任教师的教育教学行为，就以偏概全，给整个教师群体贴标签。但是，再深入反思，我们会发现，这在一定程度上说明，在我们教师群体中，确实部分教师的教育教学行为不专业。这里所说的不专业，不仅仅限于专业知识的掌握，还涵盖了专业技能、专业素质、专业精神等，这就需要我们更加关注自身的专业成长。

多年的教育教学实践经历及成长经验告诉我，教育写作是教师专业成长的重要途径。许多著名教师都是非常出色的写作者，如著名教育学者朱永新、魏书生、窦桂梅、李镇西等，还有中小学思政学科教育领域的郑英、吴又存等教师，是教育名家，同时也是写作能手。这些名家的教育生活其实与大多数教师如出一辙，要面对学科教学问题，要解决学生学习成长问题，要应对各种刁钻家长，等等。这些问题我们在教育教学中司空见惯，许多普通教师在教育教学实践中也掌握了丰富且有效的教育教学经验，但为什么却有着不同的成长结果呢？笔者认为一个非常重要的区别就在于是否进行了教育写作。

很多教师把教育写作功利化了，认为没有职评需求、没有发表论文的需要，学校也没有布置写作的任务，就不需要写作了。其实，这样的想法是将写作功利化了，还是从外在的要求去看待教育写作。那我们自身的成长需求何在？我们要过怎样的教育生活？被动接受任务还是主动进行教育教学创造？我们要认识到真正的教育生活离不开写作，离不开在写作中学习，在写作中反思，在写作中与自我对话，在写作中思考解决问题之道，在写作中发现更优秀的自己。比如，发表一篇文章，首先我们要有写作的视角，要知道如何选题，哪些选题适合自己？要知道如何架构文章框架，要有相应的理论知识储备，要有对教育教学实践的思考。几千字的文章，表面上可能是我们一周内爬格子完成的，但是文章的内容及背后的理念思想等是我们在日常教育教学中长期思考、实践的结果，需要在阅读中思考，在实践中反思，才能最终成文。这样的写作过程，其实质是我们经历了大量的阅读、思考、实践及反思的过程，我们在这些过程中，逐渐开阔视野，丰富专业知识，提升专业技能，培养专业精神，从而促进专业成长。

2）增强自我效能

社会学习理论的创始人班杜拉（A. Bandura）从社会学习的观点出发，

在 1977 年提出了自我效能理论，用以解释在特殊情境下动机产生的原因。所谓"自我效能"是指个体应对或处理内外环境事件的效验或有效性。"教师自我效能感"是班杜拉自我效能理论在教育教学领域的延伸，特指教师对自身有效完成教学活动、实现教学目标的能力评估与信心感知[①]。

自我效能感作为个体对自己与环境发生相互作用的效验的主体自我判断，不是凭空产生的，而要以一定的经验或信息为依据。在社会学习理论看来，人与环境的互动过程及其结果，向个体提供了大量性质各异的信息。其中，与个体互动效验有关的信息称自我效能信息，自我效能感正是通过对这些信息的认知加工而形成的。活动及其结果对主体所具有的信息价值可以通过不同的方式表现出来。就自我效能信息而言，其呈现的不同方式构成了个体形成自我效能感的不同途径。这些途径主要有成败经验、替代经验、言语劝导和情绪反应。

就教师教育写作来讲，能够激发其自我效能感的主要途径是成败经验。所谓成败经验，即个体对自己实际活动的成就水平的感知。它是个体获得自我效能感最基本、最重要的途径，并构成个体对在其他信息基础上形成的自我效能感加以检验的手段，因为它以确证的方式显现了个体驾驭环境事件的能力。教师在写作中总结工作中的成败经验，在发表文章中体会成果认可的成败经验，这些都是教师在写作中所感受到的成败经验，而这些过程与结果也都给教师反馈着相应的自我效能信息，从而教师可以根据这些自我效能信息，重新审视自身及其教育写作，找到自我优势与不足，重塑自我。

在教育教学中，教师经常进行教育写作，这也是提升自我效能感的一种有效途径。一方面，能够提高对完成教育教学工作的自我效能感。就写作内容上来说，大多数教师的写作内容都是对教学工作中的得失进行的反思、对经典教育理论及先进教育教学思想和模式等进行的思考，通过写作梳理出自己独特的教育教学经验，在为何从事教育教学与如何实施教育教学等方面不断进行思考与实践，在不断地思考—实践—反思—写作—再实

---

① 张晓明，郭文君.新时代高校思政课教师自我效能感的三重性[J].西华大学学报（哲学社会科学版），2022，41（5）：103-110.

践的过程中，有自己独到的见解，形成自己的教学主张与教育理念，继而用以指导自身在今后的教育教学中不断进步。教师在此过程中加深了对教育理论的理解与应用，对前沿教育思想与教学模式的思考与辩证，对自身教育教学行为的反思与修正，获得了丰富有效的教育教学经验，从而能够帮助自身从容应对在教育教学中出现的问题困惑，提升自信心与工作积极性与主动性，增强完成工作的自我效能感。另一方面，在发表文章或出版著作后能够提升教师反思创作的效能感。目前，在中小学教师群体中大多数教师不重视写作，即便是进行教育写作也大多是出于职称评定、做课题等的需要，能够笔耕不辍的教师寥寥无几。这与部分教师看待写作的功利心理不无关系，但也与一线教师写作发表难有关。这个难，不在于发表途径，如今处在信息社会，论文发表途径相较于过去多了很多，相对来说比较容易找。而难在教师的写作水平达不到发表要求，导致无法发表或者只能发在一些非正规或等级低的杂志上。而教育写作能力的提升不是一蹴而就的，需要教师不断学习、不断阅读、不断思考、不断实践，在一点一滴的积累中逐步提升，因此，很多教师就望而止步了。但笔者也了解到，部分教师能够坚持写作，其最开始也并不是热爱教育写作，而是自己写出来的文章被发表了，从而认识到自己有写作的潜力，能够达到杂志发表的要求，故而增加了要继续写的兴趣、自信心与主动性。正是这种外部激励作用促进了教师反思创作的热情与自我效能感。

3）涵养教育情怀（热爱、职业认同感、幸福感）

一个人有好老师是人生的幸运，一个学校有好老师是学校的光荣，一个国家有源源不断涌现的好老师是民族的希望。"春蚕到死丝方尽，蜡炬成灰泪始干。"这一度被引用为歌颂教师奉献精神的诗句大家耳熟能详。我们可以看出，教师行业在一定程度上不同于其他职业。从外部来讲，家长、社会、国家都对教师有着高度的期待；而从内在来看，教师本身就承担着传承人类文明、教书育人的职责与使命，自然其社会责任相对较大。这要求教师不仅要有相应的教育教学专业技能，还要有深厚的教育情怀，热爱教育事业，关注学生成长，关心国家发展。

教师应具备的教育情怀包括敬业情怀、教学情怀、学术情怀、道德情怀与家国情怀。所谓敬业情怀，是指教师这个职业是一个平淡而辛苦的职业，而教育却是一项神圣的事业，学生成长是不可逆的，国家发展是不可倒流的，作为教师要对教育事业心怀敬意。所谓教学情怀，就是说要让学生用知识改变命运，让更多的学生因上学而感到幸福。通过接受教育，进行学习，使他们将来能够成为有高尚的品质、有感恩之心、有报国能力之人，为中华民族伟大复兴，为中华文化的延续积蓄力量。所谓学术情怀，是指教师应该终身学习、学无止境，对待教育生活中的任何事情，都应该以学者严谨的态度、思考的眼光、求真的执着去对待，用更深远的学术内容，用活力与激情去感染学生，用创新和智慧去启迪学生。所谓道德情怀，是指教师不应将眼光局限于提高学生成绩，成绩的提高依靠教师的教学技能、教学态度，但对学生道德品质的形成具有深远影响意义的往往是教师本身的道德情操。所谓家国情怀，是指教师要从职业角度出发，致力于用自身专业学术为国育才，用自身坚定信念为党育人，用自身高尚情操为人类育人。

反观实际教育教学生态，在中小学教师群体中，不乏部分教师仅仅将教师作为一种工作、一种职业来对待，缺少教育情怀。曾经有一段在网络上非常火的央视采访视频——"你幸福吗？"被采访人的回答也是各式各样，不免还出现了一些"梗"被网友津津乐道。那么，作为教师的我们——"你幸福吗？"我们不免要思考：在教育生活中，幸福是什么？我体验过怎样的教育生活中的幸福？我又该如何在教育生活中获得幸福？曾经我也就此话题，与身边教师探讨过，部分教师表示当看到学生在自己的教导下，成绩提高或者变得成熟懂事，会感觉到幸福；在教师节，收到孩子们亲手制作的贺卡或者送来的微信祝福留言，会感觉到幸福；当自己的辛苦工作被学生认可或者被同行欣赏，会感觉到幸福……但是，还有部分教师认为在教育生活中体会不到幸福，每天有干不完的工作，要与各种学生、家长打交道，处理各种突发事件，没有精力学习、照顾家庭，真的是身心俱疲，只想"躺平"，等等。从上述教师的反应来看，我们在教育生活中是否感受到幸福，就其本质而言，就是我们是否能摆正心态、勤于发现、善于创造。幸福不是等来的，它来自创造。

部分教师还谈到时常会觉得对工作提不起兴趣，对职业充满了厌倦情绪，工作绩效明显降低，身体疲惫，这些都是职业倦怠的表现。2005年，中国人力资源开发网发布的《中国"工作倦怠指数调查报告"》显示，在15个行业的倦怠指数调查中，教师的倦怠程度仅低于公务员和物流从业人员居第三位。"这种情况正如美国教育协会（NEA）主席迈克古瑞指出的，'教师职业倦怠这一新的疾病正在折磨着教育业'，并预言，'如果不能及时纠正，就会达到流行的程度'。'教师职业倦怠是教师不能顺利应对工作压力时的一种极端反应，是教师在长期压力体验下所产生的情绪、态度和行为的衰竭状态，典型症状是工作满意度低、工作热情和兴趣的丧失以及情感的疏离和冷漠。'"教师职业倦怠与年龄和教龄、角色定位、人格、社会支持、个人成就感等因素直接相关。①

之所以部分教师会产生职业倦怠，认为在教育生活中感受不到幸福，除了一些客观因素，更主要的还是缺乏教育情怀。我们知道，任何事物都是外因通过内因起作用，一些客观的教育生态我们无法改变，但是我们作为教师，从事教育事业，每天都在过着教育生活，因此，就需要通过一定的方式去调整自身的心态，坚定自身的信念，涵养自身的教育情怀。而教育写作，就是一个非常好的自我调节、自我对话的过程，是增强教育信念，涵养教育情怀的有效途径。提笔写文，不免就要思考：写什么呢？哦，今天班上的一位我经常批评的特别调皮捣蛋的男孩，从书包里掏出一个橘子放在我手上，说："老师，给您的！"这个事情，写一写吧。于是我开始回顾这个孩子的所有成长事件，想到这个孩子是单亲家庭，跟着爸爸生活，而爸爸却经常忙于工作，疏忽了对孩子的管教。但是，孩子一出现问题，与爸爸沟通时，孩子回家总会挨一顿揍。所以孩子变得越来越叛逆，越来越难管教。昨天，孩子告诉我他没钱吃饭，我给了他吃饭的钱。今天，孩子特意从家里带来一个橘子塞给我。孩子无言的表达，是他对我的认可与感谢。我突然觉得不能用原来的眼光看待他，他虽然调皮捣蛋，成绩落后，但是却有一颗感恩的心，知恩图报，这一点就很难得。写到这里，我不仅感到温暖，同时也改变了自己的学生观。这个故事，很简单，

①魏青.教育学［M］.成都：西南交通大学出版社，2006：97.

也很平常，我相信大多数教师都遇到过类似的事情，在和学生相处的过程中，酸甜苦辣不一而足。但是，你有没有将这些故事记录在笔头呢？也甚或是你根本没有发现这些细微的琐事？在教育生活中发现，在夜深人静时思索回味，在闲暇无事时诉诸笔端，这一件件一桩桩小事，足以成为我们幸福的源泉，让我们增添职业认同感、幸福感，更加热爱教育事业。这种感觉很微妙，有时昙花一现，转瞬即逝，我们不妨在品味中记录，在反思中成长，在写作中打败倦怠，在体悟中收获幸福，将酸、甜、苦、辣诉诸笔端，流淌心间，让写作成为我们教育生命的见证者。

4）物化研究成果

杜甫曾在诗中写道："安得广厦千万间，大庇天下寒士俱欢颜。"我想说"安得文章千万篇，启发天下教师俱成长"。作为教师，无论是新入职，还是正在成长期，或是专家型教师，我们都在一天天地过着教育生活，面对教育问题，或是经验欠缺，或是独当一面，无论处在怎样的阶段，都需要我们个人在实践中摸索、在学习中反思，形成自己的教育智慧。这些教育智慧，如何能超越个人，从个人经验走向具有公共价值的教育智慧呢？通过写作，将个人关于教育教学的所思所想、所行所得记录下来，发表出去，将成果物化，不失为一种可行且有效的途径。

在实际教育教学中，我们会发现很多教师有着丰富的教育经验，在专业教学中，在处理教育事件中，都做得非常好，但是也仅仅限于经验层面，缺少从经验中提炼总结，没有从经验中跳脱出来，走向理论层面。因此，不能形成个人影响，无法将自己的个人智慧转化成具有影响力的教育资源。作为教师，我们要重视教育写作，我们不仅要对学生产生影响，还要对同行产生影响，这样才能在更大范围内影响教育事业发展。故而，我们要善于将日常教育生活中有价值的教育事件、教学随想、班级活动等编写成文字，或发表在微信公众号，或发表于报纸杂志，或收集整理编撰成书，这些都有助于将我们的研究成果物化，成为看得见、学得会，可借鉴、可应用的教育成果，在文章著作的广泛传播中，扩大自身影响力，分享教育智慧，给更多的教师以智慧启迪。比如前面说的，笔者从多年的教学经验中提炼出"简约本真"的思政课教学主张，并将其撰写成《"简约本真"的思政课教学构建》一文发表在《思想政治课教学》（2021 年第 2 期）上，这样"简约本真"的教学主张就不再属于我个人，它会随着文字的传播，流淌进每一位阅读者的心中，从而两者在思想上发生碰撞，或是被肯定，或是被批驳，或是对其有借鉴意义，或是给其以思想启发，对读者发生怎样的影响，已经不受作者本人控制，这篇文章，这几千字的文字背后蕴含的思想，不再属于我个人，而具有了公共性。再如，笔者的"润泽生命，追求本真"的教育理念，被设计在"胡邦霞道德与法治名师工作室"LOGO 上，作为工作室所追求的理念，被广泛传播，对工作室思政课成员教师及市内思政课教师的教育理念及实践影响深远。

二、教师写作面临的困境与问题

许多名师都是写作高手，他们都是在一点一滴的积累反思与创作中成长起来的。任何领域内的成长都是自己的事情，某种程度上也是孤独的，要能静下心来，利用别人休闲娱乐的时间，去思考、去阅读、去写作、去研究。虽然教师的成长离不开外部环境的支持，但更为关键的是要有发自内心的热爱及追求，要有自我生长的强烈愿望，教育写作同样如此。但在实际中小学教师群体中，在教师写作方面情况并不是很乐观，主要存在以下几个方面的问题。

1. 热情缺失，动力不足

王国维先生曾说："古今之成大事业、大学问者，罔不经过三种之境界：'昨夜西风凋碧树。独上高楼，望尽天涯路。'此第一境界也。'衣带渐宽终不悔，为伊消得人憔悴。'此第二境界也。'众里寻他千百度，回头蓦见，那人正在，灯火阑珊处。'此第三境界也。"[①] 教师写作也同样要经历这三种境界才能渐入佳境。很多教师由于工作任务使然，为了完成汇报总结、会议纪要、课题报告等，也能够耐得住寂寞"独上高楼"。但大多数教师也就仅仅止步于此，完成工作任务即可。而真正的专业发展，一定要有发自内心的生长动力，一定要拥有"衣带渐宽终不悔，为伊消得人憔

---

①王国维. 人间词话［M］. 滕咸惠，校注. 北京：北京出版社，2020：266.

悴"的热情。而部分教师，由于写作热情不高，内在动力不足，局限于功利价值，很难体会到此种境界。当我们用功利心态，去看待教育写作时，认为写作仅仅是为了完成工作任务，为了职称评定，为了课题研究，那么很大程度上，这种想法已经将我们自身的成长与写作剥离开来，我们无法真正地从写作中感受到成长的乐趣。可见，功利价值观念、热情缺失、动力不足，是阻碍教师教育写作的重要因素。

2. 学习中断，能力欠佳

关于学习，我们熟知的几种理念如"终身学习""无边界学习""深度学习"等，并非是我们只能用其来指导学生的学习，我们还可以用来指导自身的学习。会教的教师首先是会学的教师，教师要想教得好首先是要学得好，写作就是一种需要我们保持终身学习、无边界学习及深度学习等理念的学习方式。

相较于阅读来讲，写作属于创作输出端。写作的输出需要大量的学习，从书中学、从实践中学。而在我国中小学教师群体中，部分教师并没有树立终身学习、无边界学习、深度学习的理念，认为走上教师岗位，有了一份稳定的工作，摆脱了学生时代，已经不用再继续进行学习了，这样的想法与行为很危险。时代在前进，知识也在不断更迭，各种思想、理论、价值观念层出不穷，正所谓"乱花渐欲迷人眼"。如果教师不保持终身学习的习惯，不进行广泛涉猎的无边界学习，不进行有深度的思考研究，试问如何能完成"立德树人"的任务，如何能做学生的领路人，引领学生过有思想、有理想、有意义的人生？

教育写作从输出端倒逼教师进行跨越时间、空间的学习。一方面，教师如不重视教育写作，也就不会重视阅读相关的教育理论、研究国家的教育政策、思考学生的教育问题等，从而自身的教育教学水平、写作能力就会退化，最终想写也不会写、写不出。另一方面，部分教师也重视写作，也或多或少地在进行教育写作，但收效甚微。主要是教师的阅读深度、思考深度及实践深度不够，这三点制约着教师写作能力的发展。我们会发现，部分教师写作像流水账，只是单纯的事实记录，好一点的是对教育事件进行经验总结，但大都没有上升到理论高度，这与教师的理论水平欠缺不无关系。决定教师理论水平的自然是教师的阅读程度，部分教师阅读的层次达不到，甚至从来不阅读教育理论专著，阅读学习端出现问题，自然制约了写作深度。除此之外，部分教师在教育教学中，也仅仅是止步于完成工作任务，并不过多地去深入思考教育教学问题，也不去探索实践，寻找更为行之有效的教学方法、教育方式等。故此，教师在写作时就会觉得非常困难，浅尝辄止。

3. 培训缺位，环境约束

教师写作既需要内部动力支撑，也需要必要的外部环境保障，包括教师的工作环境和文章的发表环境等。

就目前中小学教师群体的日常教育教学工作环境而言，存在两大类问题：一是教师工作繁忙，正常教学工作之外的事情占用了教师本该用来学习提升、阅读写作、反思成长的时间；二是许多学校或教师认为写作专业性较强，是学术研究，与中小学距离太遥远，或者是功利主义心态，认为只有课题研究才用得着写作。所以，部分学校实际上并不能够理解教师写作的需求，也不能够给予教师写作必要的支持。比如，进行相应的教育写作培训、举办写作交流会、制定写作鼓励机制、给予相应的时间，这些都没有得到重视。

就论文发表环境而言，存在着发表途径难寻的问题。有时候，教师找到了相应的具有专业性的杂志社，但是却要收取较高的版面费；还有的杂志并不是专业的、正规的期刊，教师付了高额的版面费后发现被骗；等等。这都会打消教师投稿的积极性与热情。

由此可见，外部的教育生态环境及论文发表环境在一定程度上制约着教师写作。

三、关于写作我们当何为

由于内外部各种因素的影响，我国中小学教师在写作上存在或多或少的问题。那么如何解决上述问题，促进教师通过写作提升专业素养，也需要从主客观因素进行思考——作为正在成长的普通教师该当何为？作为已成长为专家型的名师我们又该当何为？本书不做写作方法技巧这些所谓

"术"上的指导，因为每个人都有自己的写作习惯，而且专业的写作方法专著也非常丰富，可以通过上网、书店等查找相应书籍。在此，仅从所谓"道"的写作方向方面谈些个人感受，目的在于让一线教师能够转变写作心态，激发其积极主动的写作愿望，从而能够热情地投入写作当中。

1. 明确目的，催生内在动力

写作目的对于教师进行教育写作非常重要，很多教师会忽略这一点。有些教师会觉得，为什么我写作的时候很痛苦，就想着赶快写完，去干别的事情；而有的教师，坐在电脑前，越写越精神，越写越投入，越写思路越开阔，甚至到了茶饭不思、不知饥寒的程度。为什么会出现这样的差别呢？其实就是写作目的不同。在提笔写文之前，我们要问一问自己：我今天的写作是为了什么？为了谁？对我的成长有什么意义？当把这些问题想明白，搞清楚了，再下笔写。

关于写作目的，在当前的中小学教师成长环境中，大致有这几种：论文发表、征文比赛、工作总结、演讲发言、课题研究、记录生活、教育反思等。从写作动力角度来看，可以将其分为外部驱动和内部能动。如，完成学校布置的期末工作总结、参加省市级举办的师德征文比赛、撰写课题研究报告等都属于完成任务式的外部驱动；而记录教育故事、教学随笔，撰写教学设计、学习心得、读书笔记等，则属于内在生长需求的内部能动。这就决定了教师写作无非是两种目的，一是完成教研组、学校或工作室的任务要求，二是通过写作反思教育教学实践，促进自身专业成长。究其本质，两种目的都能促进教师专业成长，其区别在于教师在进行写作时的创作状态和写作持久度不同。有内生动力的教师在写作时更加投入自得，能够达到"忘我"之境，其写作热情与写作实践会跨越时间长河，更加持久。

因此，作为教师，作为有成长愿望的教师，我们一定要搞清楚自己为什么写，为谁写，要超越短视的写作目的，不可浑浑噩噩、随波逐流。教育名家们也不是生来就能出口成章、下笔成文、文思泉涌的，也都是有着明确的写作目的，即通过写作来促进自我成长。在多年的教育教学中不断思考、实践、写作，才能永葆教育写作的热情，拥有高度的理论视野，完成思想的蜕变。

2. 阅读学习，提升理论高度

阅读是写作的源头，没有阅读的广度与深度，就没有写作的高度与厚度，这是必然的。本书在阅读篇章为大家推荐了许多思政专业的阅读书籍，还有许多通识类的书籍，读者可以往前翻阅，加以参考。

许多教师在写作中存在困惑，读名师的文章，读教授的文章，读教育家的著作，会感觉他们的站位很高，思想很有深度，而自己写出来的文章，怎么看怎么像日记，无非是记记今天班里发生什么事、哪节公开课上得精彩、我是怎么设计的等等，缺乏思想的提炼、理论的升华。那我们能不能再往深处去思考一下，那节课我设计得好，上得也好，是因为什么？比如，这节课在情境创设上好，那就要想想这是一节什么性质的课？是重德行培养呢，还是重法律意识行为培养？如果是一节重德行培养的课，那么我是否能够将本节课的情境创设经验运用到同一性质的课中？既然经验可以迁移，那我们是否可以再往深处去想想，这是基于怎样的规律和理念呢？我能否从众多同一类型的课堂情境设计中提炼出关于本类型课堂情境设计的可供借鉴的共性理念？想到这，就是从实践——经验——理论的提升，这一过程离不开深度阅读，需要我们平时就注重专业理论的学习，将其有意识地应用在课堂教学中，在实践中检验提升，当然，这一切也更离不开深度思考。

3. 独立思考，敢于表达真话

教师自身首先应该是一个具有独立人格的人，才能培养具有独立人格的人。如果教师都随波逐流，人云亦云，只懂得说假话，而缺少独立思考，不敢说真话，那我们的民族还指望谁来说真话。

在实际教育教学中，部分中小学教师也很擅长写作。但是，细读其文章，还存在许多问题：炫技式、堆砌式、附庸式、故作深沉式等。炫技式的写作，大量使用华丽的辞藻，文章读起来虽然很美，但是没有新颖的观点，文章背后缺少思想。堆砌式的写作，这种大多数是将教育生活中的琐事一股脑堆砌在一起，没有整理也没有总结提升，更不用说是否上升到理论高度了。附庸式的写作，即流行什么写什么，倡导什么写什么，甚至是一窝蜂地大唱赞歌。比如现在提倡"大单元教学"，许多教师就都写大单元教学方面的文章，大多数还都是涉及大单元教学如何好、如何实施等问题，很少有教师能够冷静反思大单元教学有没有不合适的地方，是否在任何课程、任何阶段都适用等反向思考的问题。在这里，不是说大单元教学不好，而是说教师不能仅仅跟着潮流前进，丧失自己独立思考的能力。作为教师，尤其是思政课教师，我们更应该懂得辩证地看待问题，任何事物都有两面性，过犹不及。对于故作高深式的写作，这些教师能够意识到文章要有理论支撑，但在理论与实践的结合上却稍欠火候，认为只要文章中有著名专家学者的理念和经典教育理论支撑就显得高大上。但殊不知，过于关注理论的摘取，忽视教育教学实践的佐证，或者没有将理论与实践进行恰当的对接，会导致文章中只有高深莫测的理论而无事实，或理论与实践两张皮。

以上诸多写作中的问题，其实质都反映的是部分教师缺少独立思考，不敢讲真话的写作状态。写作其实很简单，就是将脑海中的思想诉诸笔端，让文字将思想永久封存。写作前的思考是思想的火光，写作中的思考是思想的迸发，写作后的思考是思想的延续。无论是何种形式的教育写作最重要的都是"真"，即有真思考、讲真话。写作不是为了取悦谁，而是要表达自我。没有哪一个没有独立思想、满纸谎言的教师能够成为名师。《恕我直言》是李镇西关于教育的看法的一部著作，其中有些文章不乏是对教育问题一针见血的批驳，如《我们正在毁灭我们本来追求的美好》《假话何以春风得意？》《谁给谁"抹了黑"？》《请饶了教育吧！》《任何靠抢夺生源而取得中高考辉煌的都是"耍流氓"》《自由，是教育创新的前提》《有些家长为何要逃离中国教育？》《教育不是拿给别人欣赏的》《版面费何以长盛不衰？》等等。书中的这些文章读来令人深有感触，这些都是教育中存在的一些弊端，我们有时也对某些现象嗤之以鼻，但却没有勇气写成文章发表出来，这不就是不敢说真话吗？更有甚者，还没有发觉某些现象是不合理的，认为这就是教育常态工作，这不就是缺少独立思考吗？

试问，如果一个教师都不敢说真话了，这个社会还指望谁来说真话？

4. 探索实践，反思教育生活

朱永新教授认为，应鼓励教师进行生命叙事，包括生活型叙事、学习型叙事、工作型叙事。① 由此可见，教师自身应重视对教育生活的反思，并善于以文字的形式呈现出对教育反思的结果，而教育反思的前提无疑是教育实践。没有深刻的教育实践就没有深刻的教育反思，继而也就没有深刻的教育写作。

我们首先来明白三个关键词：一是"探索"，就是在原先根本不知情的状况下，靠自己去摸索出来，靠自己去总结规律、经验以及教训。二是"实践"，就是把计划、打算等落实为具体的行动履行。三是"反思"，就是对过去的事情进行深入的再思考，总结经验教训。这三个关键词，可谓是教育生活中我们一直在践行的。比如，某些新教师，刚入职在教育教学问题的处理上经验还不足，就在每天的教育生活中去摸索解决问题的方法，这属于自力更生型的教师。久而久之，这些教师就会成长为经验丰富的老教师，处理问题上能够独当一面，但却不能够称得上是专家型教师。还有些教师，思维非常活跃，想法独特新颖，但由于各种主客观因素，不能够将自己的想法进行实施，故而问题在于实践不足。还有些教师，上课就是上课，上完课后也没有后续的复盘，这样只会导致日复一日的重复而没有长进。作为教师，写作素材的来源无非就是我们日常教育生活中的学生事件、教学事件、学习感悟等等，这些都是教育教学实践。如何能让实践变成文字？一要留心观察，二要深入思考，三要勤于动笔。

我们可以写论文、编著作、写教学设计、写教学反思、写教育随笔、写教育叙事等等，只要是你感兴趣的话题，有独特思想的话题，想要表达的话题都能成为我们反思写作的对象。比如，当天发生的教育故事，我们可以在夜深人静之时，反思这一事件是如何发生的，为什么会发生，对我们自身及学生产生了哪些影响，今后再发生类似事件如何处理，有没有可供借鉴的经验，有没有相关的理论支撑，这些都是我们可以反思的内容。将我们的思考按照一定的篇章结构形成文字后，随即就可以发表在微信朋友圈、个人微博等社交平台上，以便与线上线下更多的同行进行探讨；或

---

① 朱永新. 教师的写作史，就是他的教育史［J］. 教育家，2022（39）：1.

者借助工作室的微信公众号平台，这种影响力会更大。形式上可以是纯文字，也可以图文并茂，不拘泥于形式，主要在于能有效表达自我反思。这一类教育故事、教育随笔等仅仅是自己日常教育生活的所思所想，无需具有畏难情绪，可随写随发，这样我们可以得到及时反馈。而对于论文、著作或教学设计一类的文字，一般我们要经过"热——冷——热"的过程。什么意思呢？就是在写作热情高涨的时候，将其记录在案，但是不要急于公开发表，先将文章放一阵子，做冷处理，过一段时间再拿出来，反复琢磨修改，直至满意，方可投稿发表。冷处理一段时间，再拿出来看，就有一种旁观者的感觉，好像不是在读自己写的文字，更容易发现问题，更容易有新的思考、新的观点产生。正规杂志社或出版社，对于稿件的要求是非常严格的，这样做能大大提升投稿的成功率。

综上所述，我们不仅要每天实践教育生活，更要深入实践，创新实践，有改变地实践。一方面，要在实践的基础上，进行反思创作；另一方面，还要对自己的反思进行反思，也就是对自己所写的文字进行反思。只有深度实践、深度反思、深度写作，才能有效促进教师专业成长。

5. 找寻团队，名师引领成长

"独行快，众行远。"写作也是一样。写作既是一件非常个人的事情，又是一件需要团队支持的事情。有些教师热爱写作，但苦于发表无门，得不到相应的精神激励，影响创作热情；有些教师渴望写作，但苦于写作无法，得不到专业的写作指导，打击写作积极性。这时候就需要团队给予帮助和引导。有了团队的催生与支持，才能持久有效地发挥写作对教师专业成长的促进作用。

在目前的中小学教育中，名师工作室是非常普遍的也是行之有效的学习成长共同体。笔者在多年的教育实践中，致力于建设基于胡邦霞道德与法治名师工作室引领的"教师成长共同体"，在写作方面则要建设成基于名师工作室引领的"教师写作共同体"。胡邦霞道德与法治名师工作室在多年实践探索中，最终形成了"一核三维"模式构筑成长共同体。[①] "一核"

①该内容已写成《"一核三维"模式构筑成长共同体》一文，于2023年发表在《思想政治课教学》。

即以课堂教学为核心，教师的成长应立足课堂主阵地，汲取生命成长之力。"三维"即在名师工作室的带动下，以愿景牵动，催生心理动力；以任务驱动，推动实践落地；以评价推动，完善实践效果。在任务驱动这一维度，设计了助力教师专业写作的考核评价方案，同时还给予教师发表论文的帮助和专业写作技能的培训。

工作室主要从三个方面帮助教师写作成长。一是名师引领，专业指导。部分教师缺乏专业的写作技能，往往写出来的文章不能达到发表水平，可谓心有余而力不足。工作室充分发挥名师示范引领作用，积极开展了线上、线下写作培训活动，针对教师在写作选题选材、框架构思、语言表述、文献查阅等方面给予指导，甚至连最基本的在文章中如何正确使用三级符号也对教师做了培训。笔者曾在核心期刊发表论文多篇，出版著作数本，在写作方面有一定的经验，将这些方法心得传授给成员教师，能够帮助教师提高写作水平，充分发挥名师的示范引领作用。二是搭建平台，创设氛围。工作室非常重视教师写作方面能力的培养，也有责任帮助教师将写出来的文字进行发表。一方面，工作室有微信公众号，会定期在公众号上发布成员教师所写的优秀文章，有读书感悟、有教学设计、有教育故事等。另一方面，会帮助教师寻找发表途径，提供可发表的杂志期刊信息；工作室主持人带领成员共同编写出版著作，如2020年"指向核心素养的初中道德与法治教学设计"系列丛书（七、八、九年级）、2021年《法治护航 健康成长：初中学生法治素养培育》《初中道德与法治学习指南》等著作出版发行。工作室成员青年教师黄梦溢、骨干教师石中华在工作室引领下曾发表论文多篇，杨秀琴教师也曾在全国首届初中道德与法治教学设计大赛中荣获一等奖，等等。有了工作室的加持，成员教师不仅爱写，而且能够有发表的途径，看到自己的文字变成铅字，被众多同行传阅，是一种多么幸福的感觉。无论是发布在公众号上还是发表在杂志、收集在著作上的文章，在教师个人写作完成后，都要"上会"进行研讨，我们成立了线下"教师写作协会"及线上"教师写作交流论坛"，每一篇文章都要经过反复修改打磨，所谓文章不厌百回改。这样做，既有利于写作教师本人的成长，也有利于其他成员教师的写作成长，形成良好的写作创作氛围。三是考核评价，制度激励。旨在通过考核评价等外部因素，形成外部影响，催生内在写作动力。工作室制定了成员考核评价细则（如图30），其中专门有一项就是对写作的考核评价，不仅有分数的考核，还设置了"优秀写作者"奖项，对完成写作目标，且质量良好的教师，给予奖励，目的在于激励教师写作。工作室倡导教师写作自由，发表自由。其写作内容丰富、形式多样，写作成品也不一定是要发表在杂志上。通过考核评价激励，给予教师写作动力，消除教师职业倦怠，并由主持人、专家进行写作点评指导，共同促进教师成长。如，工作室鼓励教师写读书笔记、培训心得、教育随笔、教育论文、教学设计等，有些教师根据考核评价标准，被评为"优秀写作者"，部分教师的写作成果可见后文示例。

胡邦霞道德与法治名师工作室成员考核细则（试行）

姓名＿＿＿＿＿＿＿＿＿ 单位＿＿＿＿＿＿＿＿＿＿＿＿＿＿＿ 总分＿＿＿＿＿＿＿＿

项目	内容	分值	考核细则	考核评分
积极参与工作室活动（20）	研讨会 听评课 听讲座	20	按时参加工作室各项活动、会议等，不迟到、早退等	
教育科研（40）	专业阅读	10	每学年至少研读5本以上教育教学专著，完成一定质量的读书笔记，能形成自己的阅读体会；读完一本并撰写感悟得2分，累计不超过10分	
	课题研究	10	工作周期主持或参与市级及以上教科研课题至少一项，并按计划开展活动，开题2分，中期2分，结题4分，形成有较大的影响的成果2分	
	论文反思	10	撰写优质论文，一篇得1分；发表1篇得3分，累计不超过10分	
	听课评课	10	成员听课不少于30节。30节10分，15节5分，不满15节不得分	
课例研磨（20）	优质课 示范课 公开课	8	省优一等奖5分，省二市一2分，省三市二1分；每学年至少讲一次市（县）级公开课、示范课，每次2分。累计不超过8分	
	精品课件 教学设计 优质微课	12	制作一个优质成品得2分，累计不超过12分	
示范引领（20）	专题讲座	10	每学年至少做1次面向市（县）级讲座或组织1次论坛，每次5分。累计不超过10分	
	青年教师培养	10	辅导青年教师讲优质课、示范课等，获市一等奖5分、二等奖3分、三等奖2分	

图30 工作室成员考核评价细则

▶▶ **示例 1**

九年级上册第三单元"文明与家园"教学设计 ①

单元教学设计	
单元名称	文明与家园

1. 单元教学设计说明（依据课程标准的要求，简述本单元学习对学生核心素养发展的价值；简要说明教学设计与实践的理论基础）

习近平新时代中国特色社会主义思想中明确指出，中国特色社会主义事业总体布局是经济建设、政治建设、文化建设、社会建设、生态文明建设"五位一体"。九年级整册教材立足"五位一体"总体布局，同时也是对社会主义核心价值观在国家层面的"富强、民主、文明、和谐"四个主题的教育，旨在引导学生认同国家的价值追求。《义务教育道德与法治课程标准（2022 年版）》指出，"中华优秀传统文化教育""国情教育"是义务教育阶段道德与法治课五大学习主题的组成部分。九年级上册第三单元第五课、九年级下册第一单元第一课、八年级上册第二单元第四课、七年级上册第三单元、七年级下册第三课等内容均涉及中华文化教育及社会主义精神文明建设；九年级上册第三单元第六课涉及生态文明建设。

依据新课标，从大单元教学视角进行分析，本单元是专门进行精神文明和生态文明教育的单元。其中，中华文化教育分散在七、八、九三个年级不同册目中，呈螺旋上升关系。但使学生树立正确文化观念，传承弘扬中华优秀传统文化，践行传统美德，弘扬民族精神等内容贯穿思政课教育始终。七、八年级重在指导学生弘扬和践行传统美德及社会主义核心价值观的某些方面，是微观的、具体的，如诚信教育、尊亲教育等。九年级第三单元第五课则是七、八年级教育内容宏观与抽象的集中，对学生的精神文明教育更为全面与显性，在整册教材文化教育体系中居核心地位。

---

① 此文为黄梦溢老师参加 2023 年河南省思政课教师基本功展示交流活动的教学设计。

本单元主题是"建设精神文明和生态文明"，看似两个主题，实则都是建设文明中国。文明的中国既有文化传承，也有生态延续，生态延续承载着文化的延续。本单元在落实政治认同、道德修养、责任意识等核心素养方面发挥重要作用，旨在引领学生树立正确的文化观和生态观，自觉传承保护中华文化，弘扬民族精神，践行传统美德和社会主义核心价值观；树立生态文明理念，践行绿色发展理念。在明确单元主题后，聚焦素养目标，创设真实情境，设置学习任务，引导学生从低阶思维、浅层学习走向高阶思维、深度学习。为实现"教—学—评"一致性，发挥评价的促进作用，在依据建构主义理论、课程标准、教材内容和基本学情设计单元学习目标和评价任务后，逆向设计本单元学习活动和课时计划，统筹规划单元学习。

2.单元目标与重点难点（根据课程标准和学生实际，指向学科核心内容、学科思想方法、核心素养的落实，设计单元学习目标，明确重点和难点）

单元目标：

（1）通过带领学生展开三门峡文旅，在欣赏文物、观点思辨、史实剖析、对话交流中，完成一系列研学任务，引导学生认识中华文化特点；理解并认同中华文化的重要价值；坚定文化自信，自觉弘扬传承民族精神。

（2）通过创设生活情境，在话题讨论、探究分享中，引领学生知道中华传统美德是中华文化的精髓，懂得美德的力量在于践行；通过模拟体验、经典诵读，指导学生体会中华传统美德的力量，自觉传承中华传统美德；通过对八年级上册第二单元第四课"社会生活讲道德"、七年级上册第三单元、七年级下册第三课内容的整合，将所学旧知识构建于新知识体系中，引领学生温故知新，深入感悟中华传统美德的力量，达到大单元教学之效果。

（3）通过讲述英雄故事、合作探究、案例剖析，引导学生理解社会主义核心价值观的内涵及重要性；通过解读社会热点、反思生活现象、走进伟人，提高学生思辨能力，引导其理性爱国，认同并践行社会主义核心价值观。

（4）通过数据分析、观点碰撞等，使学生了解我国人口资源环境现状，正视发展中的危机；通过国内外现代化发展的不同道路对比，引领学生认同我国生态发展理念，能自觉践行绿色发展理念。

（5）通过整个单元学习，使学生提升政治认同，对中华文化及国家生态文明理念具有高度认同感，坚定文化自信，增强家国情怀；使学生提升道德修养，自觉践行传统美德及社会主义核心价值观；使学生增强责任意识，自觉传承弘扬中华优秀传统文化，自觉践行绿色发展理念，能以主人翁的姿态投入国家现代化建设中，为中华民族伟大复兴贡献自身力量，用行动共筑文明与家园。

单元重点：

（1）了解中国特色社会主义文化的丰富内涵；

（2）理解文化自信的意义，明确文化自信的途径；

（3）了解我国人口、资源、环境的基本国情，理解计划生育、节约资源和保护环境的基本国策；

（4）明晰实现中华民族永续发展的路径，知道绿色发展是破解发展困境的最佳选择；

（5）增强对走绿色发展道路的认同，提升美丽中国建设的责任感。

单元难点：

（1）坚定文化自信，推动中华优秀传统文化创造性转化、创新性发展；

（2）传承弘扬民族精神，自觉践行社会主义核心价值观；

（3）人口、资源、环境问题实际上都是发展问题；

（4）辩证分析人与自然的关系、经济发展与保护环境之间的关系。

3. 单元整体教学思路（介绍单元整体教学实施的思路，包括课时安排、教与学活动规划，以结构图等形式整体呈现单元内的课时安排及课时之间的关联等）

课时安排：共6课时

第一模块：单元导读、自主学习

第 1 课时

第二模块：探究交流、合作学习

第 2 课时　坚定文化自信　弘扬民族精神

第 3 课时　践行传统美德　构筑中国价值

第 4 课时　正视发展挑战　坚持基本国策

第 5 课时　坚持绿色发展　建设生态文明

第三模块：单元复习、互评展示

第 6 课时

教与学活动规划：

第一模块：单元导读、自主学习。教师进行单元导读；学生结合任务单自主阅读单元内容，通过小组合作，明确单元学习主题，初步认识文化、中华文化、和谐共生、绿色发展等；从中国特色社会主义事业建设"五位一体"总体布局的高度，理解精神文明、生态文明建设的必要性及重要性；厘清中华文化与传统美德、民族精神、社会主义核心价值观及人与自然之间的关系，用思维导图初步梳理单元核心知识；以小组为单位反馈自学未能突破的疑难；对本单元进行整体感知。

第二模块：探究交流、合作学习。结合学生每一框的疑惑点，教师综合运用案例教学、体验式、议题式等教学方法和自主学习、合作探究等学习方法，分 4 课时在课堂中通过创设真实情境、融入真实案例、社会热点、中华优秀传统文化等资源创设学习情境，设置问题链。学生围绕情境进行体验学习、深度思考，提升思维品质；进行小组合作探究，提升课堂参与度，在交流分享、展示分析、解决问题的过程中，突破重难点，提升其综合能力。

第三模块：复习总结、互评展示。学生复习巩固本单元所学内容，补全单元思维导图并展示分享，形成单元知识架构；结合单元评价任务，学生查漏补缺、巩固所学；展评本单元实践作业成果，交流分享，评选优秀成果。

单元结构图：

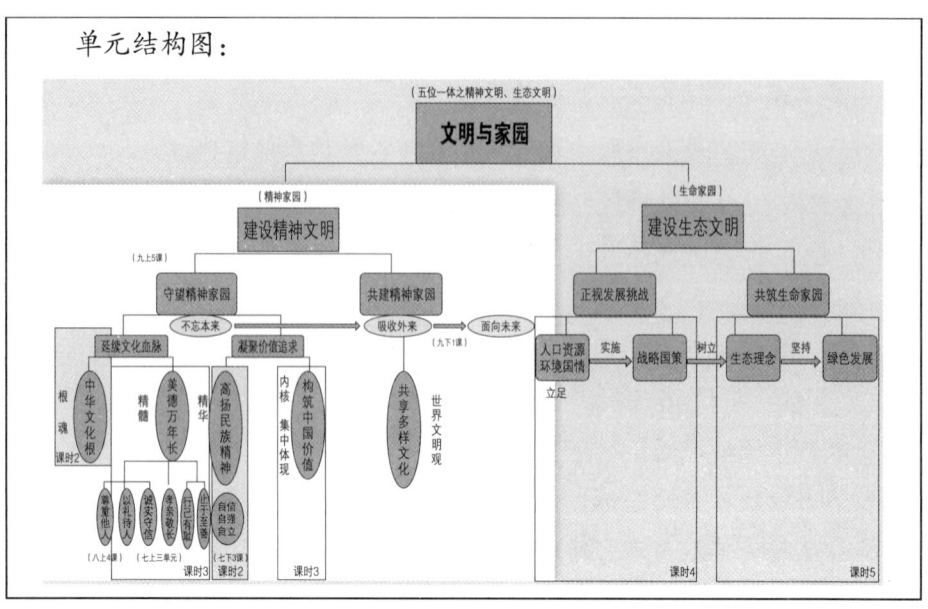

课时教学设计	
课题	坚定文化自信　弘扬民族精神

1. 教学内容分析（分析本课时教学内容在单元中的位置，学习内容对发展学生核心素养的功能价值、蕴含的正确价值观念等）

本课时是九年级上册第三单元第五课"中华文化根"和"高扬民族精神"的整合。在大单元教学主导下的课时主题是：第2课时"坚定文化自信　弘扬民族精神"。本课时在单元教学中承上启下，学生在第1课时对整个"文明与家园"大单元有了整体系统的认知，知道中华文化与传统美德、民族精神、社会主义核心价值观之间的内在联系，加之其学习七、八年级相关中华优秀传统文化及传统美德内容后，对其有一定程度的了解与认知；本课时在此基础上，开设"坚定文化自信　弘扬民族精神"，专门进行中华文化、文化自信及民族精神教育；同时，传统美德是中华文化的精髓，社会主义核心价值观是文化的内核，是民族精神的集中体现，为第3课时做铺垫。

第一部分"坚定文化自信"，引导学生了解中华文化内涵及特点，理解其重要性，自觉传承保护中华文化；认识到文化自信对文化发展、国家命运之重要性，坚定文化自信。第二部分"弘扬民族精神"，引导学生理解传承文化最本质的内容是传承其中蕴含的理念、价值及精神，认同伟大民族精神是社会主义建设的强大精神支柱。本课时旨在引领学生树立正确的文化观，增强其对中华文化的认同感，坚定文化自信，培养家国情怀（政治认同）；提升其保护传承中华文化的责任感，自觉学习弘扬中华文化，传承弘扬民族精神（责任意识）。

2.学情分析（分析学生与本课时学习相关的学习经验、知识储备、学科能力水平、学生兴趣与发展需求、发展路径等）

（1）已有知识经验：九年级学生对中华优秀传统文化在情感与知识经验上都有所认识，有些学生可能还掌握了一定的传统文化技艺，比如，接触过民族乐器、书法、国画、剪纸，会背诵传统经典，知晓或者参观过国内著名文化景点，了解部分中国历史名人的事迹，等等。

（2）身心发展特点：九年级学生在思维、心理等方面相较七、八年级有所发展，对中华文化，特别是中华优秀传统文化及社会热点关注度高、理解力强。

（3）预设问题及解决方案：学生虽然对中华文化有一定程度的了解，但对其认识仅停留在一般的知识和操作层面，对其深层次的文化价值和意义思考不多。因此，要着重对学生进行价值理念的引领，增强其内心深处的文化自信及传承保护意识。

3.目标确定（根据课程标准和学生实际，指向学科核心内容、学科思想方法，描述学生经历学习过程后应达成的目标）

课时目标：

（1）通过带领学生欣赏仰韶文化庙底沟类型彩陶等文物艺术品，使学生认识中华文化的特点。

（2）通过剖析《道德经》内容及"苏丹撤侨"事件，进行观点思辨，启发学生理解中华优秀传统文化对我国内政外交思想的影响，认同中华文化的价值，坚定文化自信。

（3）通过回顾三门峡黄河大坝建设过程，引领学生感知其中蕴含的民族精神，理解中华民族精神的时代价值，自觉传承和弘扬伟大民族精神。

4.学习重点难点

学习重点：理解中华文化的价值，懂得文化自信及民族精神的重要性；

学习难点：能够坚定文化自信；自觉传承和弘扬民族精神。

5.学习活动设计

学习情境：三门峡文化研学之旅

主要环节：

环节一　源远流长——探寻文化根源（研学第一站）

环节二　上善若水——坚定文化自信（研学第二站）

环节三　中流砥柱——促进文化发展（研学第三站）

以三门峡名字的由来导入新课

设计意图：（简要说明教学环节、学习活动等，组织与实施意图，说明活动对目标达成和学生发展的意义，说明如何在活动中达成目标，关注课堂互动的层次与深度）

以三门峡城市名字由来导入，引起疑问，激发学生学习兴趣。三门峡市拥有许多文化底蕴深厚的景点，用三门峡文化研学创设情境符合本单元教学主题。

环节一：源远流长——探寻文化根源（第一站）

教师活动	学生活动
（教学环节中呈现学习情境，提出驱动性问题、学习任务类型等） 　　创设学习情境 　　●三门峡文化研学之旅第一站 　　源远流长——探寻文化根源	（在真实问题情境中开展学习活动，与教的环节对应）

地点坐标：庙底沟考古遗址公园 学习情境：呈现仰韶文化元素亮相春晚及仰韶文化庙底沟类型彩陶文物图片。（研学旅行资料卡）介绍庙底沟文化、彩陶文化及其文化意义；介绍考古专家对庙底沟彩陶文化的研究成果；呈现彩陶文物图片。	课前搜集三门峡庙底沟遗址资料，制作研学资料卡；观赏庙底沟彩陶文物，分析文物资料卡。
研学任务：三门峡"庙底沟之花"闪耀央视春晚说明了什么？	各抒己见、分享交流
提问：本站旅行你有哪些收获呢？	盘点收获：感受中华文化源远流长、博大精深；中华文化具有应对挑战、与时俱进的创造力和海纳百川、有容乃大的包容力，虽历经沧桑仍薪火相传、历久弥新。

设计意图：

本环节是三门峡研学之旅第一站，带领学生参观庙底沟遗址公园，通过欣赏庙底沟彩陶文物，使其感受中华文化特点。融知识教学于文物观赏，旨在激发学生学习兴趣、提高积极性，寓教于乐，育人于无形。

环节二：上善若水——坚定文化自信（第二站）

教师活动	学生活动
创设学习情境 ●三门峡文化研学之旅第二站 上善若水——坚定文化自信 地点坐标：函谷关 学习情境：呈现国家主席习近平在讲话中引用《道德经》内容；呈现2023年4月"苏丹撤侨"视	阅读《道德经》文本内容，挖掘其蕴含的价值理念，思考分析《道德经》中蕴含的思想对我国内政外交理念的影响。

频，分析文化自信的重要性，坚定文化自信。（研学旅行资料卡）介绍函谷关历史地位及《道德经》文本内容、相关典故等。

研学任务：

1. 结合所学，谈谈此次"苏丹撤侨"事件中，中国的行动体现了我国怎样的治国理念。

2. 某国大肆宣扬"中国威胁论"的论调，结合所学从文化自信角度驳斥该论调。

提问：本站旅行你有哪些收获？

依据资料卡，结合实际，各抒己见，依次完成研学任务，认同中华文化的重要价值，深入理解文化自信与国力兴衰之关系。

盘点收获：

1. 中华文化的重要价值。

2. 文化自信的重要性，没有文化自信就没有中华民族伟大复兴。

3. 坚定文化自信，不忘本来，吸收外来，面向未来。

设计意图：

本环节是三门峡文化研学之旅第二站，带领学生参观函谷关，揭开《道德经》历史。通过完成"研学任务"，带领学生以古鉴今，在经典讲述、阅读感悟、古今对比、观点思辨中，感受中华优秀传统文化中的哲学思想对当今时代发展之重要价值；理解文化自信的根本是对文化内容、思想、价值观念的传承与应用。通过解决真实情境中的问题，提升学生课堂参与热情，引领其深度学习，使其养成发现问题、分析问题、解决问题的习惯；提升其政治敏锐性，养成自觉关注时事热点、国家政策的习惯，形成学科素养。

环节三：中流砥柱——弘扬民族精神（第三站）

教师活动	学生活动
创设学习情境 ●三门峡文化研学之旅第三站 中流砥柱——弘扬民族精神 地点坐标：三门峡黄河大坝 学习情境：观看三门峡黄河大坝景观视频；呈现"禹开三门"——新中国成立初期建设三门峡黄河大坝——新时代守护三门峡大坝的平凡劳动者张辉等相关情境，从三门峡黄河大坝建设的不同时期，感受民族精神的巨大力量及与时俱进的品格。（研学旅行资料卡）"禹开三门"典故及三门峡名字由来；新中国建设三门峡黄河大坝的相关资料。 　研学任务： 　1.结合三门峡大坝的建设过程，你认为中国人身上具有怎样的精神？ 　2.有人认为"黄河宁、天下平，大坝精神已经过时"，对此请谈谈你的认识。 　3.结合所学，谈谈我们在生活中如何传承和弘扬民族精神。 　提问：本站旅行你有哪些收获？	学生观看三门峡黄河大坝景观视频，讲述"禹开三门"神话传说；阅读新中国建设三门峡黄河大坝相关资料。 　在自主思考、交流对话、小组合作中解决问题链，感悟中华民族精神的形成及其与时俱进的品格，深刻理解伟大民族精神的重要价值。 　盘点收获： 　1.认识中华民族精神的形成及其与时俱进的品格。 　2.理解伟大民族精神对新时代中国式现代化建设的重要价值。 　3.传承和弘扬民族精神。

设计意图：

本环节是三门峡文化研学之旅第三站，带领学生参观三门峡黄河大坝，在以古观今、古今对话中展开分享交流、观点思辨，启发学生感悟中华民族精神的伟大力量，自觉传承和弘扬伟大民族精神。

总结升华：

价值引领：文化兴则国运兴。中华文化源远流长、博大精深。作为新时代中学生，我们要守护文化根脉，坚定文化自信，传承和弘扬民族精神，使中华文化在我们的血脉中流淌，生生不息；用中华文化滋养精神生命，茁壮成长。

6.板书设计（板书完整呈现教与学活动的过程，最好能呈现建构知识结构与思维发展的路径与关键点）

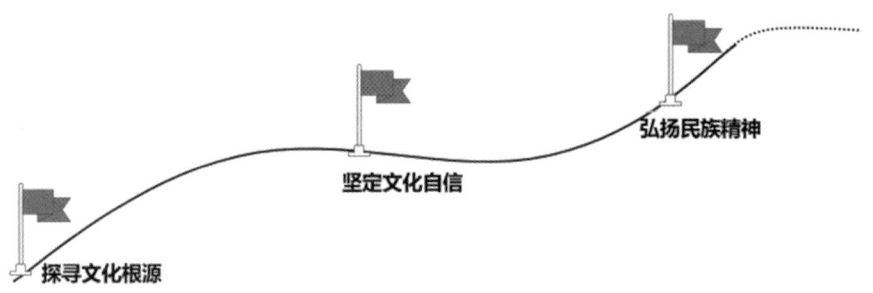

设计意图：

板书设计以文化研学路线展开。一方面，生动形象，体现教学环节，突出教学重难点。另一方面，寓意深刻，文旅路线象征中华文化有根脉、有自信、有精神，其发展之路生生不息。

7.作业与拓展学习设计（关注作业的针对性、预计完成时间，发挥作业对复习巩固、引导学生深入学习的作用）

研学任务：

（1）请查阅相关资料，思考如何让更多优秀河南文化元素展现于世，讲好中国故事的"河南篇章"。（要求：搜索、整合、分析资料，自主思考）

（2）请你结合今天研学收获，制作一张"魅力三门峡"旅游宣传海报。（要求：突出主题、形象生动、合作完成）

作业成果将在本单元复习课中展示交流，进行成果评价，评选优秀成果。

设计意图：

作业设计体现课堂教学的延续、以学生为主体的分层设计。一方面，以"研学任务"的形式呈现，与课堂教学无缝衔接，引领学生从思政小课堂走向社会大课堂，在课下继续三门峡文旅，完成研学任务。学生还可以亲自去三门峡感受中华文化无与伦比的震撼，增强文化自信、民族自豪。另一方面，设计了两项作业，一项是方案规划，一项是动手操作，学生可结合自身实际情况，任选其一完成，给予其选择空间，激发兴趣，引领深度学习，培养其资料搜集、整合、分析能力，提升问题解决能力及动手实践能力。

8.特色学习资源分析、技术手段应用说明（结合教学特色和实际撰写）

资源选取：充分挖掘利用本土资源，运用视频、图片、资料卡等方式，将三门峡文物资料（庙底沟彩陶文物等）、历史资料（仰韶文化资料、三门峡黄河大坝建设资料）、文献资料（《道德经》）、神话传说、国内外时政资料（"苏丹撤侨"事件视频）等资源融合教学内容呈现给学生，有力支撑教学内容，丰富教学资源。

选取原则：指向核心素养、符合教学主题、来源学生生活、紧密联系热点、无政治性错误，发挥正面导向作用。

9.教学反思与改进（教与学的经验性总结，基于学情分析和目标达成度进行对比反思，教学自我评估与改进设想）

教学反思：本课指向素养目标，实施大单元教学；设计思路清晰，情境创设鲜活；充分挖掘本土资源，巧妙浸润中华优秀传统文化，增加课堂文化底蕴，提升学生文化自信。本课立足大单元，创设大情境，引导学生在完成大任务的过程中，树立大观念。本课以"三门峡文化研学之旅"为大情境，设置三个环节"源远流长——探寻文化根源""上善若水——坚定文化自信""中流砥柱——弘扬民族精神"，以三个成语"源远流长、上善若水、中流砥柱"为基点，以三站研学为明线，以对文化的"感性认知——理性思辨——知行合一"为暗线，将本课教学内容巧妙融入三门峡文化研学中。在观赏反思、观点思辨、对话交流、经典讲述、时政剖析等活动中，完成大任务，即一系列"研学任务"，从而学习本课时相关知识，树立"中华文化源远流长、博大精深、与时俱进，坚定文化自信，弘扬民族精神"的大观念。将理论灌输与启发诱导相结合，让学生在参与体验中感悟中华文化博大精深、源远流长，坚定文化自信，有效达成了教学目标。

改进设想：注重课堂生成，增强育人效果。

10. 学习评价设计（从知识获得、能力提升、学习态度、学习方法、价值观念培育等方面设计过程性评价的内容、方式与工具等；过程性评价要适量、适度，通过学生的行为表现判断学习目标的达成度）

学习总体评价表

评价任务	自评	互评	师评	综合评价
1. 观赏彩陶文物后积极主动参与交流，能谈感受，形容贴切				
2. 阅读《道德经》相关资料后能积极讲述典故，畅谈感受，主动表达				
3. 在分析"苏丹撤侨"事件、批驳"中国威胁论""大坝精神已经过时"等论调中能自主参与，积极交流，大胆表达，思路清晰，有理有据				
4. 在史料分析、观点碰撞、对话交流时，能积极主动参与小组合作，多角度思考，提出意见，完成系列"研学任务"				
5. 高效完成素养提升作业，主动分享展示				

实践性作业评价表

评价内容	自评	互评	师评	综合评价
情感态度				
信息收集				
分类整理				
技巧方法				
参与合作				
成果展示				

等级评价标准：

A 等——①能积极参与活动，解决问题。②能收集大量与主题相关信息并很好地分类整理。③沟通能力强，主动发表见解。④完成两项实践作业，成果紧扣主题，以多种形式展示成果，制作精美。

B 等——①能较积极参与活动，对探究问题有一定兴趣。②收集较多与主题有关信息，较好地分类整理。③有一定沟通能力，较积极参与探究。④完成一项实践作业，成果基本围绕主题，制作较好。

C 等——①基本能参与活动，对探究问题兴趣不大。②只收集少量与主题有关信息，不能分类整理。③沟通能力有限，仅能听取他人意见。④未完成实践作业。

▶ **示例 2**

"一核三维"模式构筑成长共同体 ①

胡邦霞　河南省三门峡市实验中学　中学正高级教师

摘　要：思政教师专业素养发展及队伍建设事关思政课立德树人根本任务的有效实现。在实践中，名师工作室可以依托"一核三维"的教师成长模式，助力思政教师专业发展，构建成长共同体。"一核"即以课堂教学为核心，教师的成长应立足课堂主阵地，汲取生命成长之力。"三维"

---

① 此文为关于工作室建设文章，发表于《思想政治课教学》2023 年第 8 期。

即在名师工作室的带动下，以愿景牵动，催生心理动力；以任务驱动，推动实践落地；以评价推动，完善实践效果。

关键词：一核三维模式　教师专业发展　成长共同体

习近平总书记强调"办好思想政治理论课关键在教师"。教师的专业素养发展程度如何，直接关系到思政课立德树人的根本任务能否有效实现。"一核三维"教师成长模式为思政课教师专业成长提供了四种动力，即"课堂搏动""愿景牵动""任务驱动""评价推动"。思政名师工作室可以课堂教学为主阵地，以课题研究为抓手，坚持自主学习与名师示范、指导和辐射作用相结合，通过开展理论学习、教学观摩、研讨分析、撰写教育随笔、开发课程资源等教育教学研究活动，促进名师工作室全体成员的快速成长，形成运作顺畅、队伍精良、方法创新、途径广泛、资源优化的工作局面，构建信念坚定、积极向上、行而不辍的教师成长共同体。

一、课堂搏动立根本

教师的生命力在课堂。只有扎根课堂，才能有源源不断的成长动力。"简约本真"的思政教学主张，以课堂教学为核心，坚守思政课堂立德树人主阵地，通过简约的主题、简约的形式、简约的问题，还思政课以本来面目，潜心做"真教师"，筑"真课堂"，搞"真研究"。这一教学主张也成为工作室成员教师的课堂教学追求。在此基础上，笔者提炼出"润泽生命，追求本真"的教育理念。工作室成员教师始终致力于将"润泽生命，追求本真"的教育理念落实到思政课教学中。温润而泽的润泽教育，旨在通过思政教育与教研，厚植师生文化底蕴、培育家国情怀、滋养人文精神；旨在通过关注师生生命与成长，以浸润师生之情，泽养师生之根，达成师生生命共融合、同成长。这就要求思政教师应以学生为中心，不忘扎根思政课堂，从事教育研修，推动专业发展，做"真教师"；不忘思政课立德树人之初心，引领学生行走在追求真理的大道上，筑"真课堂"；不忘反思性研究，让教中有学、教中有思、教中有研，在教学思研相结合中解决教育教学中的实践性问题，搞"真研究"。概言之，教育是生命对生命的唤醒。我们应致力于用思政教育之美，润泽每一位师生之生命，追求思政教育简约本真之美。

　　教师的成长离不开课堂，工作室的建设与发展更是应课堂教学之需、教师发展之需，如果离开课堂搞建设，则无异于空中楼阁。因此，名师工作室这一教师成长共同体的一切研修活动均应围绕实际课堂教学展开，紧握教学之脉搏，感受课堂之搏动，这是教师成长的根之所系。

　　二、愿景牵动明方向

　　习近平总书记在二十大报告中指出，"教育、科技、人才是全面建设社会主义现代化国家的基础性、战略性支撑。必须坚持科技是第一生产力、人才是第一资源、创新是第一动力，深入实施科教兴国战略、人才强国战略、创新驱动发展战略"。思政教师的历史使命是用马克思主义理论指引学生，用党的初心和使命感召学生，落实立德树人根本任务，为党育人、为国育才。而培养人才，首先是培养人，其次才是培养才。思政课的历史地位和根本使命与其他所有学科有所不同，思政课教师就应成为所有学科教师发展方向的掌舵人。所以，思政教师的历史地位与教育理想应立足整个国家教育大方向，让思政教师的教育理想成为所有教师的共同追求。

　　1. 规划共同愿景。美国麻省理工学院的彼得·圣吉认为，建立共同愿景能够激发个人、团队和组织的持续学习，形成强大的驱动力和创造力。共同愿景的形成是团队建设的关键，而使命对于愿景来说格外重要。思政名师工作室要结合党和国家对于思政课教师的要求及教师发展现实需求，形成工作室成员发展共同愿景，即致力于通过三年实践探索，优化团队建设，榜样示范引领；搭建网络平台，形成资源共享；开展教研活动，助推教师成长；总结工作成效，不断推介提升；坚持考核评估，规范工作制度，推动教师自觉、自主、自会、自在发展，形成教师成长共同体。为达成共同愿景，工作室在开展系列教育教学研修活动之前，可以对整体工作部署安排，合理规划工作室前期筹备、各种研修活动具体实施和工作总结等活动，分阶段推进实施，并细化每一阶段具体工作任务。

　　2. 制定个人目标。个人成长离不开名师引领及同伴互助。这就需要工作室在建立之初，从规范工作室成员工作、激励各成员自主学习成长立场出发，制定清晰明确的三年发展规划，并在共同愿景的牵引下，制定研修计划人员安排表，建立工作室责任分工制度，指导成员及学员统筹自身成长及工作室的活动，从个人成长目标、三年发展规划及学年研修计划方面入手合理规划自我发展路径，并建立成员（学员）考核评价机制，以外力催生教师自我成长的内生因子。教师专业成长可分适应与过渡时期、分化与定型时期、突破与退守时期、成熟与维持时期、创造智慧的时期等几个时期。工作室成员在年龄、职称、专业发展阶段等方面不尽相同，因此，成员应根据自身专业成长阶段制定自己的个人成长愿景及研究计划。譬如，处在第一阶段"适应与过渡时期"的教师，在教学方法上处于摸索阶段，在制定个人目标时，应将目标指向通过磨课、赛课提升教学技能，形成自己的教学模式、风格，站稳、站好课堂。又如，处在第四阶段"成熟与维持时期"的教师，在制定个人目标时，应考虑如何成为当地教育领域的领军人物、学习型教师，创建一套在实践中有效的操作体系，或者在理论的某一方面建言立论，构建自己的教育理论体系，形成教学主张。

共同发展愿景与个人成长愿景同频共振，就会牵引着教师不断学习去提高教育教学理论水平，做"明"师；就会促使教师不断增强教育教学实践能力，做"名"师。

三、任务驱动砺技能

博学而不穷，笃行而不倦。当下部分教师，随着从业时间的增加，遇到工作困惑不能及时解决，遇到职称晋升困难、课题研究难、撰写论文难等问题，就会产生职业倦怠，缺乏自主学习与提升的动力，失去了自主自觉学习的习惯和动力。基于此，笔者认为工作室的作用在于给教师搭建学习成长平台，提供优质资源，让教师的进步看得见。通过外部的任务驱动，让成员在完成任务的过程中取得成绩，获得自我提升的效能感，催生自我成长内驱力，就是一条重要途径。结合工作室的建设要求及成员实际成长需求，笔者制定了工作安排及专业研修计划，具体如理论研修、课例研磨（示范课、思政课大练兵大比武、撰写教学设计）、教育科研（组织专业阅读、进行课题研究、撰写论文反思）、课程资源开发、优秀教师示范引领（做专题讲座）等。

1. 引领广泛阅读。夸美纽斯曾说"书籍是培育智慧的工具"，思政教师的专业成长除了在教育教学中积累经验，更为重要的学习则是阅读，在书中与大师对话，在书中寻找解决问题的智慧，在书中生发创造求新的灵感。目前，部分教师存在专业知识结构有缺漏的问题，主要原因在于专业自主意识薄弱，只知教材、只教教材。而国家对教育政策的改革、对思政教育的重视及社会发展的需求，使得近年来思政教育产生系列重大变化，这些变化对道德与法治教师提出了更高的要求，即需要树立终身学习的理念，不断加深对马克思列宁主义、习近平新时代中国特色社会主义思想等理论的学习，研读新课程标准、深挖教材资源，对时事政治保持极强的敏感性，追求做一名与时俱进的道德与法治课教师。鉴于此，工作室可引领成员加强教育学、心理学及思政课教育教学著作的学习。通过研读课标、挖掘教材小栏目、解读教材古诗文等，形成一系列助教助学的课程资源。在课程资源开发这一任务驱动下，倒逼教师立足课堂，研读课标、教材，阅读思政课教学专业书籍，掌握思政课相关理论知识。

思政课教师要紧随时代发展步伐，重视专业阅读和终身学习。但是，单单只有牢固专业知识结构的教师远远不足以满足新时代对思政课教师的要求。习近平总书记曾在学校思想政治理论课教师座谈会上提出思政课教师的六要，即政治要强、情怀要深、思维要新、视野要广、自律要严、人格要正。这意味着思政课教师不仅要"专"，更要"博"，即进行打破学科壁垒、跨越专业边界的学习。对此，思政教师在阅读思政专业书籍之外，也要广泛阅读法学、伦理学、心理学、世界政治经济与国际关系学、传统文化等方面的书籍，在构建系统完备的专业知识结构的同时，进行通识知识的学习。终身学习强调学习的持续性，无边界学习强调学习的广泛性，两者结合方能促进教师又专又博。

2. 塑造精品课例。2022 年 11 月 10 日，教育部印发《关于进一步加强新时代中小学思政课建设的意见》指出，"教师须注重针对不同学段学生认知规律，创新教师教与学生学的方式方法，充分运用案例式、议题式、体验式、项目式等多种教学方法，以鲜活的语言、真挚的感情，善于用讲故事的方式，把道理讲深、讲透、讲活，着力增强课堂教学实效，打动心灵、感动学生、入脑入心，让思政课真正成为一门教师用心教、学生用心悟的课程"。让思政课成为打动心灵、感动学生、入脑入心的课，上出极具吸引力的金课，应是我们每一位思政课教师的终身追求。

本着以"课堂教学"为核心的发展理念，工作室应重视课例研磨，任何一项任务都要以提升课堂教育教学质量为出发点和落脚点，如定期组织成员进行议题式、大单元教学、深度学习为主的课例研讨，学优补弱，集思广益；要求每学期成员及学员每人至少打造研磨形成1~2节优质课例并进行展示；着力为成员教师提供以个人之力难以获得之资源，为教师撰写的优质教学设计寻找发表平台。既解决了一线教师发表论文难、出版著作难的问题，也在一定程度上激发了教师发展自信心，激发了自主成长愿望。对于青年教师来说，赛课是最锻炼人且提升最快的方式，"以赛促教""以赛促学"是青年教师发展的重要路径。频繁且严格的课例研磨活动，有助于青年教师实现快速成长。

教师成长的生命力在课堂，根基在课堂，离开课堂则是无源之水、无本之木。通过课例研磨提升工作室教师的教学专业水平，让成长看得见，就可以激发教师的内在动力和成长积极性。

3. 指导课题研究。"学而不思则罔，思而不学则殆"，学习贵在有疑，要有思考、有批判、有建设，教师成长同样如此。"教而不研则罔，研而不教则怠"，教学也应有疑，要有思考、有批判、有建设。目前，部分教师存在只教不研的问题。一方面，迫于应试压力，认为教研对于提升学生成绩没有作用，不重视教研，这一现象多存在于从教多年的老教师中；另一方面，有做研究的愿望，苦于不得法，无从下手或无人带领，这一现象多存在于青年教师中。

课题研究以问题的解决为基点，以提高实效为动力，有助于教师更新理念、总结提升、提高能力、形成素养，也就提升了教师专业知识、专业能力、专业实践和专业精神等四大专业核心素养，对教师的发展和成长极具意义。鉴于此，工作室在开展工作时要坚持问题导向，找准教育教学中的困惑点、疑难点，选准方向、选对方法指导成员开展课题研究，着力解决教师发展中的问题，促进教师教育教学研究深入发展。尤其是在课题研究方向的确定、课题研究方法的指导、课题研究路径的设计、课题研究过程的推进、课题研究成果的总结上给予引领，通过一系列课题研究任务驱动，激发教师内在成长动力，引领青年教师走进研究之门、带领骨干教师走向深度研究，从而提升成员教育科研能力。

四、评价推动催深耕

评价应本着以激励教师自主发展为目的，充分激发教师的积极性与创造性。目前，各学校对教师的考核大多是以考试成绩为主要指标的评价，这在一定程度上促进了教师的发展，但也仅限于如何提升成绩，而忽略了教师专业素养其他方面的发展。如通过广泛学习、深度研究提升专业阅读能力、专业研究能力等。这种以结果为导向的考核评价机制并不利于激发教师成长积极性与主动性，特别是对于思政课教师来说尤是如此。思政课是立德树人的关键课程，这一课程性质决定了思政教育具有内隐性、持久性，学生政治认同、法治观念、责任意识、健全人格及道德修养核心素养并不能完全通过试卷考评体现。单纯以学生成绩为指标，而忽略学生在真实生活中的思想情感与行为表现，对思政课教师进行考核评价，多少有失客观性，不利于激发教师的专业成长愿望。

1.实施共性评价。评价除了具有甄别、筛选、评定的作用，更具有激励功能。基于此，建立完善的成员考核评价机制，能发挥评价的激励、鼓动与调整作用。如制定考评表细则，考核标准侧重过程性考核，注重考核教师做了哪些事情。除此之外，制定优秀工作室成员评比制度，每学年评选优秀成员并给予表彰及精神鼓励（如将名单公布在工作室微信公众号上）。工作室作为学科专业团队，专业素养只有在一次次的实践、一项项具体任务的完成过程中才能提升。只有每个成员都实现专业成长，在专业上变成熟，才能更好地发挥骨干引领及辐射作用。

2.进行分层评价。要发挥评价的激励作用，更重要的是要做到有的放矢，有针对性地对工作室成员进行评价。在共性评价的基础上，工作室应根据成员的年龄、职称、专业成长阶段的不同，进行有区别、有侧重的评价。譬如在"成员考核评价细则"基础上，可以将不同的考核项目进行重新赋分，对成员教师进行有针对性的分层评价。针对名师，在基础考核项目基础上，侧重于对"示范引领"项目的考核，名师的考核表中，这一项目分数比重就要大一些，旨在激励名师充分发挥引领示范作用；针对青年教师，在基础考核项目基础上，侧重于对"课例研磨"项目的考核，青年教师的考核表中，这一项目分数比重就要大一些，旨在引领青年教师通过磨课、赛课，提高课堂教学水平，促成专业成长。

学习成长是无止境的，而源源不断的动力来自自身成长的强烈愿望。通过外部的激励性评价催生教师内部成长动力，促进教师自主专业发展，深耕于课堂教学和项目研究，是解决教师成长动力不足的根本策略。

教师自主发展意识与动力是教师成长的源头，"一核三维"教师成长模式是教师自主发展的助推剂。而外因通过内因发挥作用，课堂核心是教师成长的根之所系，三维驱动是教师成长的外部动力。事实证明，立足课堂这一核心，通过愿景牵动、任务驱动、评价推动这些外部动力激发出内部成长动力，会促使教师心动、行动、变动，最终助力教师专业成长，打造高素质的思政教师队伍。

传道授业　无愧人师

作为思政教师，我们不仅是传道、授业、解惑之人，更是学生生命成长的引路人。学生的成长，需要教师的成长做奠基。只有教师满怀热情，才能点燃学生心中向上的力量；只有教师笃行不辍，方可引领学生披荆斩棘。作为一名思政课教师，我们虽是不完美的，但我们要始终追求完美，行走在"止于至善"的路上，在学习中成长，在成长中收获，将自己的满腔热情奉献给教育事业，无愧天地、无愧人民、无愧学生、无愧己心。

一、在成长中卓越，自成教育体系

回望我几十年来的教育生涯，思索来时之路，我经常问自己：我给学生带来了什么？我为教育事业留下了什么？正是在一次次不断地追问中，我不断前行，不断突破，不允许自己停滞不前或安于现状。因为我知道，那样的生活是没有意义的。在教育生涯之路上，一路风景，一路心情，仰取俯拾，硕果累累。

经年的教育实践，催生我创造的渴望，不再满足于三尺讲台传师道，更向往广阔天地撒智慧，建言立论、著书立说、自成体系。期望创建自己的教育理论体系，进而学习、整合、创造性地应用，形成自己的教育哲学体系、教育信仰，这是我毕生的追求。遂将自己积年累月的经验与智慧整理提炼，提出了"简约本真"的教学主张（已由《思想政治课教学》公开发表，文章附后），形成了"润泽生命，追求本真"的教育理念（理念解读附后）。多年教育教学实践中，3次获国家级、省级优质课一等奖；20余项国家级、省级课题结项，部分获一等奖；280余篇论文发表于学术刊物上；独著3部，主编、参编著作30部；在省市内外巡讲学术专题报告500多场。近年来，依然笔耕不辍，于2020年4月起，陆续出版教师用书"指向核心素养的初中道德与法治教学设计"丛书（七、八、九年级）、学生读本《法治护航 健康成长：初中学生法治素养培育》、学法指导用书《初中道德与法治学习指南》（相关著作简介见本部分示例）。我所做之事，是想将我的理念与成果传播给更多的思政同仁，如若能启迪三五人，我亦无憾。

二、在术中追求道，乃求无愧人师

"有道无术，术尚可求；有术无道，止于术。"那么"术"与"道"孰重呢？愚以为，"术"是指教师的教育教学能力，知识与技能水平，所谓学高为师，是教育的根本，指向教师的外在修为。"道"是指教师的教育教学情怀，自身精神品德的修养，所谓德高为范，是教育的灵魂，指向教师的内在心性。

关于"术"的重要性及提升方法，在前面章节已做相关阐述，在此不再赘述。关于师"道"，《中小学教师职业道德规范（2008年修订）》要求：爱国守法、爱岗敬业、关爱学生、教书育人、为人师表、终身学习。教师在"道"的追求上要有爱心、公心、进取心。在日常工作生活中积极主动，对待工作、单位、学生的事，有强烈的责任感，由内而外寻求改变，积极面对，主动作为；坚持要事第一，为职业做好长期规划，付诸实践。以要事为中心，不被琐事牵着鼻子走；秉持双赢思维，认识到个人与同事、单位的关系应是双赢的关系。单位是一个合作的舞台，而非竞争的角斗场。做事应少点私心和功利之心，多点公心，以实现利人利己、互利共赢。此外，还应从身体、精神、情感、智力等方面不断更新自我。

"空山新雨秋日长，深耕教研满园香。"在不断践行职业生涯规划的过程中，我收获颇多。回首来时路，细数成长轨迹，我做的最多的事情就是埋头教书、自主学习、解决问题、反思提炼、固化成果。而最大的收获是与学生共成长，与团队共进步。

海阔心无界，山高人为峰。远大的志向带领我们一往无前，坚决的行动促使我们踔厉奋发，艰苦的奋斗支撑我们翻山越岭。唯有忘我才能有我，唯有坚持才能收获，愿我们在专业发展之路上，在教育生涯中，一路向阳，一路芬芳。

▶ 示例 1

"润泽生命，追求本真"教育理念解读

"昔者君子比德于玉焉，温润而泽，仁也。"君子人格是中华优秀传统文化之精魂，也是思政课立德树人之思想渊源。温润而泽的润泽教育，是对师生生命共同成长的关注。旨在通过思政教育与教研，厚植师生文化底蕴、培育家国情怀、滋养人文精神，以浸润师生之情，泽养师生之根，达成师生生命共同成长。

"妙言至径，大道至简。"追求本真的教育理念旨在引领师生回归教育是慢的艺术之本质，去除功利之心。思政教师应以学生为中心，扎根思政课堂，从事教育研修，推动专业发展，做"真教师"；不忘思政课立德树人之初心，引领学生行走在追求真理的大道上，筑"真课堂"；教中有学、教中有思、教中有研，教学思研相结合，解决教育教学中的实践性问题，从事反思性研究，搞"真研究"。

概言之，教育是生命对生命的唤醒。我们致力于用思政教育之美，润泽每一位师生之生命，追求思政教育简约本真之美。

▶ 示例 2

"简约本真"的思政课教学构建①

摘要："简约本真"教学主张，要求教师删繁就简、去伪存真，不搞虚招，踏踏实实教思政，简简单单求真理。以课堂为载体，以课例研究为途径，坚守思政课堂立德树人主阵地，通过简约的主题、简约的形式、简约的问题，还思政课以本来面目，做"真教师"，筑"真课堂"，搞"真研究"。

关键词：思政课教师 简约本真 课例研究

---

① 本文发表于《思想政治课教学》2021 年第 2 期。

青少年是祖国的未来、民族的希望。培养他们成人成才，思政课有着不可替代的作用。教师在教育教学实践中立足课堂、着眼学生，追求"简约本真"的思政课堂，以教生研，以研促教，在教、学、思、研中探索思政课的育人之道，发挥思政课的育人价值。

一、"简约本真"思政课教学主张的内涵及推行价值

"简约本真"思政教学包含两方面的含义。"简约"即主题简——一个话题，形式简——一个故事，问题简——一条问题链。简约而不简单，简约中蕴含着深度。"本真"即教师以课堂为平台，以学生学习为中心，从事课例研究，推进专业发展，做"真教师"；不忘思政课初心，立德树人，追求真理，教学生学做真人的基本要求，培养有政治信仰、有扎实学识、有文化底蕴、有国际视野的合格的社会主义事业建设者和接班人，筑"真课堂"；教中有学，教中有思，教中有研，教、学、思、研相结合，解决教育教学中的实践性问题，从事反思性研究，搞"真研究"。

1.删繁就简洗铅华，引导学生轻松学。"乱花渐欲迷人眼"，花里胡哨的形式导致听课者如同"雾里看花"，背离思政课立德树人的根本目的。课堂成了教师的舞台，教师成了导演，学生成了演员，听课人成了观众。繁杂的提问、频繁切换的情境、有名无实的活动……思政教师在课堂实践中，不妨为课堂"瘦身"，力争删繁就简，引导学生学得轻松，学得有趣。一个中心话题、一个故事、一条问题链。在深度挖掘之下，打造抓住教学本质、引领思维路径的"形""神""魂"俱备的课堂。

2.立德树人是根本，培根铸魂为己任。思政课是落实立德树人根本任务的主阵地，要帮助学生扣好人生"第一粒扣子"，成为合格的社会主义建设者和接班人。思政教师要在"马"言"马"，通过课堂教学帮助学生树立对中国特色社会主义道路、理论、制度、文化的自信。但反观现实，思政课堂却是"狂蝶乱舞扰人心"：缺乏融入思政元素的教学过程，专注精彩纷呈的教师表演，仅停留于浅层的小组讨论……思政课堂应有活泼之气，但活泼有余、思想欠缺，是非常可怕的。把思政课上成语文课、音乐课、文学鉴赏课，为了追求形式而活动大可不必，应该老老实实教思政，简简单单求真理。坚持以马克思列宁主义、毛泽东思想、邓小平理论、

"三个代表"重要思想、科学发展观和习近平新时代中国特色社会主义思想为指导，坚持以人为本，教育和引导未成年人树立中国特色社会主义理想信念和正确世界观、人生观、价值观，养成高尚的思想品质和良好的道德情操，努力培育有理想、有道德、有文化、有纪律，德智体美劳全面发展的中国特色社会主义事业的建设者和接班人。

二、"简约本真"思政课教学主张具体实施架构

1. 主题简——一个话题。"江流万里总有源，树高千尺也有根。"短短的 45 分钟，讨论过多的话题，往往只是"水过地皮湿式的学习"。而深度学习的根源，就在于抓住一个话题，深入挖掘，才能寻根溯源，知其然更知其所以然。比如，部编初中《道德与法治》教材七年级上册第一课"中学时代"第二框"少年有梦"，需要学生掌握："梦想的含义""为什么要有梦想""如何实现梦想""努力的含义""努力的方法""中国梦的含义、基本内涵、实现途径"。如果简单围绕这几个问题进行学习，学生会有畏难情绪，课程容量太大，问题太多太杂。为使学生学得轻松，并能抓住学习内容本质，教师在授课时就要学会抓住"主要矛盾及矛盾的主要方面"。笔者在执教时，确定了"梦想的实现需要努力"这一中心话题，整堂课的实施就围绕这一个中心话题进行。其余问题就像藤条上的枝叶一样，虽然多，但是都很清晰地围绕这一中心话题展开。在课堂实施过程中，以情境为载体，顺着中心话题这一藤条，一片叶子一片叶子细数，小问题分散但不凌乱。

2. 形式简——一个故事。"讲好故事，事半功倍。"习近平总书记多次强调，要讲好中国故事、传播好中国声音。讲故事是国际传播的最佳方式。身为思政课教师，更应该用好这个"法宝"。善于用故事传达深意，熏陶学生。古人讲"文以载道""文者，贯道之器也。"故事的背后是思想，是"道"。将贯穿"道"的故事讲得引人入胜、循循善诱，在聆听故事的过程中让学生入"道"、悟"道"。比如，笔者在执教七年级上册"少年有梦"时，就讲述了"屠呦呦发现青蒿素获诺奖"的故事。这个故事采取了多种形式进行讲述：

一首小诗导入："小小斑纹浑肆虐，年年多少新坟。千寻妙药送瘟神。

无名甘默默，矢志且殷殷。一把青蒿惊四海，驱魔梦想成真。今朝座椅嵌华文。腾龙游广宇，诺奖报佳音。"通过这首诗，用猜测描写的人物形象来激发学生的探索欲望。

一段简介了解生平：笔者要求学生课前搜集人物简介，简要介绍故事主人公屠呦呦背景阅历、主要成就等，让学生大体了解屠呦呦，对故事人物有一个初步的感知，为下面讲述故事主体做铺垫。

一则材料解读人物：笔者搜集大量有关屠呦呦的资料，将所得资料筛选编辑，重新整理出最能体现人物特征，尤其是与本课中心话题"梦想的实现需要努力"密切相关的内容，通过一条"问题链"，步步深入，走进故事，探索人物，达成共识——"梦想的实现需要努力"。

一段视频情感升华：笔者选取的是屠呦呦"以身试药"的视频，意在引导学生感悟梦想的实现不止需要努力，有时甚至需要为之牺牲，付出生命的代价，从而在情感上引起共鸣。在对先进人物表示崇敬之情外，更加坚定为梦想实现付出努力的信念。

一个人物故事，从不同侧面讲述，形式多样，多感官渗透，调动学生眼、耳、口、脑。

3. 问题简——一条问题链。打开深度学习之窗，需要用到问题链这一关键性的金钥匙。何为问题链？即教师在教学过程中为达成教学目标，基于学生已有知识经验，紧扣教材知识设置的一连串围绕一个中心、具有系统性的问题。问题与问题之间环环相扣，步步深入，密不可分，上一个是下一个的基础，下一个是上一个的发展，从而形成一个完整的问题链，为学生建立思维路径，最终推动学生思维发展。在思政课教学实践中，问题设计不当有如下表现形式：数量多杂，无明确指向性；无预设，随意性强；难易不当，层次不清；判断选择性提问等占据主流，存在很多无效提问。好问题发人深思，思政课的教学逻辑遵循人类认知规律，即从是什么、为什么、怎么样三个角度进行思考。那么一条问题链，即是引导学生从"浅水区"走向"深水区"的指向标，从而实现深度学习。

比如，笔者在执教七年级上册"少年有梦"时，设置问题链如下：

问题 1. 你的梦想是什么？

问题2.目前为止，你的梦想带给你了什么？

问题3.你为了你的梦想已经做了哪些事？

这三个问题从学生已有经验出发构成一条小问题链，无须深入思考。

问题4.屠呦呦的梦想是什么？

问题5.她的梦想给自己和他人带来了什么？

问题6.你从她的故事中获得了哪些启示？

这三个问题需要学生在感知人物故事的基础上进行有些深度的思考，也构成一个小问题链。

问题7.梦想的实现需要努力地落实，但是努力过真的能实现梦想吗？

问题8.一生努力还是没有实现梦想，如何处之？

这两个问题需要学生在明白前面问题的基础上，更深一步进行审辩，又构成一条小问题链。这三个小问题链，一以贯之，构成一条大的问题链，贯穿整课。

三、在课例研究中探索"简约本真"思政课堂

始终坚持对真理的追求是马克思主义的鲜明特征。在教育教学实践中，构建"简约本真"课堂，课堂是主阵地，教师是关键，学生是归宿也是出发点。唯有在课堂"研"课堂，方能出真知，一切脱离课堂教学的研究都是为"研"而"研"。追求真理，学做真人，就应该"为教而研，为学而研"，教师是课堂实践改进的首要责任人，有必要通过课例研究构建一个循序渐进的教学改进体系。

在长期实践取得目标教学、自主性课堂教学模式等课题研究成果的基础上，我带领工作室成员，进行了一系列"指向核心素养的初中思想品德（道德与法治）课例研究"，均以追求"简约本真"的课堂教学为目标。

1.课例研究——教师专业发展的路径，做"真教师"。20世纪70年代，斯腾豪斯提出"教师即研究者"的口号，鼓励教师密切参与研究过程，"研究是教师解放的路径"是他所坚持的观点。20世纪80年代，舍恩提出"教学即教师从事研究的过程"。可见教学与研究是一个活动的两个方面，"教者研所倚，研者教所伏"，教研结合，教研相长。每一堂

课对教师来说都意味着一次研究，课例研究与教学实践相辅相成。笔者于2014年主持河南省基础教研室的"初中思想品德同课异构的课例研究"课题，在促进教师专业发展上收效颇多。我校在研究"同课异构"时将"同人异构"和"异人异构"模式作为主要发力点。"同人异构"是指同一位教师在两个不同的班，教学时将同一个课题采用不同教学方案，在反思的基础上形成规律性的内容。"异人异构"是不同的教师在教学过程中针对同一课题的不同教学方案，在对比的基础上实现教学方案择优录取，并在反思的基础上形成适合于班级学生特点的教学课例。一系列的"同课异构"活动，为广大教师的成长提供平台，教师的专业化成长进程得以提速。用研究的眼光观察课堂，增强了自我发展意识，丰富了实践性知识，这是教师在成长进程中的最大收获。我国有较完善的支持课例研究的体制机制，如校外有四级教研网络。在我校有自上而下的教研组织——"教科室＋教研组＋备课组"，有了充分的体制保障，教师更应充分发挥自身内生因子，在真实的课堂情境中，遵循课题研究的路径，解决教育教学实践过程中纷繁复杂的问题，推进自身专业水平提升，做"在教研教"的"真教师"。

2.课例研究——以学生的成长为中心，筑"真课堂"。不了解学生，便不会有真的教学。课例研究以"学生的学习"为中心，帮助教师改变教学中的定势思维，即总是假设学生能够理解教师的教学方式，课堂表现与预期一致；但事实上，学生与教师在思维路径上总会存在"异向交叉"，课例研究是教师研究学生的良好路径。笔者于2013年主持河南省基础教研室的"基于现场教学的初中思想品德课课例研究"专项课题，着眼于学生的现实状况和学生目前的学习任务，以学生更好的发展为前提，关切学生课堂生活的真实性，如学生是如何学的，教师能为学生提供什么，课怎样教才能更好地适合学生需要等。本课题采用的现场教学授课流程：提出问题、情境导入→课堂学习、发现问题→交流讨论、合作探究→解疑释难、拓展提升→整理总结、随堂测评。该教学流程的最大特色是充分凸显学生的主体地位，将课堂真正归还学生，通过自主合作、探究，找出问题、分析问题、解决问题，最终提升学习能力。

在深入思考的基础上，笔者主持申请立项了 2020 年度河南省基础教育教学研究项目重点课题"助力学生发展的初中道德与法治课程资源开发研究"课题（省重点课题）。该课题是在部编《道德与法治》教材全国统一推广使用后，针对教师在教学过程中、学生在学习过程中存在的实际问题，通过研究形成一系列帮助学生有效学习道德与法治学科的课程资源，解决学生学习的实际问题，切实帮助学生提升学科核心素养。作为该课题的研究目标"培育思想政治学科核心素养，助力学生发展"，在具体实施过程中，以学生为研究对象，以课堂为载体，围绕课程资源开发、思想政治学科核心素养培育等相关文献、部编初中《道德与法治》教材，进行理论与实践研究。通过实践、分析、整理、归纳、总结，编纂了《法治护航健康成长》中学生法治学习读本、《初中道德与法治学习指南》两部著作，同时又形成了《初中道德与法治教材古诗文解读》《道德与法治微课》（七年级）等一系列助学资源，帮助学生学习成长。

教师应做到心中有生，教研相辅，紧密围绕学生成长这一核心，通过课例研究使教学回归本真，寻回思政课的初心，构筑"真课堂"。

3. 课例研究——解决教学实践性问题，搞"真研究"。真研究，首先要明确"为什么研""为谁研"，其次要清楚"怎样研"。为做课题而研、为寻找包治百病的万能药而研、为发表文章而研、跟风研等，凡此种种，在笔者看来都与真正的研究出入甚多。真正的研究要扎根课堂，指向学生，为解决教育教学情境中出现的纷繁复杂的各种实际问题而研。研在理论指导下完成，理论在研中重构，由此催生出实践性理论。笔者于 2017 年 3 月主持开展河南省基础教育教学研究项目"思想品德课培养学生法治意识的课例研究"，着力解决"学生法治意识如何在思政课堂上激发"这一问题。《普通高中思想政治课程标准（2017 年版 2020 年修订）》中明确指出我国普通高中学生应具备的思政学科核心素养其中之一为法治意识。初中道德与法治课程标准还未明确初中生应具备哪些学科核心素养，但在"大中小思政课一体化"构建的教育教学变革形势下，每一位思政教师都应积极思考"如何在思政课堂教学中落实学生学科核心素养"这一现实性问题并着力解决。"好钢用在刀刃上"，教师做课例研究的重点应放在解决我国现阶段教育教学中出现的亟待解决的问题及日常教育教学中出现的实践性问题上，不盲目跟风、不搞虚招，踏踏实实搞研究，搞"真研究"。

"大道至简"，追求"简约本真"的思政课堂就像教师引领学生渡过追求真理的大河，一次只跨一条河，由浅水走向深水，以"一个话题"做引领，以"一个故事"为载体，用"一条问题链"为"绳索"，将整节课串起来。以课堂为载体、以学生为中心、以课例研究为路径、以解决教学实践问题为目的，做"真教师"，筑"真课堂"，搞"真研究"。

▶ **示例 3**

著作简介：《法治护航　健康成长：初中学生法治素养培育》

胡邦霞　杨伟东　路文超

法律是国之重器。"八五"普法启动之年，"十四五"规划开局之初，中共中央就印发了《法治中国建设规划（2020—2025年）》，告诉我们"国家将成为什么样的国家""我们该信仰什么"，一个充满生机的法治新时代正向我们走来。

应时代之要求、学生之需要，课题组自课题筹备之初即着手编写中学生法治读本《法治护航　健康成长：初中学生法治素养培育》。2021年7月，本书由陕西师范大学出版总社出版并全国发行。本书深入贯彻习近平新时代中国特色社会主义思想，弘扬社会主义法治精神，以《关于进一步把社会主义核心价值观融入法治建设的指导意见》《新时代公民道德建设实施纲要》《青少年法治教育大纲》为编写依据，坚持教育性、人文性、实践性、拓展性等原则，结合初中学生的生活实际和成长特点，设置了法与国家、法与社会、法与公民三个篇章，共计12课，每课设置"阅读思考""相关链接""活动建议"等模块，为学生搭建学习的"脚手架"，提供最为基础的支撑和尽可能开放的活动探索空间。

编写标准如下：一是进一步深化宪法教育；二是了解民事法律活动

的基本原则；三是初步了解政府运行的法治原则；四是加深对社会生活中常见违法行为的认知，强化法律责任意识，巩固守法观念；五是初步了解我国司法制度的基本原则，建立尊重司法的意识。本书以鲜活的案例、贴近学生生活实际的语言，激发学生思考探究的热情，帮助学生树立法治观念、提高法治素养。本书出版以来，先后销往郑州、深圳、西安等地的相关学校，对学生学习道德与法治学科大有裨益。

▶ 示例 4

著作简介：《初中道德与法治学习指南》

胡邦霞

2021 年 8 月，中共中央办公厅、国务院办公厅印发《关于进一步减轻义务教育阶段学生作业负担和校外培训负担的意见》（以下简称"双减"政策）。实施"双减"政策的目的主要有两个方面：一是减轻义务教育阶段学生的作业负担，二是坚决压减学科类校外培训，以缓解教育焦虑和促进学生全面发展、健康成长，使人民群众教育满意度明显提升。"双减"工作看似只是在减轻学生的课业负担，其实是对基础教育提出了更高要求。初中道德与法治课教师应对思想观念和教学行为进行相应的调整，以确保"双减"政策能够取得实效。在思想观念上，教师必须树立内涵发展的理念，通过不断完善自己、改进自己的教学来提升教学质量。在教学行为上，教师要更加注重引导学生学会学习。

胡邦霞老师应时之需，结合自身三十多年的教育教学实践经验，整理编撰学生学法指导《初中道德与法治学习指南》一书。2021 年 12 月，该书由陕西师范大学出版总社出版发行。为解决学生在道德与法治学习中存在的问题与困惑，本书创新设置了教材基础篇、能力运用篇、时政解读篇、开卷有益篇、地方风采篇等五个篇章。每个篇章根据目标、内容不同，设置不同的编写体例。从知识架构到能力素养提升，从课堂走向课外，从书本走向生活，内涵丰富、结构完整。可以说是开设了五堂针对性、实效性很强的学习方法课，有助于指导学生科学学习道德与法治这门课程。本书立意就是教会学生学习，帮助他们从"知之者"进阶"好之者"，乃至"乐之者"，是"授人以渔"而非仅仅"授人以鱼"。教育不是注满一桶水，而是点燃一把火。点燃初中学生对知识的渴望，培养他们主动学习、主动参与道德与法治学习实践活动的热情，这才是教育教学的高境界。通读本书，教师同行有可能得到智慧的启迪，学生有可能由此悟到学习的真谛。学生是课堂上的主体，是学习的主体，当学生带着积极的情感"想参与"，借助已有认知经验"能参与"，借助科学有效的学习方法"会参与"，通过多种感官或行为"真参与"，他们获得的不仅仅是知识技能，而是能够带得走、用得上的学科素养，从而更加有助于他们成为担当民族复兴大任的时代新人。

参 考 文 献

[1] 傅淞巍.全民阅读任重而道远 [N].东方烟草报，2014-04-03（8）.

[2] 周勇，赵宪宇.新课程：说课、听课与评课 [M].北京：教育科学出版社，2004.

[3] 郑金洲.听课的技能与技巧 [J].上海教育科研，2002（2）：35-39.

[4] 尹红梅.听课：开启音乐课堂之门的金钥匙 [J].中国音乐教育，2012（8）：23-25.

[5] 窦瑾，潘明明.听课记录：为何而为 [J].当代教育科学，2011（16）：41-43.

[6] 邓昌海.新课程理念下的中学听课评课研究 [D].南昌：江西师范大学，2006.

[7] 丁雷.利用网络提高课后评课的有效性 [J].中国电化教育，2009（3）：71-73.

[8] 李祎.刍议"研课"：对评课的超越和发展 [J].福建师范大学学报（哲学社会科学版），2010（2）：161-165.

[9] 傅龙，徐晓东.听评课中新手教师与经验教师评价的实证研究 [J].中国电化教育，2017（12）：90-93.

[10] 李蕾.听评课技术研究 [J].中国电化教育，2015（6）：74-78.

[11] 顾明远.教育大辞典 [M].上海：上海教育出版社，1998.

[12] 杨伟东.基础教育教学课题研究十八问：案例篇 [M].郑州：大象出版社，2019.

[13] 朱永新，管童.新教育视角下教师写作的意义价值、理论框架与实践路径 [J].中国电化教育，2023（2）：1-7.

[14] 王园园.五个维度提升教师科研写作素养 [J].思想政治课教学，2021（6）：87-90.

[15] 张晓明，郭文君.新时代高校思政课教师自我效能感的三重性 [J].西华大学学报（哲学社会科学版），2022，41（5）：103-110.

[16] 魏青.教育学 [M].成都：西南交通大学出版社，2006.

[17] 王国维.人间词话 [M].滕咸惠，校注.北京：北京出版社，2020.

[18] 朱永新.教师的写作史，就是他的教育史 [J].教育家，2022（39）：1.

[19] 谢晨，胡惠闵.学情分析中"学情"的理解 [J].全球教育展望，2015，44（2）：20-27.

[20] 陈隆升.学情分析论 [M].上海：上海交通大学出版社，2019.

[21] 杨伟东，胡新颖.基础教育教学课题研究十八问：方法篇 [M].修订版.郑州：人象出版社，2022.